教育博士文库

JIAOYU BOSHI WENKU

Ertong Shoujiaoyuquan : Xingzhi Neirong yu Lujing

儿童受教育权：性质、内容与路径

尹　力/著

教育科学出版社

·北　京·

作者简介

尹力，女，辽宁大连人。曾就读于大连瓦房店师范学校、沈阳师范学院、北京师范大学和日本东京学艺大学，2000年7月获教育学博士学位，现为北京师范大学教育学部教授、博士生导师。主要研究领域为教育学原理、教育政策与法律。在《教育研究》、《北京师范大学学报》（社会科学版）、《华东师范大学学报》（教育科学版）等学术期刊上发表论文40余篇。

摘　要

受教育权利作为一项基本人权既是国际社会公认的准则，也是当前我国学术界的共识。自然人接受教育不需要任何先验的理由和条件，只因为是人，源于人的尊严就应该享有。我国1982年《宪法》明确规定中华人民共和国公民有受教育的权利和义务，2004年3月，又首次将“国家尊重和保障人权”正式写入了宪法修正案的第二十四条，列为第三十三条第三款，使尊重和保障人权成为国家的理念和价值，为公民受教育权利作为人权得到保障提供了宪法依据。2006年新修订的《义务教育法》，在立法宗旨方面实现了重大转变，标志着义务教育立法已由工具本位上升为权利本位，由重视国家利益转变为强调公民权利，这是宪法规定的公民受教育权利在义务教育领域的具体体现，更彰显了教育的人权特性。特别是在构建学习型社会的今天，受教育权和学习权作为学习型社会中每一个公民的基本权利，如何保障这一基本权利，是摆在国家、政府、学校、家庭和社会面前的一项重要任务。义务教育作为国家的一项公益性、基础性、全民性和全局性的事业，其普及程度和质量水平决定着国家和民族的未来。而儿童作为义务教育的主体，也是受教育权利主体中最为庞大的、最为弱势的和最需要保障的群体，保障义务教育阶段儿童的受教育权无疑又是“重中之重”。

基于“受教育权利是人权”和“一切以儿童的最大利益为首要考虑”的理念，本书试图回答以下几个问题：（1）儿童受教育权利的性质、内容及其独特性何在？（2）义务教育是谁的义务？国家、学校、家庭和社会在儿童受教育权利实现中各自享有什么权利？承担何种义务？（3）义务教育的基本价值取向是什么？（4）学习型社会中公民的受教育权和学习权应如何保障？（5）当儿童受教育权利受到侵害时，如何获得补偿和救济？本书从儿童与国家、学校、家庭和社会等权利相对方构成的法律关系出发，综合教育学、法学和社会学等多学科视角，对上述问题进行了深入分析和探讨。全书共分七章，其中的基本观点如下。

（1）受教育权利是人权谱系中的一项基本权利，兼具积极权利和消极权利双重特性。受教育权利内涵有一个发展变化的过程，主要形成了公民权说、生存权说、发展权说和学习权说四种学说。“学习权说”是学习型社会中公民受教育权的应有之义，保障公民学习权应该成为学习型社会教育法律与政策建构的价值基础。义务教育阶段儿童的受教育权利主要包括请求权、福利权和自由权三方面的内容。

（2）从平等、效率和公平的基本含义出发，结合义务教育的独特性，确立义务教育的基本价值取向为教育公平，并遵循教育机会均等、可选择性和弱势补偿等原则。在当前，义务教育均衡发展成为教育公平的现实诉求。

（3）国家在义务教育发展中负有首要责任。特别是在构建学习型社会的今天，基于学习权之生存权、福利权和发展权的不同特性，政府的职能应从直接的管理型政府向间接的服务型政府转变，即采用立法、行政等多种方式，普遍设立学校及其他教育机构，并向一切人开放，保证教育机会均等。同时要加大对弱势群体教育和培训的扶持，努力向他们提供免费的教育。还要大力发展社区教育，真正实现任何人在任何时间和任何地点，只要想学习就能够学习。

（4）由于学校和教师的教育权来自于国家的授权和父母与社会的委托，学校、教师对儿童的发展负有直接教育责任。因而，学校必须改革现存的弊端，确立学生的权利主体地位，建立尊重学生权益的学校制度，并逐渐建立开放的学校体系，扩大学生、父母和社会各界对学校教育的参与，共同创设合理合法的适合学生身心发展的学校环境。具体到教育教学的微观领域，通过确立以每“个”儿童为本的教育教学观，使学生受到公平的、尊重的、安全的和适合其身心发展阶段的教育。

（5）父母对未成年子女不仅有教育的义务，更具有“优先选择之权”，孟母堂事件和个别学童“在家上学”现象正是这种自由选择权的现实表征。基于父母教育权的自然权和基本权特性，有必要建立父母教师联合会，明确父母对学校教育享有充分的知情权、提案发言权和共同决定权，以消除“儿童人质论”对父母教育权行使的抑制。

（6）社会教育权作为先于国家的最原初的权利，在“市民社会—政治国家”的二元框架下，随着我国市民社会的不断生成，社区的不断健全和发展，社会组织和个人必将在儿童受教育权利实现中起着越来越重要的作用。2006年夏发生在北京市海淀区的取缔“未经批准流动人员自办学校”事件，在中国市民社会进程中具有标本性意义，体现了社会公众和媒体对儿童受教育权利保障有着不可低估的作用。

（7）实体法所规定的儿童所具有的受教育权利，并不必然转化为现实。如何在宣示权利的同时，配置救济的各种途径，使儿童受损的权利及时得到补偿和救济是保障儿童受教育权最为关键的一环。面对当前诸多受教育权被侵害案例所揭示的学生申诉制度不完善、司法诉讼不畅等现状，有必要通过修改《行政诉讼法》，将公民受教育权利纳入到行政诉讼受案范围，或者由最高人民法院出台专门审理教育行政诉讼的规定，并建立教育公益诉讼制度，以使教育公共利益免受公权和私权的各方侵害。另外，还应充分发挥公共知识分子和学术共同体在促进受教育权保障中的积极作用，通过公民教育、扩大民众对教育诉讼过程的参与等途径，提高儿童及其相关主体的权利意识，以构建全方位的保障儿童受教育权利之立法、司法和社会监督体系。

关键词　儿童　义务教育　人权　受教育权利　学习权

Children's Right to Education: Nature, Content and Route

Abstract

The right to education, as a fundamental human right, is not only a principle widely recognized by the world community, but also a common sense among Chinese academia. It is only because of the indignity of human being that a natural person should receive education without any transcendental reasons or conditions. "Constitution of the People's Republic of China" (1982) explicitly stipulates that citizens of the PRC are subject to the rights and obligations of receiving education. In March 2004, it is the first time that the principle of "the state respects and safeguards human rights" was officially written into the Constitution Amendment as the Article 24 and then into the Constitution as the paragraph 3 of Article 33. It turns the respect and protection of human rights into concepts and values highly promoted by the state and it also provides a constitutional basis in safeguarding citizens' right to education, as a basic human right. The revised "Compulsory Education Law," (2006) has made a major shift in its legislative mission, marking the transformation of the legislation from the tool-based to the right-based, from the emphasis of state interests to the stress of civil rights. Therefore, it has not only reflected the civil right to education regulated in the Constitution regarding compulsory education, but also has demonstrated the characteristics of human rights embodied in education. Currently, we are constructing a learning society. It is an essential duty for the state, government, schools, families, and also the whole society to guarantee the fundamental right to both education and learning for every citizen. Compulsory education, as the welfare of the public interest, is a fundamental, universal, and global business, whose pervasiveness and implemental standards will decide the future of the state and the nation. Consequently, it is essential to guarantee children's rights to compulsory education, because children, the major receiving agent of compulsory education, are the most massive and the most vulnerable group who are in great need of the best protection.

Based on the ideas of "the right to education is a fundamental human right" and "the maximization of children's interest is the priority", the following questions will be answered in this book: (1) What are the property, content and characteristic of children's right to education? (2) Who should undertake the obligation of providing compulsory education? What are the rights and duties for the state, schools, families and the society in realizing children's right to education? (3) What is the fundamental value of compulsory education? (4) How should citizens' right to education and learning be safeguarded in a learning society? (5) How can children get compensation and relief when their right to education is violated? This book will analyze and explore in depth the above issues regarding the legal relationships between children and other parties including the state, schools, families, and the society, from the multidisciplinary perspectives of education science, jurisprudence and sociology This book consists of seven chapters in total and the major themes are as the following.

(1) The right to education is a fundamental human right, with the characteristic of both negative and positive rights. The connotation of the right to education has been developed in the form of four theories: civil right theory,

survival right theory, developmental right theory, and learning right theory. Learning right is the proper meaning of citizens' right to education in a learning society. Therefore, the protection of citizens' right to education should be the value basis of educational laws and policies in a learning society. Children's right to compulsory education mainly includes the petition right, the welfare right and the liberty right.

(2) Based on the basic meaning of equality, efficiency and equity as well as the characteristic of compulsory education, the principle of education equity is established as the basic value orientation of compulsory education, which implies the equality of educational opportunities, the right to choose and the compensation to the disadvantaged. Currently the balanced development of compulsory education is a requisite in realizing education equity.

(3) The state should take the primary responsibility for the development of compulsory education. The role of the government should be shifted from a directly managerial government into an indirectly managerial government which provides service. It is only through the widespread establishment of schools and other educational organizations open to all, with the adoption of legislative, administrative and other means, that the fairness of educational opportunities can be ensured. At the same time, it is necessary to increase the supportive efforts of education and training to vulnerable groups, such as by providing them with free education. Furthermore, it is essential to develop community education in order to realize learning in any place to anyone at any time. One can learn whenever they want.

(4) Because the right to education of schools and teachers derives from the state's authority and commissions of the parents and society, schools and teachers have direct educational responsibilities for children's development. Therefore, the existing shortcomings of the schools must be reformed. It is necessary to establish schools' principles of respecting rights of students, as main body in education. At the same time, it is important to establish an open school system gradually, and to expand the participation of the students, parents, and the communities in school education, and thus to create a reasonable and

legitimate school environment for both physical and mental development of students. At a micro level of teaching practices, it is essential for students to go through a fair, respectful and safe development, appropriate to their physical and mental development through a child-centered concept stressing each child's development.

(5) The obligation of parents to minors is not only to have the children receive education, but also have a "right of first choice". Phenomena such as Meng Mu Tang incident and "home schooling" are reflections of the right of choice in reality. Based on the natural and fundamental characteristics of parents' education right, it is necessary to establish an association between parents and teachers, and to clarify that the rights of parents to school education include sufficient right to learn the truth, the right to inquire, and the right to make a collective decisions. This is helpful for eliminating the restraints of parents' rights to education by the theory of "Treating Children as Hostage".

(6) The society's right of education is an original right prior to the state's original rights. Under the dual framework of "civil society-political state", with the continuous growth of civil society in China and constant improvement and development of local communities, social organizations and individuals will undoubtedly play an increasingly important role in realizing children's right to education. In the summer 2006, the incident of banning the "unauthorized private schools established by migrants" in Haidian District Beijing is a milestone in the process of the development of civil society in China. It indicates that the role of the general public and mass media in protecting children's right to education should not to be underestimated.

(7) The right to education of Children prescribed in substantive laws has not been fully realized in practice. How to provide various means of relief for children to get their infringed rights compensated and relieved in time is one of the most important questions in the course of guaranteeing children's right to education. Due to the drawbacks in the current student appeal system and judicial proceeding systems, as implied in the cases where the right to education has been infringed, it is essential that we revise the "Administrative Litigation

Law" and the Supreme People's Court make regulations specially for the administrative litigation in relations to education so as to bring such cases into the scope of administrative litigation. The system of public interest litigation concerning education should be set up to protect the public interest in education from both public power and civil rights. In addition, a comprehensive system of legislation, judicature and social supervision to safeguard children's right to education should be established, in which the public intellectuals and the academic community should play a positive role in promoting the right to education and in enhancing the awareness of children and other stakeholders by means of civil education and the expansion of citizen's participation in the educational litigation process.

Key Words: children, compulsory education, human rights, the right to education, the right to learning

目　　录

序

尹力博士的专著《儿童受教育权：性质、内容与路径》即将出版，很为她高兴。她多年来一直研究有关儿童的受教育权利问题，这本书可以看作对自己所做工作的一个总结。义务教育是国家统一实施的所有适龄儿童必须接受的教育，是国家必须予以保障的公益性事业。义务教育是全民性质的教育，是对全体儿童和青少年所实施的免费教育。如果把连续的教育比作一场接力赛的话，那么，义务教育就是第一棒，义务教育的平等与否，决定着第二棒、第三棒的平等与否。因此，义务教育要从质和量两个方面去保证受教育的平权性。国家、学校、社会和家庭如何履行在义务教育方面的职责，切实而全面地提高义务教育的质和量，保障义务教育阶段儿童受教育权的实现问题既是整个受教育权利问题的核心，也是21世纪我国教育改革和发展的重中之重。本书基于“受教育权利是人权”和“一切以儿童的最大利益为首要考虑”的理念，从儿童与国家、学校、家庭和社会构成的法律关系出发，综合教育学、法学和社会学等多学科视角，对儿童受教育权利问题进行了全面的探讨。从内容上看，既有对重大理论问题的探讨，也有对现实问题的回应和剖析，这些研究为义务教育立法和公共教育政策制定提供了理论依据。

概览全书，感觉作者对儿童的受教育权利问题的研究已经相当深刻，全书既有对有关受教育权利基本理论问题的探讨，也有对现实的儿童受教育问题的分析，理论与实践融为一体，历史与逻辑统一于问题，使人感觉作者的这项研究成果绝非朝夕之功，而是多年悉心积累的结果。全书首先对受教育权利的基本含义、性质、内容以及受教育权与教育权和学习权之间的关系等问题作了深刻的阐述，分析了受教育权利在人权谱系中的地位、义务教育阶段儿童受教育权利的内容、学习型社会中的公民学习权等问题。然后本书以较大篇幅探讨了与儿童受教育权利相关的国家、学校(教师)、父母和社会等方面在保障义务教育阶段儿童受教育权利中享有的权利和义务。作者的一些观点非常鲜明，已成一家之言，如书中提出，国家在义务教育发展中负有首要责任。特别是在构建学习型社会的今天，基于学习权之生存权、福利权和发展权的不同特性，政府的职能应从直接的管理型政府向间接的服务型政府转变，即采用立法、行政等多种方式，普遍设立学校及其他教育机构，并向一切人开放，保证教育机会均等。同时要加大对弱势群体教育、培训的扶持，努力向他们提供免费的教育。还要大力发展社区教育，真正实现任何人在任何时间和任何地点，只要想学习就能够学习。书中强调，由于学校和教师的教育权来自于国家的授权和父母与社会的委托，学校、教师对儿童的发展负有直接教育责任。因而，学校必须改革现存的弊端，确立学生的权利主体地位，建立尊重学生权益的学校制度，并逐渐建立开放的学校体系，扩大学生、父母和社会各界对学校教育的参与，共同创设合理合法的适合学生身心发展的学校环境。具体到教育教学的微观领域，通过确立以儿童为本的教育教学观，使学生受到公平的、有尊严的、安全的和适合其个性的教育。书中还对现实中的一些事例作了分析，强调父母对未成年子女不仅有教育的义务，更具有“优先选择之权”，孟母堂事件和个别学童“在家上学”现象正是这种自由选择权的现实表征。基于父母教育权的自然权和基本权特性，有必要建立父母教师联合会，明确父母对学校教育享有的权利，以消除“儿童人质论”对父母教育权的抑制。在书的最后，作者基于儿童受教育权法律救济的现状与问题，尝试提出了完善受教育权利保障体系的构想，并对教育公益诉讼制度进行初步探讨。作者认为面对当前诸多受教育权被侵害案例所揭示的学生申诉制度不完善、司法诉讼不畅等现状，有必要通过修改《行政诉讼法》，将公民受教育权利纳入到行政诉讼受案范围，或者由最高人民法院出台专门审理教育行政诉讼的规定，并建立教育公益诉讼制度，以使教育公共利益免受公权和私权的各方侵害。

尹力博士1996年考入北京师范大学，随我攻读博士学位，从那时起就一直没有放弃对受教育权利问题的研究。她为此付出的精力是值得的，因为教育是一件涉及所有民众的社会公器，如何分配教育机会，如何保障每一个人的受教育权利是我们不能不关注的一个重要问题。

劳凯声于2010年末

前　　言

受教育权利，尽管已被世界人权宣言和我国宪法及相关教育法律宣示为人之为人的基本权利，但其作为一种法定权利并不必然转化为现实权利，成为每一个公民真实的权利享有。任何一种法定权利的内容在其实现过程中都不可避免地难以保持自身的统一性或一致性，表现为不同时期的同一主体，或者是同一时期的不同主体其权利实现程度有所不同，这种特定的法定权利在实现过程中，其基本内容全部或部分丧失，就是权利缺损。自20世纪80年代中期以来，我国公民的受教育权利缺损问题（特别是女童、残疾儿童和偏僻少数民族地区儿童等）已引起有关部门和教育理论工作者的关注，并从理论上阐明了受教育权利的内涵、历史发展及特殊法律主体的受教育权利保护等问题，但由于受教育权利主体的复杂性（如从年龄上划分，有幼儿、青少年儿童和老年人的受教育权利问题；按性别划分，有男性公民和女性公民的受教育权利问题；按身体健康状况划分，有健康公民和残疾公民的受教育权利问题；按户籍划分，有在户籍所在地和在非户籍所在地接受教育之公民的受教育权利问题；按民族划分，有汉族和非汉族的少数民族公民的受教育权利问题等），使得不同主体受教育权利的性质、内容与权利实现方式有较大不同，由此决定了有关受教育权利研究的问题域也因主体的不同而不同。

1986年的《中华人民共和国义务教育法》（以下简称《义务教育法》）规定了“凡年满六周岁的儿童，不分性别、民族、种族，应当入学接受规定年限的义务教育”（第五条），且“国家、社会、学校和家庭依法保障适龄儿童、少年接受义务教育的权利”（第四条），但并没有规定清楚国家、社会、学校和家庭到底应如何保障儿童、少年接受义务教育的权利；1992年发布的《中华人民共和国义务教育法实施细则》的第十七条明确规定“实施义务教育的学校可收取杂费”，这样一来，有些家庭经济困难儿童常常因缴纳不起杂费而辍学，或根本无法上学。那时的义务教育不是真正意义上的“义务”教育，换言之，义务教育非义务。还有一件不得不提的事情就是，1993年2月中共中央国务院印发了《中国教育改革和发展纲要》，提出“在新的形势下，教育工作的任务是：遵循党的十四大精神，以建设有中国特色的社会主义理论为指导，坚持党的基本路线，全面贯彻教育方针，面向现代化，面向世界，面向未来，加快教育的改革和发展，进一步提高劳动者素质，培养大批人才，建立适应社会主义市场经济体制和政治、科技体制改革需要的教育体制，更好地为社会主义现代化建设服务”。在办学体制上，强调建立与社会主义市场经济体制和政治体制、科技体制相适应的教育体制，这一“任务”对20世纪90年代的教育实践和教育理论带来了很大的影响。表现在教育实践中，市场因素“名正言顺”地介入到教育领域，典型特征就是不管义务教育还是非义务教育一律收费。从20世纪90年代中期开始，在义务教育阶段进行了“公办民助”、“民办公助”、“国有民办”等办学体制改革试验，简称“转制学校”改革。1998年6月教育部还专门出台了《关于义务教育阶段办学体制改革试验工作若干意见的通知》，认为转制学校对“逐步建立以政府办学为主、社会各界共同办学的体制；对合理配置教育资源，吸收社会资金投入教育有积极意义”。“转制学校”政策出台的出发点看似好的，但在实施过程中，一些好的或比较好的学校转变为“民办公助”后，享有公办和民办教育的双重优惠政策，在义务教育阶段高收费，加剧了校际分化，形成了重点的义务学校不义务，真正实行义务教育的普通学校普遍受冷落的乱象。义务教育阶段学校乱收费、乱集资成为常态。而在教育理论方面，掀起了“教育产业化”、“教育市场化”以及“义务教育是效率优先还是公平优先”等讨论，把单纯适用于市场经济领域的“效率优先”

法则移植到作为公共物品的教育领域。上述的实践乱象和理论争议，迫使我们不得不对这样一些基本问题进行思考，即义务教育到底是谁的义务？国家、学校、家庭和社会在保障适龄儿童接受教育方面各自到底负有何种责任？义务教育应确立什么样的价值取向？发展义务教育仅仅是“为了发展基础教育，促进社会主义物质文明和精神文明建设”吗（《义务教育法》第一条）？受教育权利作为宪法赋予每一个公民的基本权利，其性质是什么？包括哪些内容？……这样一些疑问和迷惑聚集在一起，促使我在1997年考虑博士论文选题的时候，想着力对义务教育阶段儿童受教育权利问题进行深入探讨。

另外，受教育权利，作为教育法学研究的基本理论问题之一，其基本含义是什么？义务教育阶段儿童受教育权利的独特性何在？儿童与其相对方构成的权利义务关系是什么？如何使其从一种法定权利转化为每个儿童实际享有的现实权利？如何使儿童被侵害的受教育权利及时获得补偿和救济？当时的学界对这些问题尚缺乏系统的理论上的探讨①，因而，对上述问题加以研究，不仅有助于教育法学学科体系的完善，而且对澄清某些模糊的教育认识，反思义务教育相关政策和实践也不无裨益。

义务教育是国家统一实施的所有适龄儿童必须接受的教育，是国家必

① 20世纪90年代，我国大陆学界有关受教育权利的讨论尚不多见，主要有：赵正群．劳动与受教育是公民不可放弃的权利［J］．辽宁大学学报，1991（3）：108－110./孟宪范，李海富，吴利娟．农村女童受教育权的保护［J］．中国社会科学，1995（5）：108－123./欧阳克俭．“教育权”的下嫁和“学习权”的建立［J］．贵州师范大学学报，1996（1）：86－88./李连宁．中国儿童受教育权的法律保护［J］．学前教育研究，1996（3）：8－11./蓝常高．公民受教育权要得到保障［J］．社会1997（6）：4－6./秦惠民．现代社会的基本教育权型态分析［J］．中国人民大学学报，1998（5）：82－87./张文奎．全国首例残疾中学生状告报考学校侵犯受教育权案始末［J］．法律与生活，1998（2）：34－35./王延卫．教委不作为侵犯儿童受教育权是否可以提起行政诉讼？［J］．行政法学研究，1998（3）：83－86./蒋少荣．论我国公民受教育权的法律关系及法律保护［J］．教育理论与实践，1998（5）：31－34./陈海松，黄玉兰．论少数民族平等受教育权的法律保障［J］．中南民族学院学报，1999（增刊）：81－83．等十余篇文章。2000年以后出现了大量的文章，还有几部专著问世，诸如：孙霄兵．受教育权法理学：一种历史哲学的范式［M］．北京：教育科学出版社，2003./温辉．受教育权入宪研究［M］．北京：北京大学出版社，2003./龚向和．受教育权论［M］．北京：中国人民公安大学，2004./杨成铭．受教育权的促进和保护［M］．北京：中国法制出版社，2004．等。

须予以保障的公益性事业，具有强制性、免费性、公共性和基础性等性质，义务教育之“义务”既指向儿童必须接受教育之义务，更表征国家、学校、社会和家庭对儿童受教育提供诸种条件之义务性。相对于非义务教育来说，无论从个体自我发展的角度，还是从提高国民的整体素质和国家的综合国力层面看，义务教育都具有十分重要的、不可替代的作用。“要区别义务教育和义务教育以上教育的不同情况，分别予以不同的对待。义务教育是全民性质的教育，是对全体儿童和青少年所实施的免费教育。如果把连续的教育比作一场接力赛的话，那么，义务教育就是第一棒，义务教育的平等与否，决定着第二棒、第三棒的平等与否。因此，义务教育要从质和量两个方面去保证受教育的平权性。”① 另外，从公民个人的人权谱系来看，如果我们把权利分为若干层级的话，受教育权利与生命健康权一道，应处于人权谱系中最基本的层级。因为，通过接受教育，不仅可以使“贫穷的人”获取一定的生活能力，摆脱贫困，解决温饱问题，还能够满足公民参与政治、发展审美情趣等超越个人生存底线的需求，使人更像“人”，获得一种更为满意的、更有尊严的生活。因而，国家、学校、社会和家庭如何行使教育权利，履行各自的教育义务，切实而全面地提高义务教育的质和量，保障义务教育阶段儿童受教育权的实现问题既是整个受教育权利问题的核心，也是21世纪我国教育改革和发展的重中之重。正是基于上述考虑，本书基于“受教育权利是人权”和“一切以儿童的最大利益为首要考虑”的理念，遵循历史与逻辑相统一的原理，从儿童与国家、学校、家庭和社会等权利相对方构成的法律关系出发，综合教育学、法学和社会学等多学科视角，并具体采用了法律解释和案例分析等方法，对儿童受教育权利的性质、内容及其法律救济等问题进行了全方位的探讨。从内容上看，既有对重大理论问题的探讨，如教育权与受教育权之间的关系、义务教育基本价值取向、学习型社会中公民学习权保障和教育公益诉讼等，也有对现实问题的回应和剖析，如孟母堂事件、取缔“未经批准流动人员自办学校”事件等，这些研究为义务教育立法和公共教育政策制定提供了理论依据。

---

① 劳凯声．教育法论［M］．南京：江苏教育出版社，1993：122．《教育法论》的第三章（教育法与受教育权利的保障）对受教育权利的内容及其法律保障作了较为深入的探讨。

本书共分七章。第一章是有关受教育权利基本理论问题的探讨，主要基于法学界已有的有关权利的研究成果，对受教育权利的基本含义、性质、内容以及受教育权与教育权和学习权之间的关系等问题进行了探讨，以为下文的研究扫清障碍。我们强调受教育权利是人权谱系中的一项基本权利，兼具积极权利和消极权利双重特性。义务教育阶段儿童的受教育权利主要包括请求权、福利权和自由权三方面的内容。学习权是学习型社会中公民受教育权的应有之义，公民学习权保障应该成为学习型社会教育法律与政策建构的价值基础。

第二章主要对学术界有关义务教育价值取向存在的不同观点进行了“清思”。从平等、效率和公平的基本含义出发，结合义务教育的独特性，明确义务教育的基本价值取向为教育公平，并遵循教育机会均等、可选择性和弱势补偿等原则。在当前，义务教育均衡发展成为教育公平的现实诉求。“教育公平”作为一种衡量儿童受教育权利实现状况的范式或标准，贯穿于本书之始终。

第三章至第六章是本书的主体部分，分别探讨了儿童受教育权的权利相对方——国家、学校（教师）、父母和社会在保障义务教育阶段儿童受教育权利中享有的权利（权力）和应履行的义务。我们坚持下列观点：(1) 国家在义务教育发展中负有首要责任。特别是在构建学习型社会的今天，基于学习权之生存权、福利权和发展权的不同特性，政府的职能应从直接的管理型政府向间接的服务型政府转变，即采用立法、行政等多种方式，普遍设立学校及其他教育机构，并向一切人开放，保证教育机会均等。同时要加大对弱势群体教育、培训的扶持，努力向他们提供免费的教育。还要大力发展社区教育，真正实现任何人在任何时间和任何地点，只要想学习就能够学习。(2) 由于学校和教师的教育权来自于国家的授权和父母与社会的委托，学校、教师对儿童的发展负有直接教育责任。因而，学校必须改革现存的弊端，确立学生的权利主体地位，建立尊重学生权益的学校制度，并逐渐建立开放的学校体系，扩大学生、父母和社会各界对学校教育的参与，共同创设合理合法的适合学生身心发展的学校环境。具体到教育教学的微观领域，通过确立以每“个”儿童为本的教育教学观，使学生受到公平的、尊重的、安全的和适合其身心发展阶段的教育。(3) 父母对未成年子女不仅有教育的义务，更具有“优先选择之权”，孟母堂事件和个别学童“在家上学”现象正是这种自由选择权的现实表征。基于父母教育权的自然权和基本权特性，有必要建立父母教师联合会，明确父母对学校教育享有充分的知情权、提案发言权和共同决定权，以消除“儿童人质论”对父母教育权行使的抑制。（4）社会教育权作为先于国家的最原初的权利，在“市民社会—政治国家”的二元框架下，随着我国市民社会的不断生成，社区的不断健全和发展，社会组织和个人必将在儿童受教育权利实现中起着越来越重要的作用。2006 年夏发生在北京市海淀区的取缔“未经批准流动人员自办学校”事件，在中国市民社会进程中具有标本性意义，体现了社会公众和媒体对儿童受教育权利保障有着不可低估的作用。

第七章主要基于儿童受教育权法律救济的现状与问题，尝试提出了完善受教育权利保障体系的构想，并对教育公益诉讼制度进行初步探讨。我们认为，实体法所规定的儿童所具有的受教育权利，并不必然转化为现实。如何在宣示权利的同时，配置救济的各种途径，使儿童受损的权利及时得到补偿和救济是保障儿童受教育权最为关键的一环。面对当前诸多受教育权被侵害案例所揭示的学生申诉制度不完善、司法诉讼不畅等现状，有必要通过修改《行政诉讼法》，将公民受教育权利纳入到行政诉讼受案范围，或者由最高人民法院出台专门审理教育行政诉讼的规定，并建立教育公益诉讼制度，以使教育公共利益免受公权和私权的各方侵害。另外，还应充分发挥公共知识分子和学术共同体在促进受教育权保障中的积极作用，通过公民教育、扩大民众对教育诉讼过程的参与等途径，提高儿童及其相关主体的权利意识，以构建全方位的保障儿童受教育权利之立法、司法和社会监督体系。

第一章 受教育权利的法理探讨

权利就是有权行动，有权存在，有权享有，有权要求，我们讲权利，说的正是拥有、实施和享有。

——H. J. 麦克洛斯基

第一节 权利概说

权利是本书的基础性概念，为保持权利一词在理解与使用上的一致性和规范性，有必要弄清权利的基本含义、权利与权力等概念之间的区别与联系，以为受教育权利研究扫除障碍。

一、权利的基本含义

如何给“权利”一词下一个较为准确而完满的定义，古今中外法学研究者可谓煞费苦心，但结果常常并不如人所愿。到头来，很多研究者倒是对康德和费因伯格等人的观点深有同感。康德在谈及权利的定义时写道：“问一位法学家‘什么是权利?’就像问一位逻辑学家一个众所周知的问题‘什么是真理?’那样使他感到为难。他们的回答很可能是这样，且在回答中极力避免同义语的反复，而仅仅承认这样的事实，即指出某个国家在某个时期的法律认为唯一正确的东西是什么，而不正面解释问者提出来的那个普遍性的问题。”[1]37 费因伯格更是断言，给权利概念下一个“正规的定义”是不可能的，他建议人们把权利概念当做一个“简单的、不可定义的、不可分析的原初概念”来接受，并认为在研究权利概念时，如果我们满足于所谓“正式的定义”，那么，“好戏没开场就煞了尾，其结果是使平常的东西不必要地神秘化”。[1]38 尽管这种“忠告”不无道理，但了解权利的基本含义还是十分必要的。因为倘若权利的基本含义不清楚，那么其后建立在权利这一“基石”概念之上的所有阐释也必将是模糊的。

（一）权利的基本要素

在西方法学的发展过程中，不同的法学学派均从自己的理论出发对权利加以阐释，形成了不同的权利理论或称权利学说。张文显根据法学家界说权利时所选择的参照系，亦即各自的权利定义中的核心词或指称范畴之不同，把中外法学中主要的权利释义分为资格说、主张说、自由说、利益说、法力说、可能说、规范说、选择说八种。[2] 在上述关于权利的八种解说中，“诸解说各自成理处在于，它们各自都说明了权利概念中的某一要素或两个要素；它们未能尽如人意，是因为它们都未能全面、总体地阐释权利概念”。[3] 既然如此，那么权利的要素究竟包括哪些？如果说，权利的本质是由多方面的属性构成的话，那么，对于一项权利的成立来讲，“这些属性是一些最基本的、必不可少的要素”。[1]42 因而，了解构成权利的基本要素，也就从某种程度上把握了权利的本质特征。概括说来，权利主要包括五个基本要素。[1]42-45

要素之一：利益。一项权利之所以成立，是为了保护某种利益。有学者把主体对利益的追求和维护看成权利这一概念内含着的就主体而言的实质要素。[3] 不过权利本身不等于利益。行使权利，可能会通过这种“权利”的活动而得到利益，但也可能得不到利益，这主要取决于客观社会条件和权利主体的视界。如果某种权利的行使不能使主体获得某种既得利益的话，主体很有可能放弃该项权利。具体到受教育权利，权利的利益要素阐明的是：受教育权利主体通过接受教育应该会获得某种利益，这已被人力资本理论所证实。同时，接受教育是否真的会获得利益、获得利益的大小将直接影响主体行使权利的积极性。利益要素恰好能够解释我国的部分父母基于“读书无用论”或“读书无望论”[4]致使儿童辍学或失学的现象。不难想象，对于某些农村地区的家庭来说，当前学校教育的精英取向和城市中心取向，使得学校教育的内容和目标在某种程度上脱离了农村生活的实际和需要，加之升学和就业的压力，当儿童及其父母感觉到学习不能给他们带来所期望的利益和好处，不能改变他们的命运时，很有可能放弃受教育的权利。

要素之二：主张。说“某人拥有一项权利”，意味着他可以通过表达意思或其他行为有效地去要求、去坚持，特别是在其利益可能或已经受到他人干涉与侵犯时，有权利寻求法律保护，提出中止侵害的要求。具体到受教育权利，权利的主张要素主要包括两方面内容：一是受教育权利主体可以根据法律规定要求权利相对方为其接受教育提供一定条件，履行作为或不作为的义务；二是在其受教育权利受到侵害时，有申请救济的权利。

要素之三：资格。一个人只有被赋予某种资格，具有权利主体的身份，才能够向别人提出作为与不作为的主张，也才有法律能力或权力而不受他人干预地从事某种活动。[2]资格的要素，在受教育权领域，可以转化为谁有权接受教育的问题，这便是受教育权利主体的问题。1948 年联合国大会第 217A（III）号决议通过并颁布了《世界人权宣言》，明确阐明“人人都有受教育的权利”（第二十六条）。在我国，1982 年颁布实施的《中华人民共和国宪法》（以下简称《宪法》，或称“现行宪法”）的第四十六条第一款规定：“中华人民共和国公民有受教育的权利和义务。”可见，在我国，凡具有中华人民共和国国籍的人均享有受教育的权利。

要素之四：权能。权能首先是从不容许侵犯的权威或强力意义上讲的；其次是从能力的意义上讲的。如果权利主体不具备享有和实现其利益、主张或资格的实际能力，那么，这项法定权利很难实现。这一要素是对受教育权利主体提出的要求，即要求受教育权利主体具备享有和实现其受教育权利的实际能力或可能性。受教育的权能主要侧重于受教育权利作为一种法定权利向现实权利转化过程中对权利主体自身条件的一种要求。

要素之五：自由。作为权利本质属性或基本构成要素的自由，指的是权利主体不受外来的干预或胁迫，可以按照个人意志去行使或放弃该项权利。如果某人被强迫去主张或放弃某种利益、要求，那么，这种主张或放弃本身就不是权利，而是义务。在受教育权利中，自由的要素是指受教育权利主体可以按照个人意志去行使或放弃受教育的权利，而不受外界因素的干预。“教育的可选择性”正是从这个意义上说的。不过，受教育的“自由”因法律对不同受教育权利主体规定的不同而有所不同。如，义务教育阶段儿童的受教育权既是权利，又是义务，这种权利义务复合的法律规范意味着义务教育阶段儿童的受教育权利是不可放弃的，因而也是“不自由”的。非义务教育领域充分体现了受教育权的自由特性。

（二）权利的基本含义

在夏勇看来，对于一项权利的成立来讲，上述五个要素必不可少。“以其中任何一种要素为原点，以其他要素为内容，给权利下一个定义，都不为错。”[1]44反过来，过于强调其中某一要素，忽略其他要素，则可能导致权利认识上的片面和残缺不全。在此前提下，我们借鉴由陈守一、张宏生主编的《法学基础理论》中对权利的释义，把权利理解为“法律关系的主体具有自己这样行为（或不这样行为），或要求他人这样行为（或不这样行为）的能力或资格”。[5]这一含义，阐明了权利的主体和内容。权利的主体即权利享有者，权利的内容一般是指法律关系主体可以这样行为或不这样行为，或者要求其他人这样行为或不这样行为。以受教育权利为例，受教育权利的主体就是享有受教育权利的人，他（她）作为法律关系的主体有权接受教育，也有权要求国家或社会为自己提供接受教育的相应条件，在有人干涉或侵犯自己的受教育权利时，有权向主管部门提出控告。

（三）权利的基础

了解权利的基本要素及其含义，尚不足以说明权利的本质。因为我们忽略了权利的起源及其所决定的权利的本质属性。一项道德权利或习惯权利何以上升为法律权利？换言之，决定某项权利产生的最根本的基础是什么？决定该项权利得以实现的最关键的因素又是什么？不澄清这一问题，我们就无法解释为什么某项法律权利在特定的时期产生，而某些法律权利为什么在某一时期难以由法定权利转化为现实权利。因而，探讨权利的基础，可以为我们解释受教育权利存在的现实问题——受教育权利缺损的内在原因找到理论的支撑。

关于权利的基础，马克思主义者早就作出了精辟的论述。马克思主义者认为权利不是天赋的，而是社会历史发展到一定阶段的产物。在原始社会的氏族制度下，人们并无权利的概念。只是到后来出现了私有制、阶级和国家，才有了公共权力，有了法律，然后才有为法律所确认和保护的权利。“在氏族制度内部，权利和义务之间还没有任何差别；参加公共事务，实行血族复仇或为此接受赎罪，究竟是权利还是义务这种问题，对印第安人来说是不存在的；在印第安人看来，这种问题正如吃饭、睡觉、打猎究竟是权利还是义务的问题一样荒谬。”[6]只有当社会物质生活发展到一定水平，个人作为一个独立的主体存在并在原初的商品交换领域拥有所有权的时候，私人占有及由此决定的个人权利才随之产生，进而“一种反映着经济关系的意志关系”的法权关系得以确立。[7]

权利产生后，在特定的社会条件下，一个人能否享有权利，享有哪些权利，在实际生活中能在多大程度上切实地行使权利，同样不是无限制的，而是永远不会超出该社会物质生活条件所许可的范围。正如马克思在《哥达纲领批判》中所阐明的众所周知的名言：“权利永远不能超出社会的经济结构以及由经济结构所制约的社会的文化发展。”[8]因而，我们探讨任何一项权利时，都要考虑到决定该权利的社会条件，包括经济、政治、法律及其特有的历史文化传统、价值观念等，正是这些条件，制约着权利的性质、内容和范围及其实现状况。反过来说，要想扩大人们享有的现实权利，根本的是要改善社会的物质生活条件，这是我们探讨受教育权利问题时必须遵循的唯物主义原理。另外，还须特别指出，权利与义务是统一的，人们在享有权利的同时，还必须履行相应的义务。“没有无义务的权利，也没有无权利的义务。”[9]137

从上述马克思主义关于权利之基础的论述中不难看出其中所包含的权利的基本特征：一是历史发展性。既然权利是在社会生活发展到一定阶段基础上产生的，那么在抽象的意义上说，这种历史性决定了权利也是发展的。这不仅意味着随着物质生活条件的变化人们享有的权利多少会随之变化，而且每一项权利的具体内容也会有新的变化，或丰富深化，或缺损。整个社会中会有新的权利产生，不适时的权利会逐渐消失。二是现实多样性。权利受制于社会的经济结构及其所决定的文化发展，使得个体权利的实际享有乃至整个社会各项权利的普遍实现都离不开特定社会的经济发展水平、社会意识形态和主体自身条件等诸种因素的制约。由此决定了一国公民权利享有之多寡以及某一项权利的具体内容也必然与其国情和公民整体的权利意识、权利观念相统一，呈现出多样性的特点。

二、权利的分类及其存在形态

（一）权利的分类

之所以探讨权利的分类问题，在于不同类别的权利其适用法律是不同的。在具体分析某一项权利的性质、适用法律和实现方式时，必然要考虑它属于哪种权利。不同的学者根据不同的标准，对权利进行了分类。①

1. 基本权利和一般权利（也称宪法权利和普通权利）。这是根据权利对人们生存、发展的重要程度所作的分类。前者主要指各国通过宪法或其他宪法性文件所规定的公民享有的基本权利，主要涉及公民在国家的政治、经济、社会和文化等领域中那些不可或缺的、长期稳定的权利，基本权利是其他权利产生的依据。除宪法或宪法性文件规定的基本权利外，由一般法律规定的权利，称为一般权利。

2. 绝对权利和相对权利（也称对世权和对人权）。这是根据与权利者相对应的负有义务的主体是特定的还是不特定的所作的分类。如果一项权利，其相对应的负有义务的主体是不特定的，即泛指除享有权利者之外的其他任何组织和个人，要求他们以不作为的形式履行义务，以保障权利主体享有该项权利，那么这种权利就称为绝对权利。人身自由权、财产所有权便属此类。相对权利，是指与某项权利相对应的义务主体是特定的，义务承担者必须通过自己的积极作为，满足、实现权利者的权利要求。合同关系中的权利，就是一种相对权利。

3. 原有权利和救济权（也称第一性权利和第二性权利）。这是根据权利是否独立存在以及权利之间的因果关系所作的分类。原有权利是直接由法律赋予的权利，或由法律授权的主体依法通过其积极活动而创立的权

---

① 有关权利分类的主要参考文献有：唐琮瑶．论权利［J］．海南大学学报：社科版，1994（4）：21－26．/沈宗灵．权利、义务、权力［J］．法学研究，1998（3）：3－11．/张文显．法哲学范畴研究（修订版）［M］．北京：中国政法大学出版社，2001：317－323．

利。救济权是在原有权利受到侵害时产生的权利。前者如财产所有权、合法契约中双方当事人的权利，后者如诉权。

4. 专属权与可转移权。这是根据权利可否转移所作的分类。只能属于特定人所有，不能转让与他人的权利称为专属权，如自然人的人身权等。可转移给他人的权利如一般的物权、债权等，属于可转移权。

5. 积极权利和消极权利。这是根据义务相对人行为方式的不同所作的分类。积极权利一般是针对义务相对人的积极作为义务而言的，要求国家和社会“作为”，即采取积极措施，促成享有或提供某种物质或服务，如劳动权、社会福利权等。消极权利则是一种自由状态，要求义务相对人消极“不作为”，这种权利只要不受国家和社会的干预即可实现，如生命健康权、人身自由权等。

（二）权利的存在形态

尽管根据不同的标准，可以将权利划分为不同的类别，但不管哪个类别的权利都具有“正当性”、“合法性”和“现实性”，这也就相应地构成了应有权利、法定权利和现实权利三种存在形态。① 任何一项被认为是“应当”享有的权利只有在经过法律确认成为法定权利，并通过主体的实际行为而形成一种实有状态、一种现实的结果被主体所享有并获益的时候，才能说权利主体真正享有了这项权利。

1. 应有权利。应有权利之“应有”意味着它是指没有被现实法律确认，而实际上法律又“应当”在目前或将来确认的权利，它构成了法定权利的价值基础。立法者在把应有权利上升为法定权利过程中是否愿意运用法律确认与保障客观存在的应有权利，即转变为法定权利，以及怎样选择应有权利是受各方面条件限制的。应有权利的存在产生了立法者“应不应当”以及如何选择、确认、保障权利的问题。否认应有权利的存在，法定权利就成为无源之水了。另外，坚持应有权利作为权利存在形态的意

---

① 这部分内容主要参考了以下文献：程燎原，王人博．赢得神圣——权利及其救济通论［M］．济南：山东人民出版社，1993：315－344．/李步云．论个人人权与集体人权［J］．中国社会科学院研究生院学报，1994（6）：9－16．/龚向和．社会权与自由权区别主流理论之批判［J］．法律科学，2005（5）：21－27．

义，“在于它否定了权利只能是法律明文规定的，公民只能享有法律明文规定的权利等不甚妥当的观念”。[10] 也为改进权利立法提供不可或缺的评价标准，促使立法者根据社会经济政治的发展、文化进步以及国际人权发展的趋势，不断充实和改善国家的权利立法，及时把公民的应有权利上升为法律权利。

2. 法定权利。法定权利就是法律所确认和保护的法律关系主体所具有的某种权能。有学者形象地解释道：“法定权利实质上就是一种身份——一种独立自主地位的标志。有些应有权利之所以上升为法定权利，首先在于它是向国家‘申请’的一种‘执照’，由国家批准并盖上法律印记而取得的一种身份或资格。当然，国家并不能创造资格和身份，它只是承认或不承认而已。当个体拿着这张由国家签发的‘身份证书’时，他在现实社会生活中也就可以在一定范围内自由自主地活动。”[11]329 可见，法定权利意味着权利主体获得了在合法范围内行为的一种可能性。但这种“法律规定”并不意味着权利主体已经在现实中享有了这项权利。主体是否享有了这项权利，受制于权利主体所处的社会条件及其自身条件。有的法定权利对于某一个体来说也许永远都只是一种“许可”。如，法律规定人人有受教育的权利，倘若一个儿童智障严重到无法接受任何形式的教育，那么受教育权对他来说便只是一种法律规定的可能而已。

3. 现实权利（也称实有权利）。法定权利实现的结果或形成的一种实有状态便是现实权利，其着眼点是权利的实践方面。现实权利不是法律规定了一种“行为可能性”，而是对它的具体实现，是权利主体的实际行为。应有权利上升至法定权利，进而由法定的可能性转变为现实性，是权利主体追求的终极目标和结果。权利主体只有法定权利而没有实际享有，无异于“一纸空文”，毫无价值。

了解权利的这三种形态，有助于我们更好地了解权利的历史。因为任何一项权利的历史不过是其由应有权利上升至法定权利进而转化为现实权利的历史。现实权利是其归宿。这就为我们的国家、社会以及权利主体提出了“为使某一权利最终实现而积极行为”的要求。这同样适用于儿童的受教育权利。当接受教育由原初的部分人的特权成为人人享有的法律权利以来，如何使每个个体都能享受到适合其能力发展的教育，成为各个时期、各个国家为之奋斗的永恒主题。

三、权利的相关概念意义阐释①

（一）权利与义务

在法律上，义务是权利的关联词或对应词，二者相辅相成。“没有无义务的权利，也没有无权利的义务”是二者关系的经典表述。我们通常说权利具有相对性，就在于任何一项权利的享有，都必然存在履行义务的相对方。反过来，任何人在享有权利的同时，必然要履行一定的义务。霍菲尔德曾把狭义的权利与义务的关系简化为：“我主张，你必须。”[12]

法律意义上的义务，简单地说，就是由国家规定或承认，法律关系主体应该这样行为或不应该这样行为的一种限制或约束。法律或者积极地规定或承认人们应该（或必须）这样行为，或者消极地规定或承认人们不应这样行为。对承担义务者来说，前一种情况是作为的义务，其话语表述形式多是“必须……”或“应该……”，也称积极义务；后一种情况是不作为的义务，其话语表述方式是“不得……”或“禁止（严禁）……”，也称消极义务。如果义务人应该积极行为而没有行为，或者义务人应该消极不作为而积极作为，影响权利人权利的实现，则必然构成违法行为。

与权利一样，义务作为法律关系的内容之一，其主体是法律关系主体或承担义务者，一般是指自然人和法人，也包括其他社会组织乃至国家。相对于某一项具体权利来说，不同的义务主体往往需履行不同的义务，这在受教育权利问题上表现得非常明显。比如，为保障每个儿童受教育权利的实现，国家有义务为其接受教育提供条件，即履行积极作为义务。而“禁止用人单位招用应当接受义务教育的适龄儿童、少年”② 是对企业等用人单位提出的消极不作为要求。这二者是典型的不同义务主体需分别履行不同义务的例证。

---

① 美国法学家霍菲尔德曾指出，研究基本法律概念的方法最好是对相互“关联”和相互“对立”的概念进行逻辑分析。其中提出了权利、义务、权力、特权、责任等八个概念，考虑到本文研究的必要，主要对权利与义务、权力等概念加以简要分析，以便在“关系”中把握权利的实质。

② 参见 2006 年修订的《中华人民共和国义务教育法》中的第十四条第一款。

（二）权利与权力①

权利（right）与权力（power）两个概念间的关系是比较复杂的，有时可以通用，尤其英美法学经常将权力和权利作为同一词使用。因为在历史上，权利一词最初是指私权利，主要是财产权，只是到了17—18世纪资产阶级反封建斗争时，“公权利”即政治权利或政治权力的观念才迅速兴起，因而在词语中也就导致了权力与权利二者的通用。美国1776年的《独立宣言》全文和1787年宪法及其修正案中广泛地使用了“权利”与“权力”两个词，且含义都很明确：人民享有权利，政府行使权力。即使现在，我们对“权力”一词含义的表述甚至也与权利一样，也可以理解为法律关系主体具有自己这样行为或不这样行为，或要求他人应这样行为或不这样行为的能力或资格。尽管这样，权力与权利还是有极大区别的。概括地讲，可以把二者的区别总结为以下几点。

1. 行为主体不同。权利的主体是参加社会关系的一切主体，即一般主体。而权力主体则只能是被授予权力的国家机关及其特定的工作人员，即特殊主体。它与特定的人在特定组织、机构中的地位、身份直接相联系。一旦不具备这种特定的身份，便丧失与身份相关联的权力，而且权力一般体现的是国家与社会的公共利益，而非个人的私利。因而，权力与权利的区别在一定意义上也可以说是公与私的区别。

2. 实现权利与权力的保障不同（或称强制性不同）。权利的实现，主要依靠负有相应义务的个人、组织乃至国家义务的履行，或请求有关组织给予保障，不能通过权利享有者自身的措施强行实现权利。而权力则是通过有关国家机关、组织直接采取相应强制性措施予以实现。可见，权力的强制性是直接的，而权利的强制性是间接的，需以权力为中介。

3. 法律地位不同。权利可由权利人独自享有，在和与之相对应的义务人构成的关系中，双方的法律地位是平等的。而权力则只存在于与具体相对人的关系中。单个的主体无法行使其权力，因权力须以对方的服从为

① 有关权利与权力的区别与联系主要参考了下列文献：沈宗灵．对霍菲尔德法律概念学说的比较研究［J］．中国社会科学，1990（1）：67－77．/郭道晖．试论权利与权力的对立统一［J］．法学研究，1990（4）：1－9．/唐琮瑶．论权利［J］．海南大学学报：社科版，1994（4）：21－26．/沈宗灵．权利、义务、权力［J］．法学研究，1998（3）：3－11．

条件，是管理与服从、强制与被强制的关系。因此权力是单向的，与义务方构成的关系是不平等的。

4. 自由度不同。权利有所谓“剩余权利”之意，即法律上未规定为权利，而又未加禁止的事，可以推定公民有权利做，这也就是我们平常所说的“法不禁止则自由”原则。权力则不然。政府行使权力必须有法律根据，遵循“法无规定则禁止”的原则。另外，权利主体对其享有的某些权利（如物权）是可以转让或放弃的，而权力主体则对授予的权力不得放弃或转让，政府权力对国家也是一种责任，既不得滥用，也不得怠用、漠视，否则就是失职。从这个意义上说，政府权力的自由度也是不及公民权利的。

权利与权力到底在什么情况下是在同一意义上使用，在什么情况下又是截然不同的呢？若在行文中明确限定，则无异议。反之，可以遵循“意义即使用”的原理，通过上下文来推断。比如，当我们说“受教育权”时，自然是指受教育的权利；说“教育权”时，根据教育“权”的主体不同而不同。一般说“国家教育权”时，实际上已约定为“国家教育权力”，而当说“教师的教育权”时，通常指的是“教师的教育权利”①。由于教师的教育权利包含有义务的特性，其权利是必须履行、不可放弃的、带有职权的意义，这时的教育权利便等同于“教育权力”。教师的教育权是典型的包含有权利和权力的双重含义，我们可以看到有的学者在使用这一概念时通常会使用“教师的教育权利（权力）”这样的表述方式。

第二节 受教育权利的基本理论问题

一、受教育权利的基本含义

受教育权利，从字面理解，就是指接受教育的权利。从教育法学研究

① 我国 1993 年的《中华人民共和国教师法》的第七条在表述教师享有的权利时使用的是“权利”一词，而非“权力”。即“第七条：教师享有下列权利：（一）进行教育教学活动，开展教育教学改革和实验……”

的规范性和科学性的角度，对之下一个唯一正确的定义既是不容易的、也是不可能的。因为“权利”概念本身的争议，导致“受教育权利”表述也会是多样的。鉴于此，我们参照前文对于权利概念的理解，将其移植，并与“教育”结合，便可得到受教育权利的基本含义，即教育法律关系主体依照国家法律的规定，所享有的接受教育的能力或资格。

（一）受教育权利的主体

第一个关于人权问题的国际性文件——《世界人权宣言》的第二条明确规定了人权的基本原则，即“人人有资格享受本宣言所载的一切权利和自由。不分种族、肤色、性别、语言、宗教、政治或其他见解、国籍或社会出身、财产、出生或其他身份等任何区别”。其后的第二十六条第一款又明确指出：“人人都有受教育的权利，教育应当免费，至少在初级和基本阶段应如此。初级教育应属义务性质。技术和职业教育应普遍设立。高等教育应根据成绩而对一切人平等开放。”可见，受教育权利作为“人之为人应得”的基本人权，其主体是所有人。换言之，受教育权利的享有，无须任何条件，只因为是人，就应该享有。

具体到某一国家中，受教育权利的主体便是该国所有公民。我国现行宪法的第四十六条规定：“中华人民共和国公民有受教育的权利和义务。国家培养青年、少年、儿童在品德、智力、体质等方面全面发展。”1995年的《中华人民共和国教育法》（以下简称《教育法》）第九条重申：“中华人民共和国公民有受教育的权利和义务。公民不分民族、种族、性别、职业、财产状况、宗教信仰等，依法享有平等的受教育机会。”可见，受教育权利是我国公民平等享有的法定权利。日本亦然。日本1947年颁布实施的《教育基本法》的第三条规定：“全体国民均应享有按其能力受教育的平等机会，不能因种族、信仰、性别、社会身份、经济地位、门第的不同而在教育上有所差别。”

受教育权利主体是极其广泛的，对一国公民的受教育权利主体我们可以按某一标准对其进行不同的分类。如从年龄上划分，可分为儿童、青壮年人、老年人的受教育权利；按性别划分，可分为男性公民和女性公民的受教育权利；按身体健康状况划分，可分为身心健康者和残疾人的受教育权利；按家庭经济状况划分，可分为经济困难家庭和非困难家庭公民

(儿童）的受教育权利；按户籍划分，可分为农村村民和城镇居民的受教育权利；按公民是否在户籍所在地接受教育划分，又可分为流动人口和非流动人口的受教育权利，流动人口的受教育权利又可分为进城务工随迁农民和非农民工及其子女的受教育权利等。不管作何种分类，“任何公民都平等地享有受教育权利”所表征的教育机会均等原则，不仅是国际社会普遍公认的教育理想，也是被国际法准则和各国国内法所确立的基本原则。正因为如此，上述分类中的女性、残疾人、经济困难家庭子女、进城务工人员随迁子女等处于社会不利地位主体的受教育权利，因其处于弱势而备受关注。这些弱势群体能否真正与其他社会群体享有平等的受教育权利，成为一国公民受教育权利保障和实现状况的重要标准，也是一国人权状况的重要指标。

具体到义务教育领域受教育权利的主体，在2006年新修订的《义务教育法》[①] 中有明确规定。《义务教育法》第四条规定：“凡具有中华人民共和国国籍的适龄儿童、少年，不分性别、民族、种族、家庭财产状况、宗教信仰等，依法享有平等接受义务教育的权利，并履行接受义务教育的义务。”第十一条进一步明确：“凡年满六周岁的儿童，其父母或者其他法定监护人应当送其入学接受并完成义务教育；条件不具备的地区的儿童，可以推迟到七周岁。”可见，我国法定的义务教育权利主体是指6—15岁的儿童。[②] 条件不具备的地区，则指7—16岁的儿童。

尽管法律规定所有适龄儿童均有接受教育的权利，但在受教育权利由法定权利向现实权利转换的过程中，社会弱势儿童的受教育权利容易受到侵害。这不仅是我国政府和社会关注的现实问题，也是国际社会特别加以关照的对象领域。如，1990年由联合国教科文组织、儿童基金会、开发计划署和世界银行联合发起和赞助召开的“世界全民教育大会”的《全民教育：扩大的设想和更新的承诺》中的第三条第四款中指出：“……必须积极消除教育差异。不应使如下一些社会地位低下的群体在获得学习机

① 本书将1986年颁布施行的《义务教育法》称为“旧《义务教育法》”，把2006年修订的《义务教育法》称为“新《义务教育法》”，若无特指，均指称修订后的《义务教育法》。

② 关于义务教育的主体，我国《义务教育法》中使用的是“适龄儿童、少年”的表述。我们根据《儿童权利公约》的规定，即“儿童系指18岁以下的任何人”，并考虑行文方便，本书统称“儿童”。有时也使用“适龄儿童、少年”的说法。不作特别说明。

会上受到任何歧视——穷人、街头流浪儿童和童工、农村和边远地区人口、游牧民和移民工人、土著居民、在种族、民族和语言方面属于少数的群体、难民、因战争而流离失所者以及被占领区居民。"[13]17 在其后的1993 年的《德里宣言》的"行动纲领"中同样重申了"接纳其他边际群体"的原则："正如已指出的，经验表明，那些传统上被排斥在学校系统之外的边际群体——如街头流浪儿和童工，偏远地区人口或游牧人口，语言、种族或文化上的少数民族以及其他处境不利的区域和群体——不可能仅仅靠学校系统的扩充而获得教育。这类群体很难使自己的生活适应学校所强加的安排和要求。必须更多地优先考虑通过创造性的可选择途径来接近这类被排斥的群体并服务于他们的学习需要。"[13]117-118 因为，"对于多数人来说，人权保护并不是首要的问题，多数人可以通过民主程序来获得他们所想要得到的东西，而少数人就缺少必要的权利主张和权利实现的途径。所以说在民主的社会中，人权保护主要是针对少数人的人权救济来说的，少数人的人权保护是民主社会中人权保护的重点"。[14]

在我国当前，突出的表现为部分经济困难家庭儿童（特别是西部经济困难家庭的女童）、进城务工人员随迁子女、留守儿童、艾滋遗孤、服刑人员子女、中重度残障儿童等弱势儿童的受教育权利缺损状况较为严重。我国政府和社会各界如何采取坚定的措施使这些处于社会不利地位的儿童获得适合其发展的教育，既是在我国普及义务教育进程中必须加以解决的课题，也是我国人权保障的重要内容。

（二）受教育权的权利相对方

受教育权的权利相对方是指依法为公民受教育权利的充分实现提供诸种条件的义务一方。受教育权利的人权特性和社会权属性，决定了受教育权利最主要的义务方是国家，这已在我国《宪法》中有明确体现，如"国家发展社会主义的教育事业，提高全国人民的科学文化水平。国家举办各种学校，普及初等义务教育，发展中等教育、职业教育和高等教育，并且发展学前教育"（第十九条）。除国家之外，社会、家庭、学校及其他教育机构也是受教育权利的义务方，如《教育法》的第十八条规定："各级人民政府采取各种措施保障适龄儿童、少年就学。适龄儿童、少年的父母或者其他监护人以及有关社会组织和个人有义务使适龄儿童、少年接受并完成规定年限的义务教育”，第三十八条规定：“国家、社会、学校及其他教育机构应当根据残疾人身心特性和需要实施教育，并为其提供帮助和便利”；第三十九条规定：“国家、社会、家庭、学校及其他教育机构应当为有违法犯罪行为的未成年人接受教育创造条件”。

在保障公民受教育权利实现的过程中，上述权利相对方在行为方式上，主要以积极行为为主，以消极行为为辅。积极行为主要表现在要求国家、学校、社会和家庭依法为公民的学习和受教育创造良好而必要的条件。上述列举的有关《宪法》、《教育法》以及《义务教育法》的大多数条款都体现了对权利相对方履行积极作为义务的要求。消极行为主要表现为国家、学校、社会和家庭尊重并不得侵害公民受教育权的行使。因为，权利本身含有“自由”的要素，公民受教育权利之本义天然含有一种防止国家和社会干预的防御权。国家和社会在保障公民受教育权利方面首先要履行消极不侵害的义务。只有在尊重、不侵害的基础上，才能谈到积极的作为，这也正是受教育权的消极权利属性的应有之义。如《中华人民共和国未成年人保护法》（以下简称《未成年人保护法》）第三条第二款规定：“未成年人享有受教育权，国家、社会、学校和家庭尊重和保障未成年人的受教育权。”第四十二条第二款明确指出：“任何组织或者个人不得扰乱教学秩序，不得侵占、破坏学校、幼儿园、托儿所的场地、房屋和设施。”

在我国，权利相对方之“国家”在履行尊重和保障公民受教育权利之义务时，主要由国家机关（主要有立法机关、司法机关和行政机关，而行政机关主要是教育行政部门）行使，“学校及其他教育机构”主要由学校的教职员工行使，“社会”主要由社会组织及公民个人行使，“家庭”主要由父母及其他监护人行使。由于公民受教育权利的实现有赖于国家对整个教育事业的管理、监督和保障，有赖于学校及其他教育机构的具体实施，有赖于社会和家庭的尊重和积极配合，不同的义务主体应履行的义务各不相同。因而，从实施和管理教育的意义上说，这些义务主体也是管理和实施教育权利（权力）的主体，即教育权的主体。我们在讨论这些权利相对方各自应履行的义务时，应同时考虑到其权利主体的身份和法律地位，从权利和义务双重意义上来讨论。

（三）受教育权与教育权之关联

受教育权阐明的是谁可以受教育，即谁有资格、有权利接受教育的问题。而教育权，通俗地理解，就是谁掌握着教育的权利（权力）① 的问题，或谁有权利（权力）对教育事业加以管理、实施。如果我们追溯教育权利的渊源，从共时性的意义上看待当下的教育权，会产生这样的感觉：教育权都掌握在统治阶级的手中，即国家掌握着教育权。在具体行使这一权力时，国家又依靠各级人民政府及其教育行政部门、学校、家庭、社会来行使，进而推导出家庭教育权、社会教育权、学校教育权都是由国家教育权分化而来的。换言之，父母、社会组织和公民个人、教师的教育权都是国家给的，形成国家教育权、学校教育权、家庭教育权和社会教育权四种型态的教育权。果真如此吗？特别是从权利渊源上看，学校教育权、家庭教育权和社会教育权真的都是从国家教育权分化而来的吗？这四种教育权之间到底是什么关系？它们各自的权利（权力）主体又是谁？教育权和受教育权之间又是什么关系？这是探讨受教育权利保障时不能回避的重要问题。

1. 教育权：主体及其性质

从教育自身的逻辑发展来看，在教育学上有一句经典的表述，那就是"教育与人类社会共始终"，即自从有了人类，便有了教育。人类为了生存和发展，必须把从生产和生活经验中获得的知识技能传递给下一代，教育是与人的生产劳动和社会生活紧密联系在一起的，甚至是合而为一的，"教育起源于生产劳动"是马克思主义唯物史观的重要观点之一。在原始社会中，人人享有平等的教育机会，即"有教无类"。只不过这种教育属于零散的、非制度化的教育，与我们今天的由专门的组织机构、专门的教育人员、专门的运行制度所构成的制度化教育不同而已。可见，在国家产生以前，教育已经存在。那么，由谁来实施教育呢？根据历史学家的考证，在原始社会，"儿童被视为原始公社共有，并为公社所共育"。[15]156 在

① 这里的"权利"是等同于"权力"的。尤其在我们说"国家教育权"时，更是从公共权力的角度阐明国家在管理、实施教育事业方面特有的带有强制性的权力。确切地说，"教育权"应是"教育权力"的省略语。下文所使用的"教育权"这一概念，是包含着权利和权力双重意义的。

家庭出现以前，施教权由社会（如氏族）享有。所以，从发生学上看，社会教育权是最原初的教育权，只不过这种教育权不是属于法律意义上的教育权，而是一种自然法上的权利。以《中华人民共和国民办教育促进法》（以下简称《民办教育促进法》）为例，我们今天的法律赋予社会组织或者个人举办学校及其他教育机构的权利，只不过是对先于实体法而存在的自然权利的一种确认而已。①

随着原始社会的发展，在“社会”内部产生出了家庭。家庭的出现，虽未从根本上改变儿童“公育”性质，但基于血缘关系和父母对子女的绝对权威，父母管教子女成为家庭的应有之责。《三字经》中的“养不教，父之过”是最好的证明。可见，从权利渊源上看，家庭教育权是属于社会教育权范畴的，是从社会教育权分化、发展而来的。在家庭和社会那里，教育完全属于个人的私事。这种私事性决定了社会教育权和家庭教育权的自由权特性。

从教育发展史上看，在欧洲中世纪及其前期，教育权大多掌握在以教会为代表的社会手中，教会垄断着教育权。但随着 17、18 世纪资产阶级革命的兴起以及机器大工业对普及教育提出的强烈要求，加之近代民族国家的产生，迫切要求教育世俗化、国家化。即，要求把教育权从教会手中夺过来，由国家来管理教育事业，以培养资本主义生产发展所需要的劳动力，并使他们符合民族国家的要求（这在外国教育史上被称为“教育的国家化”），公共教育随之确立，强迫家长送子女入学的义务教育也应运而生。通过立法的手段确立义务性的国民教育制度，这在 18、19 世纪的欧美国家尤为突出。教育的国家化和义务教育的普及，最终使得教育的公共性取代了教育的私事性而得到广泛的社会认同。[16]从权利渊源上看，基于社会契约理论，国家权力与社会权利不同，它不是自发生长出来的，“其权力性质是一种受委托的权力”[17]，其权力源泉是社会成员的共同意志所构成的社会的最高权力——人民主权，而人民主权的性质是一种社会

① 新中国成立后，曾一度废除了私立学校和教会学校。20 世纪 80 年代后，民办学校相继成立，直至 2002 年《民办教育促进法》的颁布，从法律上重新明确国家机构以外的社会组织或者个人，可以“利用非国家财政性经费，面向社会举办学校及其他教育机构”，这是一种典型的还权，是对社会组织和个人先于《民办教育促进法》而存在的自然权利的一种确认。

权利。可见，教育权作为一种国家权力，只不过是社会教育权在逻辑发展过程中的一种权能分解，是社会教育权的分解物。它是一种继受性的权力，是由宪法制定权所派生出来的，其权力遵循“法律授权即拥有”（或“法无规定则禁止”）的原则。权力行使必须首先从实体法的授权出发，遵循程序法的基本规则，否则其合法性就会受到质疑。国家教育权与社会教育权的分离，是教育权发展史上的第一次分离。

关于学校教育权的来源及其性质，根据举办者的不同，可以把学校简单地分为两大类：国家举办的和非国家举办的，前者称之为公立学校，后者称之为民办学校。[①] 由国家举办的学校，其权利属于国家教育权范畴。而民办学校的教育权，属于社会教育权的范畴，是社会教育权的一种表现形式。有必要指出，学校教育权除上述来源以外，还来源于父母的委托。因为，教育的国家化要求父母把达到一定年龄阶段的儿童送到一个叫“学校”的组织机构中接受教育。源于国家教育权和社会教育权之间的继受性和委托性，学校教育权也内含着父母委托的特性，是从父母教育权那里继受而来的。教育权在国家和学校之间的分配，是教育权发展史上的第二次分离。不管是公立学校还是民办学校，其教育权行使主体均为教师。虽然从权利渊源和性质上说，相对于国家教育权、社会教育权和家庭教育权来说，学校教育权不属于独立型态的教育权。但从功能上说，因为学校教育的独特性，特别是在义务教育阶段，学校在儿童身心发展方面具有主导作用，故我们认为学校教育权与上述三种教育权同等重要。进言之，学校教育权不属于独立形态的教育权，并不说明它不重要，反倒应多着笔墨，深入探讨。

2. 教育权与受教育权之关联

教育权与受教育权有何关联？我们以国家教育权为例，国家把属于民间的私事之教育收归国有，并由法律确认为属于国家享有的教育权，其根本目的何在？基于社会契约理论，之所以人民把一部分权力交给他们所信

---

① 根据《民办教育促进法》第二条的规定，由国家机构以外的社会组织或者个人，利用非国家财政性经费，面向社会举办的学校及其他教育机构，简称为民办学校；由国家机构利用国家财政性经费举办的学校及其他教育机构，简称为公立学校。

任的代表——国家行使，最终的目的就是为了维护他们的权利。换言之，“国家的行动就是维护各种权利”。[18] 具体到教育领域，国家教育权的确立是为了维护公民受教育权利的实现。因而，教育权相对于受教育权来说，具有某种手段的意味，公民受教育权的实现才是目的，受教育权是教育权的出发点和归宿。尽管二者之内涵、性质截然不同①，但二者之间存在密切联系，正如温辉所说：“有教育权没有受教育权，那么教育权毫无意义；有受教育权没有教育权，那么受教育权形同虚设。”[19]28 须特别指出，教育权与受教育权之两种“权”有根本不同，受教育权之“权”是纯粹意义上的“权利”，而教育权之“权”兼有“权利”和“权力”双重属性，尤以国家教育权和学校教育权为典型。因而，我们在讨论国家、学校、家庭、社会在保障儿童受教育权利应履行的义务时，必然会涉及他们各自享有的教育权之渊源、性质与内容等具体问题。

二、有关受教育权利的实体法规范

受教育权利既是联合国及其主要机构制定的多项国际人权文件的重要内容之一，也是我国宪法赋予公民的一项基本权利。为更好地把握受教育权的性质和内容，有必要将受教育权利纳入国际人权保障和教育发展的国际化合作的视野中，从国际人权文件和我国法律法规中有关受教育权利具体规定的视角加以探讨。

（一）国际人权文件中有关受教育权利的规定

受教育权利是由国际性公约和一些纲领性宣言所确认和保障的基本权利。早在1948年，《世界人权宣言》就比较全面地规定了一个人权清单，受教育权利也在清单之列。自然人接受教育不需要任何先验的理由和条件，只因为是人，源于人的尊严就应该享有。从《世界人权宣言》通过以来，经过半个多世纪的发展，已逐步形成了以《世界人权宣言》为总

① 受教育权与教育权尽管关系密切，但两者之性质、内涵各不相同，且互不包含。我们不赞同温辉关于受教育权的内容包含教育权的观点。参见：温辉．受教育权入宪研究［M］．北京：北京大学出版社，2003：28.

纲，以《经济、社会、文化权利国际公约》（1966）为基本，以《儿童权利公约》（1989）为代表，以《公民与政治权利国际公约》（1966）、《世界全民教育宣言及满足基本学习需要行动纲领》（1990）、《特殊需要教育萨拉曼卡宣言及行动纲领》（1994）、联合国第四次妇女大会上通过的《北京宣言》和《行动纲领》（1995）、《达卡尔行动纲领 全民教育：实现我们的集体承诺》（2000）等为补充的受教育权利国际保护框架。从总体上看，"《经济、社会、文化权利国际公约》不仅对《世界人权宣言》规定的受教育者所享有的受教育权利的顺序进行了科学的调整，而且充实了上述权利的内容。联合国大会通过的有关受教育的公约、宣言、决议以及国际会议和国际组织大会通过的宣言和行动纲领对《世界人权宣言》和《经济、社会、文化权利国际公约》所确立的受教育者所享有的受教育的权利加以重申或明确，使受教育者所享有的受教育权利越来越具体化"。[20] 这些国际人权文件对受教育权利具体作了哪些规定，国家在促进和保护受教育权中究竟承担哪些义务，我们从联合国通过的三个主要人权文件中可窥一斑（见表1）。

表1 有关受教育权利保护的国际人权文件内容

文件名称	制定组织	有关受教育权利条款	国家义务
世界人权宣言	联合国	第二十六条：（一）人人都有受教育的权利，教育应当免费，至少在初级和基本阶段应如此。初级教育应属义务性质。技术和职业教育应普遍设立。高等教育应根据成绩而对一切人平等开放。（二）教育的目的在于充分发展人的个性并加强对人权和基本自由的尊重。（三）父母对其子女所应受的教育的种类，有优先选择的权利。	1. 初级教育免费； 2. 普遍设立职业教育； 3. 高等教育平等开放； 4. 制定教育目的； 5. 父母的教育优先选择权。

续表

文件名称	制定组织	有关受教育权利条款	国家义务
经济社会文化国际公约	联合国	第十三条：一、本公约缔约各国承认，人人有受教育的权利。它们同意，教育应鼓励人的个性和尊严的充分发展，加强对人权和基本自由的尊重，教育应促进各国、各种族或各宗教集团间的了解、容忍和友谊，并应促进联合国维护和平的各项活动。 二、本公约缔约各国认为，为了充分实现这一权利起见：（甲）初等教育应属义务性质并一律免费；（乙）各种形式的中等教育，包括中等技术和职业教育，应以一切适当方法，普遍设立，并对一切人开放，特别要逐渐做到免费；（丙）高等教育应根据成绩，以一切适当方法，对一切人平等开放，特别要逐渐做到免费；（丁）对那些未受到或未完成初等教育的人的基础教育，应尽可能加以鼓励或推进；（戊）各级学校的制度，应积极加以发展；适当的奖学金制度，应予设置；教员的物质条件，应不断加以改善。 三、本公约缔约各国承担，尊重父母和（如适用时）法定监护人的下列自由：为他们的孩子选择非公立的但系符合于国家所可能规定或批准的最低教育标准的学校，并保证他们的孩子能按照他们自己的信仰接受宗教和道德教育。 四、本条的任何部分不得解释为干涉个人或团体设立及管理教育机构的自由，但以遵守本条第一款所述各项原则及此等机构实施的教育必须符合国家所可能规定的最低标准为限。	1. 承认人人有受教育权； 2. 初等教育免费； 3. 普遍设立中等教育，初步免费； 4. 高等教育平等开放，逐步免费； 5. 推进未受到或未完成初等教育的人的基础教育； 6. 积极发展学制； 7. 设置奖学金制度； 8. 改善教员的物质条件； 9. 尊重父母教育选择权； 10. 不得干涉个人或团体设立和管理教育机构的自由； 11. 规定学校的最低教育标准。

续表

文件名称	制定组织	有关受教育权利条款	国家义务
儿童权利公约	联合国	第二十八条：1. 缔约国认识到儿童有受教育的权利，在机会均等的基础上逐步实现此项权利，缔约国尤应：(a) 尽力实现全面的义务免费小学教育；(b) 鼓励发展不同形式的中学教育，包括普通和职业教育，使所有儿童均能享有和接受这种教育，并采取适当措施，诸如实行免费教育和对有需要的人提供津贴；(c) 根据能力尽可能使所有人享受接受高等教育的机会；(d) 使所有儿童均能得到教育和职业方面的信息和指导；(e) 采取措施鼓励学生按时出勤和降低辍学率。2. 缔约国应采取一切适当措施，确保学校执行纪律的方式符合儿童的人格尊严及本公约的规定。 第二十九条：1. 缔约国一致认为教育儿童的目的应是：(a) 最充分地发展儿童的个性、才智和身心能力；(b) 培养对人权和基本自由以及《联合国宪章》所载各项原则的尊重……2. 对本条或第二十八条任何部分的解释均不得干涉个人和团体建立和指导教育机构的自由，但须始终遵守本条第1款载列的原则，并遵守在这类机构中实行的教育应符合国家可能规定的最低限度标准的要求。	1. 儿童有受教育权； 2. 保证教育机会均等； 3. 实现全面的义务免费小学教育； 4. 发展中等教育，采取免费等措施； 5. 对儿童进行职业指导； 6. 降低辍学率； 7. 确保学校执行纪律的方式符合儿童尊严和本公约的其他规定； 8. 制定教育目的； 9. 不得干涉个人和团体建立和指导教育机构的自由； 10. 规定学校的最低限度标准。

综观上述国际人权文件中的有关规定，可以发现所有这些文件，均宣告人人具有不可剥夺的受教育权利，为保障之，各国政府具有不可推卸的

积极义务。同时，为尊重和保障受教育者的自由，还应承担消极的不作为义务，具体体现在以下三个方面。

1. 受教育权利是人的基本权利

上述国际人权文件将受教育权一致表述为人人应该享有的一项权利，"且均未规定附随义务。因此，从国际人权法的视角来看，受教育权是一项权利，而不是一项义务，也不是权利和义务的复合体"。[20]概括起来，其内容主要包括两大方面：（1）享有均等的教育机会，特别是高等教育领域，任何人基于成绩享有平等的接受高等教育机会；（2）获得物质帮助的权利，主要体现在免费。即享受免费初等教育，在未来，享受免费的中等教育、职业教育和高等教育；获得奖学金的权利。

2. 保障受教育权利实现之国家义务

（1）国家须承担的积极作为义务。国家的积极作为义务从宏观的教育机会均等原则的确立，到微观的学生就业指导等，可谓范围广泛。归纳起来，主要包括以下四个方面：一是从教育理念和原则上，明确要保证受教育机会均等，采用"平等"、"普遍设立"、"向一切人开放"等话语表述；二是从教育目的上，明确要制定国家教育目的，且教育目的应鼓励人的个性和尊严的充分发展，加强对人权和基本自由的尊重等；三是要求国家完善相关教育制度：包括积极发展学校教育制度、设置奖学金制度、不断改善教员的物质条件、规定学校及其他教育机构的最低限度标准等；四是保障受教育者在教育过程中的权利实现：包括使所有儿童均能得到教育和职业方面的信息和指导、采取措施鼓励学生按时出勤和降低辍学率、确保学校执行纪律的方式符合儿童的人格尊严等。

《经济、社会、文化权利国际公约》通过以来，针对其实施中出现的情况和问题，联合国经济、社会、文化权利委员会在 1999 年 12 月 8 日召开的第 21 次会议上就公约第十三条作出了一般性评论，认为各国各种形式和各种水平的教育均应体现如下四个互相联系的基本特征：可得到性（availability）——各缔约国应该在其管辖范围内设立足够的教育机构和教育项目；可进入性（accessibility）——在缔约国管辖的范围内，教育机构和教育项目应不加歧视地向所有人提供；可接受性（acceptability）——教育的形式和内容（包括课程和教学方法）应该是学生可以接受的，而且在一定情形下，也是家长们可以接受的；可适应性（adaptability）——教育应该灵活或富有弹性。它应适应不断变化着的社会和社区的要求，并应满足各种不同社会和文化背景的学生的需要。经济、社会、文化权利委员会认为，在考虑采取措施体现上述相互联系的四个基本特征时，学生的利益应该置于优先考虑中。[20]

（2）国家要履行的消极不作为义务。国家的消极不作为义务主要体现在以下三个方面：承认并尊重人的受教育权利；尊重父母的教育选择权；不得干涉个人或团体设立和管理教育机构的自由。

3. 受教育权利实现之自由权内容

国家要履行的消极不作为义务，相对于权利主体来说，就是受教育的自由权。上述国际人权文件中明确了下列两项教育自由。第一，父母具有教育选择权。这种选择权既是自由的，也是有条件的、有限制的。“自由”表现为父母对子女所受教育类型上的优先选择权（在公立和非公立学校间的选择权），以及可以按照他们自己的信仰接受宗教和道德教育的自由；自由的“有限性”表现为对于所选择的“学校”必须是达到国家规定或批准的最低教育标准的学校，而非随意的教育机构。这在一定意义上为受教育权利主体的多样化需求提供了保证，为人人能够接受到适合其能力和发展的教育提供了前提条件。儿童是受教育权利主体中最为重要的、也是最为庞大的主体，对于尚不具备完全民事行为能力的儿童来说，赋予其父母和监护人一定的教育自由是十分必要的，这与《儿童权利公约》所确立的儿童“最大利益”原则是一致的。① 第二，个人和团体设立和管理教育机构的自由。这一自由与父母的教育选择权是相辅相成的，只有赋予个人和团体设立和管理教育机构的自由，父母为其子女选择适合儿童发展的学校或其他教育机构才会成为可能。当然，个人和团体在设立和管理教育机构时，同样是有条件的。条件有二：一是要符合公约所载之教育目的；二是在这类教育机构中实行的教育应符合国家规定的最低限度标准的要求。这两点要求为受教育者在此类机构中接受教育提供了底线的保障。

上述两项教育自由是对父母教育权和社会教育权的充分认可，体现了

① 《儿童权利公约》第三条第一款规定：“涉及儿童的一切行为，不论是由公立或私立社会福利机构、法院、行政当局或立法机构执行，均应以儿童的最大利益为一种首要考虑。”

教育权在保障受教育权利方面的重要作用。

（二）我国法律中有关受教育权利的规定

国际人权公约赋予的国家义务，具体到人权的保护与落实，还是要通过国内法的层面进行。受教育权作为人权能否成为一国公民法律上的权利，并非国家签署了国际人权公约，国家就自然承担了义务，最终还是需要国内法加以实施。仅从法律制度体系层面来看，我国政府一直致力于公民受教育权利的保护。自1949年中华人民共和国成立以来，共颁布了四部宪法。尽管这四部宪法中有关教育的规定有很大变化，但对公民享有受教育权利的规定变化并不大。[①] 自1982年《宪法》颁布实施以来，已初步形成了以《宪法》为总纲，以《教育法》（1995）为基本，以《义务教育法》（1986）、《中华人民共和国教师法》（以下简称《教师法》，1993）、《中华人民共和国职业教育法》（以下简称《职业教育法》，1996）、《中华人民共和国高等教育法》（以下简称《高等教育法》，1998）、《民办教育促进法》（2002）、《中华人民共和国学位条例》（以下简称《学位条例》，1980）为具体内容，以《中华人民共和国残疾人保障法》（以下简称《残疾人保障法》，1990）、《未成年人保护法》（1991）、《中华人民共和国妇女权益保障法》（以下简称《妇女权益保障法》，1992）、《中华人民共和国预算法》（以下简称《预算法》，1994）等相关法律、《残疾人教育条例》（1994）、《关于进一步做好进城务工就业农民子女义务教育工作的意见》（2003）等教育行政法规、规章为补充的法律保障制度体系。其中的主要内容详见表2。

① 四部宪法即指1954年宪法、1975年宪法、1978年宪法和现行的1982年宪法。除1982年宪法将公民受教育权利表述为“公民有受教育的权利和义务”外，其他三部宪法均将受教育权利表述为公民享有的一项基本权利，未附随义务。具体表述为：1954年的《宪法》第九十四条：“中华人民共和国公民有受教育的权利。国家设立并且逐步扩大各种学校和其他文化教育机关，以保证公民享受这种权利。”1975年的《宪法》第二十七条第二款：“公民有劳动的权利，有受教育的权利。劳动者有休息的权利，在年老、疾病或者丧失劳动能力的时候，有获得物质帮助的权利。”1978年的《宪法》第五十一条：“公民有受教育的权利。国家逐步增加各种类型的学校和其他文化教育设施，普及教育，以保证公民享受这种权利。”

表2 我国受教育权利法律保障体系

法律名称	有关受教育权利的关键条款	义务主体
宪法	第十九条：国家发展社会主义的教育事业，提高全国人民的科学文化水平。国家举办各种学校，普及初等义务教育，发展中等教育、职业教育和高等教育，并且发展学前教育……国家鼓励集体经济组织、国家企业事业组织和其他社会力量依照法律规定举办各种教育事业。	国家
	第四十六条：中华人民共和国公民有受教育的权利和义务。国家培养青年、少年、儿童在品德、智力、体质等方面全面发展。	国家/公民
	第四十九条第二款：父母有抚养教育未成年子女的义务。	父母
教育法	第九条：中华人民共和国公民有受教育的权利和义务。公民不分民族、种族、性别、职业、财产状况、宗教信仰等，依法享有平等的受教育机会。	公民
	第五十五条：各级人民政府的教育经费支出，按照事权和财权相统一的原则，在财政预算中单独列项。各级人民政府教育财政拨款的增长应当高于财政经常性收入的增长，并使按在校学生人数平均的教育费用逐步增长，保证教师工资和学生人均公用经费逐步增长。	各级人民政府
义务教育法	第二条：国家实行九年义务教育制度。义务教育是国家统一实施的所有适龄儿童、少年必须接受的教育，是国家必须予以保障的公益性事业。实施义务教育，不收学费、杂费。	国家
	第四条：凡具有中华人民共和国国籍的适龄儿童、少年，不分性别、民族、种族、家庭财产状况、宗教信仰等，依法享有平等接受义务教育的权利，并履行接受义务教育的义务。	适龄儿童、少年

续表

法律名称	有关受教育权利的关键条款	义务主体
义务教育法	第五条：各级人民政府及其有关部门应当履行本法规定的各项职责，保障适龄儿童、少年接受义务教育的权利。适龄儿童、少年的父母或者其他法定监护人应当依法保证其按时入学接受并完成义务教育。依法实施义务教育的学校应当按照规定标准完成教育教学任务，保证教育教学质量。社会组织和个人应当为适龄儿童、少年接受义务教育创造良好的环境。	政府及其有关部门/父母/学校/社会组织和个人
	第十四条：禁止用人单位招用应当接受义务教育的适龄儿童、少年。	用人单位
	第二十七条：对违反学校管理制度的学生，学校应当予以批评教育，不得开除。	学校
	第二十九条：教师在教育教学中应当平等对待学生……	教师
高等教育法	第六条：国家根据经济建设社会发展的需要，制定高等教育发展规划，举办高等学校，并采取多种形式积极发展高等教育事业。 第九条：公民依法享有接受高等教育的权利。	国家
妇女权益保障法	第十五条：国家保障妇女享有与男子平等的文化教育权利。	国家
	第十八条：父母或者其他监护人必须履行保障适龄女性儿童少年接受义务教育的义务。……政府、社会、学校应当采取有效措施，解决适龄女性儿童少年就学存在的实际困难，并创造条件，保证贫困、残疾和流动人口中的适龄女性儿童少年完成义务教育。	父母/政府/社会/学校
残疾人保障法	第十八条：国家保障残疾人受教育的权利。	国家
	第十九条：残疾人教育，根据残疾人的身心特性和需要，按照下列要求实施：…… （二）依据残疾类别和接受能力，采取普通教育方式或者特殊教育方式。	国家/学校

从上述相关法律的规定来看，我国政府已明确承认公民享有受教育的权利，且明确要求国家、学校、家庭、社会在不同教育阶段、不同时空依法采取不同的措施，保障公民受教育权的实现。除规定妇女、残疾人享有与其他公民平等的受教育权利外，还特别明确了国家、各级人民政府及其有关部门、父母、社会、学校应当采取有效措施，解决适龄女童、经济困难家庭儿童、残疾儿童和流动人口中的适龄儿童完成义务教育。这标志着我国公民的受教育权利已经从一种自然权利上升为法律权利，从一种不平等的少数人享有的特权发展为普遍的、所有公民的平权。而且对适龄的社会弱势儿童的受教育权作了特别规定，这为所有公民享受均等的受教育机会提供了保障，体现了教育机会平等的宪法原则。尽管我国公民受教育权利法律保障体系框架已基本形成，但还有很多不足。诸如，如何在立法上对弱势群体受教育权利从主体认定到法律保障加以细化、国家和地方各级人民政府到底如何保障教育经费、如何提高受教育权利的可诉性等问题都有待进一步完善。

（三）走向权利：我国《宪法》有关受教育权之权利义务复合规范的合理性释义及其展望

1.《宪法》中有关受教育权利之权利义务复合规范的合理性释义

我国现行《宪法》第四十六条对公民受教育权利的表述采用了权利与义务复合的规范，明确规定："中华人民共和国公民有受教育的权利和义务。"这一规定在今天，招致了学术界的强烈质疑。如温辉指出："将某一权利，一方面界定为权利，另一方面又界定为义务，这必然产生理论上的困惑。公民受教育既是权利又是义务，作为权利，它可以放弃，作为义务，它必须履行，在实践中使受教育者感到无所适从。"[19]69 郑贤君认为："受教育既是权利又是义务的这一宪法规定，在权利的意义上之不同于传统消极宪法权利，在义务的意义上之不同于传统的强制性义务，在理论上产生了许多理解上的困难的同时，在实践中亦产生了义务责任分配上的障碍。"[21] 鉴于此，有学者建议：在条件成熟时，我国应对现行宪法第四十六条第一款进行修改，删除我国公民有受教育的义务的提法。改为"中华人民共和国公民有受教育的权利"。[20] 尽管上述批评和建议都是很有道理的，但我们认为，应该超越单纯的唯权利论，将其放在宏观的历史背景上来考察。我国宪法对受教育权利作出的权利义务复合规范之表述是有其历史和现实原因的，有其合理性和必然性。主要原因可归纳为以下几个方面。

第一，社会背景。1982年，正值“文化大革命”刚刚结束，可谓百废待兴。众所周知，“文化大革命”十年浩劫，教育停滞，“白卷先生”当道，“读书无用”、“知识有毒”观念盛行，教育遭遇了中国历史上最为惨痛的损失。尽管已经“拨乱反正”，但“文化大革命”的遗毒仍在，人们对教育的疑惑、恐惧难免留存。在这种情况下，要重新确立教育在经济建设和社会发展中的重要地位，要让民众重新树立起对教育的热情，要让所有的民众感受到知识的力量，以更好地投身到祖国的建设之中，除了把受教育权规定为公民应接受之义务外，可谓别无选择。因为单纯规定受教育为公民之权利，公民可能会放弃接受教育的权利。而若我们的民众不进学校，放弃接受教育，我们国家和民族的复兴之路何在？从另一个侧面看，通过《宪法》由国家最高领导人签署并发布规定接受教育为公民应尽之义务，对于当时历史条件下许多在某种程度上已经丧失思考力的人来说，无疑是一颗定心丸，于国于民都有利。从这个意义上说，《宪法》关于受教育权利之权利义务复合之规范是非常必要的。我们不能用今天的权利思维、人权意识来要求教育废墟之上的政府仅仅作出接受教育是公民受教育权利的规定。尽管在今天看来，这种规定会带来权利义务关系上的混乱，但这只是今天的一个学理上的论证。在1982年现行宪法出台之前，比权利义务关系混乱更为重要的是思想上的混乱，是对教育理解和认识的混乱。舍此，很难想象我们今天的教育会是什么样子，我们今天的国家又会是什么样子。而权利义务关系是我们今天要解决的现实问题，不是那时要解决的问题。

第二，法律文化传统。自古以来，我们强调的是“德治”，而非“法治”。“重义务，轻权利”是我们的法律文化传统之一。权利是什么？在中国漫长历史上相对于圣贤皇上，我们的老百姓是草民、顺民、贱民、小民、刁民、蛮民……我们只有圣旨，无须思考力，只要顺从、义务。在我们的历史中是没有国民、公民的，而没有公民、没有权利，何谈公民的权利。特别是在“文化大革命”期间，一切都贴上了政治的标签，国家的所有领域都呈现泛政治化的态势。所谓公民的权利，无非是政治上的权利，无非是“大鸣、大放、大字报、大辩论”。当这种态势渐次回归理性，还社会生活以本来面目之时，我们必然会作出两种选择：一种是找寻历史，从历史中汲取精华；一种是放眼世界，借鉴别国经验。我们的法律文化传统发出一种强烈的声音，告诉我们受教育是公民的一项义务；而此时的世界大多数国家以及世界人权组织都告诉我们，受教育是人之为人的基本权利。在这种情况下，政府自然会采取一种折中的态度，对我国公民的受教育权利作出复合性的规范。用今天的话讲，这就是当时的“具有中国特色”的受教育权利规定。

第三，教育价值取向。教育是什么，如何看待教育，教育的根本价值是为了满足个人需要还是满足社会需要？这在教育发展史上，不同的国家、不同的学者表现出不同的取向，形成了教育的个人本位论和社会本位论两大阵营。从1949年以来各个时期的教育目的来看，我国的教育目的是典型的社会本位取向①，即我国教育目的最终是把满足社会需要视为教育的根本价值。表现为：只把教育作为国家的一项事业，从社会需要出发，根据社会需要来确定教育目的，着眼于培养社会主义事业的建设者和接班人。用今天的话说，就是过分强调了教育的工具价值，而忽视了教育的本体价值，使得接受教育的主体——“人”不在场。这种取向发展到极致，被学者称为“千里马”教育和“螺丝钉”教育。② 我们忽视了教育的个人价值，仅仅把教育作为国家的一项事业，没有关注到教育还是人的一项基本权利。这样一来，很容易把受教育看成是公民的一项义务。从这个意义上说，我们的政府能够作出权利义务复合的法律规范，实属一种历史的进步。

我们无从知晓当时的制宪者为什么作出了这种规定，但不管基于什么

---

① 这种社会本位取向以1995年的《教育法》中的表述为代表，即“教育必须为社会主义现代化建设服务，必须与生产劳动相结合，培养德、智、体等全面发展的社会主义事业的建设者和接班人”（第五条），具体论证参见本书第三章的相关内容。

② 千里马虽日行千里，但是要听从主人使唤、要驯服，要“乐为上用”。人受到马性教育，甘当任他人支配的“器具”，只求人尽其长，不求个人之自主。“螺丝钉”教育是把人比喻为螺丝钉，“螺丝钉”式的人被教育制造出来，然后安装到某一社会“机器”的某一部位，终身恪守。参见：李江源．我是一个工农兵学员——泛政治化教育中的受教育者［M］．福州：福建人民出版社，2006：1257.

考虑，也不管在今天看来，这种规定本身的权利义务关系是何等的混乱，从当时的社会现状来看，我们都认为，“中华人民共和国公民有受教育的权利和义务”绝不是一种草率的、无价值的、甚至是错误的规定，而是一种合理的、有效的、深远的抉择。

2. 公民受教育的权利和义务：谁之权利？谁之义务？

1982 年《宪法》颁布实施之际，《义务教育法》及其后的《教育法》《高等教育法》都未出台。仅从未经修订的 1982 年《宪法》自身整体的内容来看，受教育权利的主体就是所有中华人民共和国公民。受教育权利的义务主体有：公民本人、国家、社会（包括国家企业事业组织、集体经济组织和其他社会力量）、父母。[①] 也就是说，公民既是受教育权利的权利主体，也是受教育权利的义务主体。

经过近 30 年的发展，从法律层面看，继《宪法》之后，我们又颁布了《义务教育法》、《教育法》、《职业教育法》和《高等教育法》等法律法规，也签署了《经济、社会、文化权利国际公约》、《公民与政治权利国际公约》和《儿童权利公约》，特别是 1982 年的《中华人民共和国宪法》又经历了四次修订[②]，已形成了较为完善的教育法律框架体系；从教育领域看，我国的教育事业取得了长足发展，科教兴国、终身教育、学校型社会、人力资本理论这些前所未闻的理论、观念家喻户晓，国家已基本普及九年义务教育，高等教育也进入了大众化阶段，当今的教育已从底线的“人人有学上”发展为追求“人人上好学”……这些变化与“文化大革命”和改革开放初期的“知识反动”、“读书无用”时代有很大不同；从法律层面看，各项保障公民权益的法律法规日渐完善，特别是 2004 年，将“国家尊重和保障人权”写入《宪法》第三十三条具有里程碑的意义，而 2007 年实施的《物权法》更具有标本性意义。这些促使我们在更广阔的背景上重新解读“中华人民共和国公民有受教育的权利和义务”这一

① 参见：《中华人民共和国宪法》第十九条、第二十四条、第四十六条。

② 1988 年 4 月 12 日第七届全国人民代表大会第一次会议通过的《中华人民共和国宪法修正案》、1993 年 3 月 29 日第八届全国人民代表大会第一次会议通过的《中华人民共和国宪法修正案》、1999 年 3 月 15 日第九届全国人民代表大会第二次会议通过的《中华人民共和国宪法修正案》和 2004 年 3 月 14 日第十届全国人民代表大会第二次会议通过的《中华人民共和国宪法修正案》。

规定的含义。

受教育权利的权利主体是公民，只要具有中华人民共和国国籍的人，均享有平等的受教育权利。受教育的内容从空间划分，包括家庭教育、学校教育和社会教育；从纵向层次看，有学前教育、初等教育、中等教育和高等教育；从横向类型看，有普通教育和职业教育；从功能来看，有扫盲教育、技能培训和学历教育；根据是否具有强制性和免费性划分，可分为义务教育和非义务教育；等等。关于受教育权利的义务主体，在义务教育和非义务教育领域有很大不同。概括说来，在义务教育领域，受教育权利的义务主体有适龄儿童、国家、学校、家庭和社会。适龄儿童作为受教育权利的义务主体，因其独特性，主要由其父母及其他监护人行使。在非义务教育领域，主要以职业教育和高等教育为主，根据《职业教育法》和《高等教育法》的规定，接受职业教育和高等教育是公民的权利，因而，公民本人是没有接受职业教育和高等教育的义务的。这意味着，非义务教育领域受教育权利的义务主体就是国家、学校、家庭和社会。虽然在义务教育领域和非义务教育领域，义务主体都是国家、学校、家庭和社会，但因二者性质和内容的不同，每个义务主体所承担的具体义务也有很大的不同。如，仅就国家这一义务主体而言，义务教育阶段，国家应该向每个适龄儿童提供免费的、公平的教育；而非义务教育阶段，国家应该举办各种类型的高等教育机构，给学生提供均等的教育机会。

在现阶段，我们结合《宪法》、《义务教育法》、《职业教育法》和《高等教育法》中关于公民受教育权利的规定来看，《宪法》中公民有受教育的义务之“义务”是与九年义务教育相重合的。除九年义务教育之外，其他各级各类的教育对于公民来说，只能说是其权利，而非公民的义务。另外，我们赞同这样一种观点，即认为这一权利义务复合的宪法规范其本质属性是一项不可放弃的权利性规范，是以权利为本位的。它不同于单纯的授权性规范和义务性规范之处在于它揭示了这样的内涵：这一复合规范由权利要素和义务要素组合而成，成了一个崭新的矛盾统一体，而不是以授权性规范和义务性规范两种行为规范的形式分别存在。在其相互矛盾的双重组合中，权利的可放弃性，已经被义务要素所具有的行为必然性所取代。义务主体须履行的责任、承受的负担则让位于权利要素的本质属性，在其内部结构中，权利要素和义务要素的地位并不对等。权利要素居于主导和支配的地位，义务要素居于次要和辅助地位，仅是作为实现权利的保障措施而出现的。[22]

3. 未来展望："中华人民共和国公民有受教育的权利"之宪法规定的必然性

随着人权概念的引进，"尊重和保障人权"之宪法理念的确立，公众对教育人权特性的认识和理解的不断加深，当我国公民对教育意义的理解达到一种自觉行为，国家真正承担起对义务教育的免费、非义务教育的普遍设立和平等开放的责任时，我们相信，像一些学者所建议的那样，我国政府会对现行宪法第四十六条第一款进行修改，删除我国公民有受教育的义务的提法。[20]只有对该条加以修改，才能使其与《义务教育法》的第二条和第四条、《职业教育法》的第五条、《高等教育法》第九条的规定一致，才能符合"国家尊重和保护人权"的宪法原则，并使其符合现代国际人权法的要求和发展趋势。之所以得出这种结论，原因在于以下三点。

第一，这种权利义务复合规范在法理上的确存在问题，面临着必须调整和修改的必要。

第二，从世界范围来看，宪法层次的公民受教育权是20世纪以后的产物。自18世纪，一些西方国家开始对公民受教育进行法律规定。但受教育最先不是以权利形式出现，也不是在宪法中，而是在一般法律中以受义务教育之义务的形式出现。只是到了"二战"以后，随着人权观念的变化，多数国家才将人权保护的重点从保护自由权利转移到保护自由权利与保护社会权利并重。受教育权作为社会权利的重要内容之一，成为人权的重要组成部分，各国才逐步将受教育作为公民的一项基本权利写入宪法。受教育性质的发展大致经历了三种形态，即从受教育的义务观——受教育的权利义务观——受教育的权利观，[23]教育的全球化以及我们对国际社会和世界人权组织所作出的庄严承诺，迫使我们必须对受教育权的性质作出一种恰当的选择。我国对受教育权利的规定同样会复演受教育权发展的三种形态，随着社会经济、文化、法律和教育等各方面条件的成熟，宪法理应会作出适时调整。

第三，从改革开放后中国共产党在历届党的全国代表大会上所作的报告内容来看，党的十二大把教育作为国家的“战略重点之一”，党的十三大则把教育放在“突出战略位置”，十四大、十五大和十六大均提出要把教育摆在“优先发展战略地位”，十六大还提出要“形成全民学习、终身学习的学习型社会”，十七大明确提出要“优先发展教育，建设人力资源强国”，并且把教育看成是“以改善民生为重点的社会建设”的头等重要的大事，提出“努力使全体人民学有所教”。① 可以发现，以党的十七大为转折点，我们的执政党对教育的认识已经从一维的“兴国的战略事业”发展到二维的既是“兴国的战略事业”，也是民生的重要议题。这一转变，意味着我们的党对教育的认识已经从单一的工具理性向兼顾权利本位转变，认识到受教育是公民的一项基本权利，是国家必须履行的义务，而非公民之义务。以此推论，我国政府对《宪法》中受教育权利的规定作出符合国际人权法要求的调整，已为时不远。

总之，我们对受教育权利的理解和认识，一方面要始终遵循马克思主义唯物史观，因为“权利永远不能超出社会的经济结构以及由经济结构所制约的社会的文化发展”。另一方面，要遵循历史与逻辑相统一的原理，从其历史发展中找寻答案，而不应该孤立地就权利论权利，我想这是我们讨论受教育权利问题时必须坚持的两大基本原则。

---

① 1982 年党的十二大报告指出：“在今后二十年内，一定要牢牢抓住农业、能源和交通、教育和科学这几个根本环节，把它们作为经济发展的战略重点。”

1987 年党的十三大报告提出：“百年大计，教育为本。必须坚持把发展教育事业放在突出的战略位置，加强智力开发。”

1992 年党的十四大报告指出：“我们必须把教育摆在优先发展的战略地位，努力提高全民族的思想道德和科学文化水平，这是实现我国现代化的根本大计。”

1997 年党的十五大指出：“发展教育和科学，是文化建设的基础工程。培养同现代化要求相适应的数以亿计高素质的劳动者和数以千万计的专门人才，发挥我国巨大人力资源的优势，关系二十一世纪社会主义事业的全局。要切实把教育摆在优先发展的战略地位。”

2002 年党的十六大指出：“大力发展教育和科学事业。教育是发展科学技术和培养人才的基础，在现代化建设中具有先导性全局性作用，必须摆在优先发展的战略地位。”

2007 年党的十七大报告指出：“必须在经济发展的基础上，更加注重社会建设，……努力使全体人民学有所教、劳有所得……（一）优先发展教育，建设人力资源强国。教育是民族振兴的基石，教育公平是社会公平的重要基础。要全面贯彻党的教育方针，坚持育人为本、德育为先，……培养德智体美全面发展的社会主义建设者和接班人，办好人民满意的教育。……”

（四）义务教育阶段儿童受教育权利规范的独特性

根据《义务教育法》第二条、第四条、第五条的规定，接受义务教育是适龄儿童的权利，即义务教育的权利主体是适龄儿童。同时，适龄儿童又是履行接受义务教育的义务主体，义务教育的义务主体除适龄儿童本人外，还有国家、学校、社会和家庭。由于义务教育是国家的一项公益性事业，儿童接受教育后最大的受益主体是国家和社会，所以规定国家、学校、社会和家庭各自承担不同的教育义务是比较容易理解的。但规定适龄儿童接受义务教育，既是其权利，也是其义务，该如何理解？

按照《义务教育法》第四条的规定，依法履行接受义务教育的义务主体是适龄儿童。而根据第五条第二款和第十一条①等条款的规定，履行按时送适龄儿童入学接受义务教育的是适龄儿童、少年的父母或者其他法定监护人，适龄儿童违反法律规定未能入学接受义务教育，儿童本身应承担何种法律责任在《义务教育法》中并未作任何规定。而《义务教育法》的第五十八条作出了“适龄儿童、少年的父母或者其他法定监护人无正当理由未依照本法规定送适龄儿童、少年入学接受义务教育的，由当地乡镇人民政府或者县级人民政府教育行政部门给予批评教育，责令限期改正”这样的规定。从这条规定来看，适龄儿童无正当理由未入学接受义务教育，受到“批评教育”的并不是适龄儿童本人，而是他的父母或者其他法定监护人。在司法实践领域，我们经常可以听到有关地方政府将不送孩子上学的家长告上法庭的新闻。如新疆维吾尔自治区阿克苏地区柯坪县的玉尔其乡、阿恰勒乡人民政府，将29名孩子的家长告上法庭，理由是他们的孩子因忙农活辍学，要求法院责令家长把孩子送回学校读书。[24]应履行义务教育的适龄儿童未依法履行义务，法律不追究儿童的责任，却由其父母或其他法定监护人承担法律责任，这是否存在悖论？是否与法治精神相背离？

之所以会有这样的规定，原因有二：一是源于儿童自身的独特性。儿童作为尚不具备完全民事行为能力的未成年人，与成年人有很大的不同，是各方面能力尚未形成的个体，对于“培养和促进人的各种潜在能力的

① 《义务教育法》第十一条：“凡年满六周岁的儿童，其父母或者其他法定监护人应当送其入学接受并完成义务教育；条件不具备的地区的儿童，可以推迟到七周岁。”

发展”的教育意义尚缺乏明确而深刻的认识，即使有一定的认识，儿童还没有成熟到能依靠自力来实现的程度。在这种情况下，会面临两种主要困难：一是当儿童放弃了受教育权利，怎么办？二是当儿童的受教育权利受到侵犯的情况下，他们也不能自我保护。“他们既不能教育自己，又不能强迫他人对其施教。”[25]32可见，法律赋予儿童的受教育权利和义务在实际行使过程中，会带来一些矛盾，遭遇到困境。那么，到底谁该承担起儿童受教育权的实际保护义务呢？具体到一个六七岁的无民事行为能力的适龄儿童来说，教育是什么？为什么要上学？怎么能上学？不上学可能对其将来带来什么影响？对于这些问题，若无成年人的教育和引导，他们是无法深刻认识和理解到教育这一行为的性质和不接受教育这一行为的后果的。因而，法律规定由适龄儿童的父母或其他法定监护人履行送其入学接受义务教育的责任可谓顺理成章，而且这种规定与我国民法中有关监护和监护职责的规定是一致的。①

另一方面，源于教育本身的独特性。教育的重要特征之一是迟效性，教育是对未来的一种投资，无论其对个人的价值还是对整个国家、社会的作用都不具有即刻性，而是在未来若干年后才起作用。当民众没有认识到教育的价值，认为教育无用时，自然不会送适龄儿童入学接受义务教育。而且，我国的学校教育长期以来，采取的是城市中心主义和精英主义的取向，所学内容对农村的儿童和百姓来说，在某种意义上是没有用的。近几年来，大量的新闻媒体有关大学毕业生找不到工作的报道，也使得很多民众对教育投资的回报产生质疑。我出身于一个农民家庭，清楚记得父母当初不惜血本借钱供我们兄弟姐妹读书的情景，“就是砸锅卖铁，也要供你们上学”的话至今仍萦绕于耳边。对于我们的父辈而言——最起码在我的父母那里，供我们读书是源于他们最切身的体悟：孩子上了大学，告别

① 1986 年的《中华人民共和国民法通则》第十六条：“未成年人的父母是未成年人的监护人。未成年人的父母已经死亡或者没有监护能力的，由下列人员中有监护能力的人担任监护人：（一）祖父母、外祖父母；（二）兄、姐……”。1988 年最高人民法院关于贯彻执行《中华人民共和国民法通则》若干问题的意见（试行）第 10 条：“监护人的监护职责包括：保护被监护人的身体健康，照顾被监护人的生活，管理和保护被监护人的财产，代理被监护人进行民事活动，对被监护人进行管理和教育，在被监护人合法权益受到侵害或者与人发生争议时，代理其进行诉讼。”

“面朝黄土背朝天”的生活，成了城里人，也因儿女成为城里人，出人头地，自己也扬眉吐气。在今天，我们的户籍壁垒依旧，城乡差别加剧，但百姓的读书回报观没变。但是当百姓感觉到读书可能无回报时，还会送孩子上学吗？答案不言而喻。我们说百姓急功近利也好，短视也罢，这就是现实。现实并不仅仅如此，更重要的原因在于我们的义务教育并不是真正意义上的义务教育，即免费的教育，我们要入学，就要支付教材费、课本费、交通费，因离家远住宿的，还要交伙食费、住宿费……如果我们的义务教育和高中阶段的教育包括学杂费、教材费、课本费在内全都是免费的话，我想父母一定会作出与今天不一样的选择。今天的百姓对教育意义的理解又岂是我们所说的那样短视，他们饱受没有知识之苦痛，将人生的所有希望都寄予孩子能上大学，通过上大学改变命运，这其中所包含的对教育意义的理解是何等的深刻。但这种深刻在“倾家荡产”似的投资面前，他们也只能作出无奈的选择。国家只有让每个适龄儿童真正享受到免费的义务教育才能从根本上解决儿童失学问题。在这点上，我国政府迈出了历史性的一步。自2006年春季学期开始，全部免收西部地区农村义务教育阶段学生学杂费以来，2008年8月12日国务院又出台了《关于做好免除城市义务教育阶段学生学杂费工作的通知》，通知中明确指出：“从2008年秋季学期开始，全部免除城市义务教育阶段公办学校学生学杂费。在接受政府委托、承担义务教育任务的民办学校就读的学生，按照当地公办学校免除学杂费标准，享受补助。”遗憾的是，在未接受政府委托、承担义务教育任务的民办学校就读的学生尚未享受到这一优惠政策，离义务教育福利化还有一段距离。

鉴于此，我们是否可以得出这样的结论：若将接受义务教育的义务主体分为形式主体和实质主体的话，其形式主体是适龄儿童，实质主体则是儿童的父母或者其他法定监护人。在权利义务关系方面，由于教育特有的对人成长和发展的作用及由此所决定的对社会政治、经济、文化等诸方面的作用，在儿童履行入学义务之先，要求国家必须依法履行保障儿童接受免费的、公平的教育之义务。在国家义务和儿童义务之间，国家义务是主义务，儿童入学义务是从义务。[19]70规定儿童受教育的“义务”最终也是为其受教育权利的充分实现服务的，是以权利为本位的。

三、受教育权利的性质

（一）人权特性：受教育权的根本属性

受教育权利作为人之为人的基本人权既是国际社会公认的准则，也是当前我国学术界的共识。尽管1982年的《宪法》第四十六条规定了中华人民共和国公民有受教育的权利和义务，但那时的受教育权利只是一般意义上的公民权利。直到2004年3月，我国首次将“国家尊重和保障人权”正式写入了宪法修正案的第二十四条，列为第三十三条第三款，使尊重和保障人权成为国家的理念和价值，为公民受教育权利作为人权得到保障提供了宪法依据。特别是2006年新《义务教育法》的修订，更彰显了教育的人权特性，表现为：立法宗旨的转变，使义务教育由工具本位上升为权利本位，使教育的人权特性及其地位得以确立；强调义务教育的政府责任、教育经费保障机制等，结束了原有的宣言式或例示式规定的空泛和虚妄，使教育人权的保障更加具体化；而有关义务教育免费的规定更是儿童受教育权利由国际人权公约转换为国内法的典范。我们从新旧《义务教育法》条款之变化来具体阐述。

1. 由工具本位上升为权利本位：教育的人权特性及其地位的确立

1986年的《义务教育法》第一条指出，“为了发展基础教育，促进社会主义物质文明和精神文明建设，根据宪法和我国实际情况，制定本法。”这一目的，无论在当时还是现在看来，都是正确的。20世纪80年代以来，“科教兴国”战略的确立使得教育作为国家的一项事业可以增强国力的教育立国主义的思想得到加强。教育之于国家，可以强国；教育之于个人，可以发达自身，成为立身处世的资本。但这仅是从教育作为工具的意义上说的，教育就其本质是人之为人的基本权利，在立国、立身之先是发展作为人的潜能，使人更好地生存和发展，更好地维护和彰显人之为人应有的尊严。因而，教育人权主义才是义务教育的根本。新《义务教育法》在义务教育的立法宗旨方面实现了重大转变，明确规定“为了保障适龄儿童、少年接受义务教育的权利，保证义务教育的实施，提高全民族素质，根据宪法和教育法，制定本法”。这标志着义务教育立法已由工具本位上升为权利本位，由国家利益本位转变为公民权利本位，这是我国宪法规定的公民享有受教育的权利和义务在义务教育领域的具体体现，标志着教育的人权地位在我国义务教育领域的真正确立。

新《义务教育法》结构上的变化也说明了这一点。“保障适龄儿童、少年接受义务教育的权利”这一宗旨，清楚地阐明义务教育的受益主体是每个适龄儿童、少年，而责任主体主要是国家。国家如何采取具体的措施以保障每个适龄儿童接受义务教育，作为一条主线贯穿于新《义务教育法》的始终。从结构上看，第一章“总则”之后，第二章便是“学生”。为了保障适龄儿童接受义务教育的权利，要求国家在经费保障、教师地位、教育教学以及法律责任追究等方面提供全方位的保障，这些构成了新《义务教育法》的主体部分，即在“学生”一章之后的第三章到第七章有详细规定。我们说，只有从法律上确立义务教育是人权的理念，才能使国家、学校、家庭、社会等主体从保障每个适龄儿童接受义务教育权利之充分实现的高度上思考教育问题，在制度设计和安排上着眼于责任主体各自义务的切实履行。

2. 由宣言式规定到可操作性条款：教育人权的具体化

1986年的《义务教育法》共十八条，多是一些宣言式的规定。如第二条规定：“国家实行九年制义务教育。省、自治区、直辖市根据本地区的经济、文化发展状况，确定推行义务教育的步骤。”第四条规定：“国家、社会、学校和家庭依法保障适龄儿童、少年接受义务教育的权利。”第五条规定：“凡年满六周岁的儿童，不分性别、民族、种族，应当入学接受规定年限的义务教育。”国家、各级人民政府、社会、学校以及家庭到底应如何保障儿童受教育权利的实现，没有作出具体规定，缺乏可操作性。

新《义务教育法》明确了义务教育的性质、义务教育的政府责任、教育经费保障机制等，结束了宣言式规定的空泛和虚妄，使适龄儿童受教育权利的保障更加具体化。如第二条规定：“国家实行九年义务教育制度。义务教育是国家统一实施的所有适龄儿童、少年必须接受的教育，是国家必须予以保障的公益性事业。实施义务教育，不收学费、杂费。国家建立义务教育经费保障机制，保障义务教育制度实施。”第四十四条：“义务教育经费投入实行国务院和地方各级人民政府根据职责共同分担，省、自治区、直辖市人民政府负责统筹落实的体制。农村义务教育所需经费，由各级人民政府根据国务院的规定分项目、按比例分担。各级人民政府对家庭经济困难的适龄儿童、少年免费提供教科书并补助寄宿生生活费。”还有第二十二条、第三十二条、第四十条、第四十二条以及第六章的条款，无须详列。从人权体系的视角，不难发现，新法并非笼统地规定儿童享有接受义务教育的权利，而是为了确保这一权利的实现，构建了一张严密的、操作性较强的义务教育权利保障网络。

3. 义务教育免费：国际人权公约转换为国内法的典范

初级阶段的教育应当免费，除了在《世界人权宣言》中有明确规定以外，在《经济、社会和文化权利国际公约》中也得到重申。该公约的第十三条明确规定：“初等教育应属义务性质并一律免费。”这里的“一律免费”，其含义是非常明确的。意思是“为保证初等教育的可获取性，不得向儿童、父母或监护人收费。政府、地方当局或学校收取学费和其他直接费用会阻碍受教育权的享有，甚至对受教育权的实现造成灾难性的影响。间接费用，如向父母的强制征收或较昂贵的校服费用，也属于免费的范围。其他间接费用是否允许，须由经社文权利委员会进行个案审查”。[26]新《义务教育法》明确了“实施义务教育，不收学费、杂费”。这款规定相对于此前一直收取杂费的规定和做法来讲，实际上宣示了我国将实施真正意义上的义务教育。尽管在其后的第六十一条特别指出：“对接受义务教育的适龄儿童、少年不收杂费的实施步骤，由国务院规定”，意味着“不收学费和杂费”并非即刻性地免收，但毕竟已经在法律上阐明了国家的立场和态度。我们说，新《义务教育法》在我国人权领域，是将国际人权公约转换为国内法的典范，我国政府正努力逐步达到国际公约所载受教育权利的充分实现。

我国于1997年10月签署了《经济、社会和文化权利国际公约》，于2001年3月向联合国递交了批准书，并于2003年6月按期向联合国提交了首次履约报告。这意味着国家“应为促进和遵行本公约所承认的权利而努力”。对于我国来说，首要的努力就是义务教育免费。尽管我国从2005年起已经免除国家扶贫开发工作重点县农村义务教育阶段贫困家庭学生的书本费、杂费，并补助寄宿学生生活费，并于2007年在全国农村普遍实行这一政策。但这些毕竟只是一项政策，没有上升到法律层面，不能通过法律的强制力保障实施。一些特殊群体，如部分随迁农民工子女在流入地接受教育时，因种种条件的限制，既没有享受到流入地儿童相同的待遇，也未享受到流出地政府的各种优惠政策，处于两难境地，最终受损害的还是儿童本身。另外，除上述地区以外，依然在向学生收取学杂费等费用，这说明我国并没有彻底履行“一律免费”的承诺。

（二）社会权属性：受教育权利在当代的典型特征

受教育权利作为人权谱系中的一项基本权利，到底属于人权中的社会权？还是属于自由权？抑或兼具社会权和自由权两种特性？学术界有一种颇占主流的观点，认为受教育权兼具社会权与自由权两种权利的特性。“作为一项权利，它更多地呈现出社会权的特征，要求国家积极作为，满足公民受教育的要求；作为一项自由，它则带有浓厚的自由权色彩，防止国家的恣意干涉。在国际人权法中，受教育权兼具社会权与自由权的权利特性表现得更为淋漓尽致。”[19]103 但这种观点也受到了一些学者的批判。如龚向和直接对社会权与自由权区分的理论基础提出了质疑，认为学界基本上将社会权与自由权之间的区别等同于积极权利与消极权利之间的区别，是对社会权性质的简单化、直觉化理解。基于“义务区别”对权利所作的社会权和自由权分类本身，“犯了简单化和直观化的错误。社会权和自由权都与一组组义务相联系，包括积极义务和消极义务，它们既要求国家某种行为的容忍，也要求国家提供和分配资源”。[27] 进而指出：“关于社会权与自由权区别的当前主流人权理论源于根深蒂固的西方自由主义传统，它使自由权在国际人权话语中占据了主导地位，人为地扩大了自由权与社会权之间的区别……这一错误理论使得国际社会忽视了对社会权的制度保障，直接影响了社会权法律效力及其实施机制。我国已于 2001 年批准了《经济、社会和文化权利国际公约》，庄严承诺采取一切措施实现公约规定的社会权。现在，该是我们彻底批判、抛弃这一错误理论的时候了。”[27]

从龚向和的论证来看，如果我们没有理解错误的话，他表达了这样一种意思：即社会权本身是包含着自由权的，二者不是并列的关系。以受教育权利为例，受教育权利属于社会权的范畴，由于受教育权利既是一种积极权利，又是一种消极权利，作为一种消极权利，首先表现为一种受教育自由权。按照龚向和的逻辑，社会权包含着受教育权，而受教育权又包含着受教育的自由权，显然，在这个逻辑链条上，社会权是包含自由权的，二者不存在严格的区分，故将权利区分为社会权和自由权也就是错误的。从严格的法理学上看，我们认为这种剖析是深刻而有说服力的。但如果不从逻辑上深究，我们对三者进行一个纵切，从其断面来看，受教育权利一端与社会权相连，一端与自由权相连，三者之间虽不交叉，但相关联，故得出受教育权利兼具社会权和自由权双重特性的结论可谓顺理成章。可见，两种观点有些殊途同归的意味。我们基于《经济、社会和文化国际公约》和我国《宪法》、《教育法》等相关法律的规定，以及权利自身的逻辑，认为受教育权利属于典型的社会权。作为社会权的一种，它又包含着受教育的自由权。① 社会权的独特本质是促成和提供，“权利指向的国家行为的核心是促成和提供。社会权是更高层次要求的权利，除了被尊重和保护的性质，更为根本的是具有促成和提供的特性”。[28] 在这个意义上理解我国现阶段公民的受教育权利，特别是义务教育阶段儿童受教育权的社会权属性是最为恰切的，也是极其必要的。

（三）受教育权利的具体属性

如果我们把“受教育权利的性质”这一命题转化为“受教育权利是什么性质的权利”的话，可参照前文对权利所作的不同分类来加以阐释。

1. 受教育权利是基本权利还是一般权利

荷兰宪法学者马尔赛文（Maarseveen H. V.）和唐（Tang, G. v. d.）在1975—1976年对142部民族国家的成文宪法所作的一项比较研究中得出：51.4%的宪法规定了受教育权利和实施义务教育；22.5%的宪法规定了参加文化生活、享受文化成果的权利；23.9%的宪法规定了教育自由和学术自由的权利。[29]91 从这一实证研究可知，受教育权利一般属于宪法规定的基本权利。特别是自《世界人权宣言》发表以来的半个多世纪，受教育权利作为人权已成各国之共识。我国同样把受教育权利当做公民的一项基本权利而写进了宪法。可见，受教育权利在我国属于宪法权利。这意味着受教育权利作为一项基本权利同人的生存权一样，应优先于其他的一般权利，国家、社会等应优先保障公民享受充分的受教育权利。同样，公

① 为慎重起见，我们不采用“受教育权兼具社会权和自由权双重特性”的表述。但在行文中，使用到社会权和自由权概念时，仍然采用学术界通用的观点，以避免理解时产生歧义。

民的受教育权利受到侵害时也应得到及时的补偿和救济。

2. 受教育权利是绝对权利还是相对权利

从要求受教育者除个人之外的其他任何不特定的组织和个人不得作出妨碍、侵犯受教育者接受教育的行为，以保障受教育者充分行使受教育权利的意义上说，受教育权利是一种绝对权利。但同时特定公民受教育权利的实现又依赖于特定的义务人必须通过自己的积极作为来满足其接受教育的要求，如对接受义务教育的儿童来说，其接受教育必须有其相对方——国家、学校教师、父母等为其提供一定条件，满足其受教育的要求，因而，受教育权利又是一种相对权利。可见，受教育权利兼具绝对权利和相对权利双重性质。

3. 受教育权利是专属权还是可转移权

教育作为个体谋求自我发展，提高生活质量的重要手段，只有通过个体自身的积极行为才能完成。它同人身权一样，是完全属于每个个体所有的，不可、也不能转让与他人，属于专属权。在我国的某些家庭，父母基于经济和文化的考虑，不让女童上学，或者让女童辍学，而全力供家里的男童入学接受教育，将受教育权利集中到某一个儿童身上行使，这种做法是错误的，也是违法的。

4. 受教育权利是积极权利还是消极权利

一方面，受教育权利作为一项社会权，其权利的实现离不开国家的积极作为义务的履行，是典型的积极权利。另一方面，受教育权利的实现又需要国家和社会不得侵害并尊重公民受教育权，体现自由权的特性，国家和社会的义务是消极不侵害。可见，受教育权利兼具积极权利和消极权利双重属性。

四、受教育权利的内容

（一）实体法上的规定

受教育权利的内容既是权利相对方义务设定的基础，也是其义务履行的最终落脚点。如果公民应享有的受教育权利在向现实权利转化的过程中，内容部分或全部丧失，则意味着公民的受教育权缺损，权利相对方有义务提供帮助，以恢复其受教育权利。受教育权利究竟包括哪些内容？我国《教育法》的第四十二条明确规定了受教育者享有的权利：（1）参加教育教学计划安排的各种活动，使用教育教学设施、设备、图书资料（简称参加教育教学活动权）；（2）按照国家有关规定获得奖学金、贷学金、助学金（简称获得物质帮助权）；（3）在学业成绩和品行上获得公正评价，完成规定的学业后获得相应的学业证书、学位证书（简称获得公正评价权）；（4）对学校给予的处分不服向有关部门提出申诉，对学校、教师侵犯其人身权、财产权等合法权益，提出申诉或者依法提起诉讼（简称诉权）；（5）法律、法规规定的其他权利。在受教育者享有的五项权利中，前四种权利是法定的受教育权利内容。这四种权利中，前三种可以说是一种受益权，核心词语是“获得”、“使用”；第四种权利则是要求权，含有“主张”“要求”之意。

（二）学理上的探讨

有关义务教育阶段受教育权利的内容和范围，有学者认为包括三个层次的内容：一是就学权利平等，二是教育条件平等，三是教育效果平等。[29]105-110这种划分的基点就在于法定的“儿童享有平等的受教育权利”之“平等”，是借鉴了“教育机会均等”理论演变的三个阶段来分析的。① 这种研究的意义在于：以教育“机会”不平等为判断标准，可以对现实中存在的受教育权利缺损问题加以分析，为儿童对其相对方提出某种要求提供了依据。但以教育公平的价值取向为基准，上述观点只阐明了其中“平等的公平原则”，而忽略了以“儿童是有差异的、有不同要求”为假设确立的“不平等的公平原则”。因而，有必要从理论上着眼于儿童作为行使受教育权利的主体，依据法定的“平权”，从“权利”实现的动态过程考察义务教育阶段儿童受教育权利的内容。

受教育权利的积极权利和消极权利双重属性意味着国家和社会不仅不得干涉公民受教育的自由，而且应该提供必要的协助及服务以满足公民接受教育的需求。从这个意义上说，公民的受教育权利指涉两种不同的权利：一是受教育的主张自由权（claim-right of freedom）；二是受教育的福利权（welfare right）。[30]具体到义务教育阶段，当我们认定儿童有主张自

① 有关教育机会均等的理论，可参见美国的科尔曼和瑞典的胡森等人的研究成果。另有，张人杰．国外教育社会学基本文选［M］．上海：华东师范大学出版社，1989：176－218.

由权时，我们即承认儿童应有自由去接受教育，且他人有不干涉或妨碍儿童接受教育的义务，而且，这种自由包含有“选择”的意味。[①] 同时，儿童还可以提出某些要求或主张。儿童作为有独立人格的权利主体积极参与到与自身权利实现的相关的行为、事件中，并通过合法途径要求中止侵害其权利的行为。当我们认定儿童有福利权时，我们即承认国家、学校、家庭和社会有义务提供必要的协助及服务，以使儿童能够接受教育。这种福利权通常又是与前者的请求权相结合的，有时甚至合而为一。综上，我们可以发现，义务教育阶段儿童的受教育权利主要包括三个方面的内容：第一，受教育的自由权，侧重于权利的“自由”、“选择”的属性；第二，受教育的请求权（或称要求权），侧重于权利的“主张”、“权能”的属性；第三，受教育的福利权，侧重于权利的“利益”属性。

1. 受教育的自由权

“自由”意味着“选择”，选择有两种表现：一是放弃，二是行动。对于义务教育阶段的儿童而言，因为接受义务教育的权利附随着义务，是不能放弃的，凡适龄儿童都必须接受教育，即儿童没有“是否接受教育的自由选择权”，但有“选择什么样教育的自由权”。

儿童受教育的自由权表现之一：有选择教育形式的自由。如果把“选择什么样的教育”按类型或空间来划分，由于广义的教育包括学校教育、家庭教育、社会教育等多种形式，教育可以在多种场所、以多种形式进行，因而，从理论上说，由于儿童有权利选择自认为最适合的、好的教

① 1995 年 7 月，湖北省武汉市武昌区法院受理了武汉大学附属中学程肯状告母校侵犯其受教育权一案，该案被认为是我国首例侵害学生受教育选择权案。基本案情如下：1994 年 5 月，程某即将初中毕业，第一志愿报考的是华中师范大学一附中（以下简称华中师大一附中），其母校武汉大学附中（以下简称武大附中）要程某改报本校，程某未同意。武大附中在向武昌区教委集体报名时，隐匿了程某报考华中师大一附中的实情，未经程某同意，将程某核编为普通高中招生的考场。尽管程某考了 582 分，已达到重点高中华中师大一附中的录取分数线，但由于志愿表中所填志愿所致，无法投档，最终被武大附中录取。程某的家长多次与武大附中交涉，提出借读他校或转学的要求，均被武大附中以武昌区教委的有关文件精神和本校生只能报本校，不能报考重点中学的规定为由拒绝了。程某及其家长遂以武大附中侵害其受教育选择权为由诉讼至武昌区人民法院，法院一审判决被告武大附中将原告程某的学籍档案转至程某指定的，并同意接受程某入学的学校；每学年给付原告程某借读费 400 元至其毕业或转学为止。参见：劳凯声，郑新蓉，等．规矩方圆——教育管理与法律［M］．北京：中国铁道出版社，1997：295.

育形式和方法，因而儿童完全可以自由地选择是在家、还是在学校或是在别的什么地方接受教育，只要最终达到法律规定的义务教育结束时应当具有的教育能力和水平就可以了。美国、英国、法国等国家便如此，儿童可以采取家庭学校的形式，选择在家里上学，接受义务教育。我国新《义务教育法》的第十一条规定："凡年满六周岁的儿童，其父母或者其他法定监护人应当送其入学接受并完成义务教育；条件不具备的地区的儿童，可以推迟到七周岁。"可见，在父母送适龄儿童入学的规定上，是"应当"而非"必须"。新规定表达了两层意思：一是年满六周岁的儿童，是"应当"入学接受义务教育，但非"必须"入学，"应当"是一种裁量性质的体现[21]，可视具体情况而定，暗含着在有正当理由的情况下，是可以不送儿童入学接受教育的。二是儿童入学接受教育不是自我选择、自主决定的，而是由其父母或者其他法定监护人送其入学，这说明了儿童受教育的选择权实际上是由其父母行使的。这与世界人权法中赋予的父母优先选择教育权的规定是一致的，孩子能按照他们自己的信仰接受宗教和道德教育。

儿童受教育的自由权表现之二：儿童具有选择学校的权利。入学接受教育并不等于入国家所办的学校接受教育。在"入什么样的学校"问题上，依据我国相关教育法律，根据举办者的不同，可以把学校分为公立学校和民办学校两大类。因而，儿童可以在公立学校和民办学校之间进行自由选择。父母选择民办学校的自由可以确保儿童所受的宗教和道德教育与自己的信仰相一致。另外，按照学校管理模式或学生就读方式，又可以把学校分为寄宿制和走读制等。不一而足。

儿童受教育的自由权表现之三：儿童具有接受他认为是好的、适合其发展的教育的自由。上述两种教育选择自由是基于教育类型而产生的。如果我们把"选择什么样的教育"这一命题按教育水准和儿童个人的需求来划分的话，则可以推导出：儿童有权接受他认为是好的、适合其发展的教育的自由。这种自由表达的是最实质性的、儿童受教育结果上的一种自由。因而，当我们讨论儿童的教育选择权时，不应该仅仅着眼于形式上的教育类型上的自由，应着眼于实质上的教育结果的自由。基于这种自由，便产生了实现该种自由权利的请求权。

在受教育的自由权方面，同样存在着这样的事实，即受教育自由权的主体是儿童，但实际行使该权利的主体则是其父母或其他监护人。父母在代为儿童行使其教育选择权时，难免存在着冲突和矛盾。举个简单的例子，有的父母出于各种考虑，把孩子送到寄宿制学校就读，父母的这种决定有时会招致儿童的抵制。当父母的选择自由与儿童的选择自由之间存在冲突的情况下，应当遵循“儿童最大利益”原则，以儿童的最大利益为优先考虑。

2. 受教育的请求权

“要求”往往是基于一定需要产生的。根据义务教育中教育公平的形式原则，从理论上说，儿童受教育的请求权可以概括为两种不同的权利：一是要求相同的就学机会、教育条件，得到相同的教育效果，消除个体间差异的权利；二是要求受到不同的教育，即要求接受他认为是“好的”、适合其发展的教育的权利。请求权就其权利相对方的不同，可以分为以下四类。（1）对国家的教育请求权，即儿童有权依法要求国家为其充分接受教育提供充足的、包括物质的和制度的在内的各种条件。而这其中，当务之急是要求国家从立法上——包括实体法和程序法两个方面，完善受教育权利的保障和监督机制。（2）对学校的请求权。具体表现为：学校教育设施等物质条件的要求权；要求“好的”教师的权利；要求“好的”教学内容、教学形式、教学方法的权利；要求获得公正评价的权利；要求获取奖学金、助学金的权利；要求学校、教师中止影响其学习的一切行为，并获得补偿与救济的权利等。这种对“好的”教育的请求权相对于校方来说便是要在某种程度上提供可选择的教育。（3）对家庭的请求权。主要有：要求父母或监护人为其学习提供物质条件，如课本费、书包等的权利；要求父母或其他监护人按照学校的要求去做，配合学校完成对其教育的权利，这也是儿童受教育权优先于父母教育权的反映。（4）对社会的请求权。主要有：依法要求对图书馆、博物馆等公共文化设施的优先使用权；要求中止对其学习产生不利影响的权利，如对进驻校内的商贩影响其学习的行为、企业在正常学习时间内借用学生作礼仪等行为的抵抗权等。

3. 受教育的福利权

受教育的请求权是从权利主体的“主张”、“要求”的角度，要求权利相对方履行相应的给付义务。而受教育的福利权是从权利主体要求的

“结果”的意义上，侧重于权利主体从相对方所履行的“义务”中实际获得的帮助、服务或其他利益的权利。二者是一个问题的两个方面。正如美国学者佩弗（Rodney Peffer）指出的，如果不把福利权利看做一种“有效的请求”（valid claim）的话，福利权利就不是真正的权利了。[31]可见，受教育的福利权着重在“请求”的“有效性”上，受教育者在接受教育的过程中是否从权利相对方那里实际获得物质利益或其他服务，对于受教育权利的实现是非常重要的。

福利是社会学和经济学研究的重要范畴。在社会学上，福利首先是指一种存在状态，一种人类生活中令人满意的幸福状态。其次，福利（特别是社会福利）也指一种制度，社会福利制度有广义和狭义两种。狭义的社会福利是指为帮助特殊的社会群体、疗救社会病态而提供的服务，其目的是疗救社会病态，对象是所谓的弱势群体。这种服务在社会生活中的作用是补缺型的，故将这种福利制度称为补缺型福利（也称选择型福利制度）。广义的社会福利制度是指国家和社会为实现社会福利状态所作的各种制度安排，其目的是促进和实现人类的共同幸福，对象扩大到全体公民，所采取的项目体系也由单纯的社会救济扩大到社会保障或收入保障，包括社会保险和社会救助、医疗服务、教育、住房等项目，这种福利制度被称为制度型福利制度（也称普遍型福利制度）。[32]

国家在教育方面提供给每个公民的福利，从受教育者的角度看，便是公民享有受教育的福利权。依据上述有关社会福利的定义，受教育的福利权主要表现在两个层面：在狭义的层面，表现为对弱势群体受教育权利的保障。我国近十年来，出台的一系列政策，如义务教育阶段的“两免一补”政策、进城务工人员随迁子女就学政策、“中小学贫困学生助学金制度”，非义务教育阶段的“国家助学贷款政策”、“普通本科院校、高等职业学校和中等职业学校家庭经济困难学生资助政策体系的建立”等，旨在保障家庭经济困难学生的受教育权，是受教育的福利权的最好表征。在广义的层面，意即所有公民的受教育权保障问题，旨在通过各种制度安排保障公民享受到令人满意的、好的教育，其对象是所有公民。具体到义务教育领域，应实行普遍性教育福利制度，包括进城务工人员随迁子女在内的所有义务教育阶段儿童不管在公立学校还是民办学校均应享受到免费教育，实现教育福利化。[1] 在非义务教育领域，应实行补缺型教育福利制度，底线是保障弱势群体的受教育权。

第三节 学习权：学习型社会中受教育权利的应有之义

事件回放

事件1 2002年党的十六大报告，首次将“形成全民学习、终身学习的学习型社会，促进人的全面发展”作为党和政府“全面建设小康社会的奋斗目标”之一。

事件2 2007年党的十七大报告，将“全体人民学有所教”作为“加快推进以改善民生为重点的社会建设”的重要内容，重申要“建设全民学习、终身学习的学习型社会”。

事件3 2008年1月27日，中宣部、财政部、文化部、国家文物局联合下发了《关于全国博物馆、纪念馆免费开放的通知》，要求“全国各级文化文物部门归口管理的公共博物馆、纪念馆以及全国爱国主义教育示范基地将全部实行免费开放。”

事件4 2008年2月7日起，国家图书馆免费开放，读者凭身份证就可直接入馆。同时大幅度降低文献复印费、文献传递费、文献检索费和光盘刻录费等费用。各博物馆、纪念馆、国家图书馆减免费用后收入减少的部分则由中央财政补足。

事件5 自2005年开始，中国成人教育协会联合一些城市组织开展了全民终身学习活动周，为各地推动学习型城市建设搭建了一个平台。

---

① 2008年8月15日，国务院法制办公室将《中华人民共和国社会救助法（征求意见稿）》（以下简称《征求意见稿》）全文公布，并发布通知征求社会各界意见。《征求意见稿》中把“教育救助”与医疗救助和住房救助一道纳入到“专项救助”之中。如果《征求意见稿》中有关教育救助的规定不作原则性改动而获得通过，则意味着现行的诸如“两免一补”等救助政策将由定量、定额、临时救助的特性，转变为平等、无差别、长期的性质，并为其后的教育救助政策、法规的出台提供了法律依据，这将从根本上保障家庭经济困难等社会弱势群体的受教育权，“教育福利化”也将为期不远。

2009年9月教育部办公厅又发出了《关于举办2009年全民终身学习活动周的通知》，活动的主题是“人人学习，促进发展”。①

事件6 2010年7月29日发布的《国家中长期教育改革和发展规划纲要（2010—2020年）》将“基本形成学习型社会”作为未来十年我国教育改革和发展规划纲要的三大战略目标之一。②

上述六个事件有密切关联，从十六大的“形成”学习型社会到十七大的“建设”学习型社会，再到将其作为最近十年的战略目标，表明党和政府在保障全民终身学习方面的力度和决心，而博物馆的免费开放和国家图书馆的费用减免正是实现这一目标的重大举措之一，“全民终身学习活动周”活动的开展使得建设学习型社会的理念走进民间，“人人学习，促进发展”的主题更彰显了学习型社会的核心内涵和终极目的，即保障每个公民的学习权。我们清楚地发现：全民学习、终身学习的学习型社会已不是一种口号，而是切切实实的政府行为。由过去单纯倡导“构建终身教育体系”到今天的“建设全民学习、终身学习的学习型社会”，也向我们传达了这样一个信号：我们政府对教育的执政理念，已由过去的只关注公民的受教育权向受教育权与学习权并重转变。这一转变其意义何在？公民受教育权与学习权有什么不同？学习型社会中学习权有哪些方式？保障公民学习权应遵循的基本原则是什么？这是当下讨论受教育权利问题时不能回避的重要问题。

一、公民学习权保障：建设学习型社会的根本目的

（一）何谓学习型社会

什么样的社会能称之为学习型社会？通俗地理解，每个民众无论何

① 活动宗旨是：“1. 大力宣传终身教育思想，推动全民树立终身学习理念；2. 动员和组织社会机构积极参与全民终身学习活动，营造全民学习、终身学习的良好氛围；3. 提高国民素质、提高生活质量，促进人的全面发展，促进全民学习、终身学习的学习型社会建设。”主要内容是：“参与全民终身学习活动周的城市根据今年学习周的主题和本通知精神，可在活动周期间安排市民教育培训、建立市民书屋、对农民工开展城市生活技能培训、创建学习型家庭等实质性活动，努力使各类活动形式灵活、内容丰富、贴近百姓、成效显著。”

② 具体的“战略目标”是：“到2020年，基本实现教育现代化，基本形成学习型社会，进入人力资源强国行列。”

时、何地，只要想学习，就能学习，这样的社会就是学习型社会。学理上，较有代表性的观点是："学习型社会就其形式来说，是要创造一个全民学习和终身学习的社会；就其实质来说，就是一个'以学习求发展的社会'。其具体内涵包括：以个体的学习来追求个体的发展，以组织的学习来追求组织的发展，以国家的学习来促进国家的发展；以终身的学习来追求终身的发展，以灵活的学习来追求多样的发展，以自主的学习来追求内在的发展；把满足全体人民基本学习需求，促进全民学习、终身学习看成是建设小康社会、落实科学发展观的社会条件和根本动力。"[33] 在2010年2月28日发布的《国家中长期教育改革和发展规划纲要（征求意见稿）》（以下简称《征求意见稿》）中，把学习型社会表述为"人人皆学、处处可学、时时能学"的社会。关于这一表述的内涵，在2010年3月1日下午，国家发改委社会发展司司长胡祖才、教育部发展规划司司长韩进、中国科学院—清华大学国情研究所所长胡鞍钢做客新华网，与网友畅谈未来十年我国教育事业的发展目标与任务时，胡鞍钢指出："因为学习是富民强国之本，……因此到2020年，能不能这么说：中国是世界上人口最多的国家，也必然成为世界上最大的学习型社会。我们把它称之为全民学习、终身学习、灵活学习，使得人人皆学，处处可学，时时能学的学习之邦。"同日，上海市教育科学研究院胡瑞文研究员做客中国网，解读《征求意见稿》时强调："学习型社会意味着一个人不仅完成就业以前的教育、一次性的教育，而且终身要进行学习。因为现在是知识经济社会，知识更新不断，产业转型，职业的提升都是要一个人不断地学习，否则要落后。这样的情况下，学习型社会意味着人人学习、处处学习、时时学习"，"这一点对整个提高劳动者的素质，提高国民的素质都是非常重要的"。

可见，就个体而言，学习型社会有两个基本特征：一是从纵向来说，学习应贯穿于一个人的一生，即终身学习；二是从横向来说，学习应为全民所有，即全民学习，只要是人，只要他想学习，就能够学习。无论是学术界还是政府文件，对此均已达成基本共识。①

① 《国家中长期教育改革和发展规划纲要》的第二十三条指出："广泛开展城乡社区教育，加快各类学习型组织建设，基本形成全民学习、终身学习的学习型社会。"

（二）建设学习型社会的根本目的是保障公民学习权的充分实现

为什么要把建设学习型社会作为战略目标之一？换言之，建设学习型社会的目的何在？上述学者的解读是有可商榷之处的。将学习看成是富民强国之本，强调学习对劳动者和国民素质提高的重要作用固然没有错，但如果只是把学习当成个人素质提高、职业提升、生活富裕的手段，进而把每个公民的学习看成是国家富强的主要途径，这显然是工具意义上的，更准确地说，是从功利的角度看待学习，即把公民的学习当成手段，而非目的。据此，人本身就成为一种工具，未来的发展战略就可能偏离“以人为本”和“人是目的”的根本方向。

究竟应该怎样理解学习型社会教育的根本目的？我们认为，虽然学习的工具意义是存在的，且与学习的本体意义相辅相成，但仅仅停留在工具意义上显然是不够的。否则我们无法解释那些已经属于“民富国强”的国家和社会为什么还要建设学习型社会。从根本上说，之所以要建设学习型社会，原因在于：芸芸众生人人需要为“人”，所以人人需要“学”。“为之，人也；舍之，禽兽也。”[34]用我们今天的话说，人人需要学习，只有学习，才能成为人；反过来，只要学习不被剥夺，就能够保留并捍卫作为“人”的尊严和价值。用文学的语言来表达，“学习是我的骨头，学习是我的肉（材料与构成），学习是我的精气神，学习是我的追求、使命、奋斗”。[35]套用国际人权法中的表达则是“人人具有学习的权利”。因为，人有也只有通过学习，才能更像“人”、更有尊严地生存。建设学习型社会的终极目的就是为了保障公民学习权的充分实现，以促进人的全面发展和社会的可持续发展。之所以得出这样的结论，原因在于以下两点：首先，从个体角度看，学习权是人的全面发展和自我实现的要求。人们日益认识到，只有全面的终身教育才能够培养完善的人。因为“人是一个未完成的动物，并且只有通过经常地学习，才能完善他自己”。[36]180所以，现代社会“应该把‘学习实现自我’，即人的教育，放在最优先的地位”。[36]202学习权的意义也正体现在这里：通过一生的学习不断来完善自己，而不是单纯地把学习、把教育乃至于把人作为工具和手段。其次，保障公民的学习权也是社会可持续发展的要求。在单纯以经济为中心的发展模式中，人在很大意义上沦为“人力”，与此相关的教育也沦为制造

"人力"的工厂，即所谓的"螺丝钉教育"，进而演变成教育立身主义、教育立国主义。在这一理念指导之下，追求教育上的GDP成了学校教育的重要目标，即中小学追求升学率，大学追求就业率。当学校教育、学生的学习忘记了其本体价值，只强调其工具意义，在单纯追求教育GDP的迷途上狂奔，就会偏离教育的人权本质，不可能培养出具有创造力的、全面发展的人，社会的可持续发展也就成了无源之水。20世纪90年代，全球范围内"可持续发展"思想与理念的提出，以及我国政府科学发展观的确立，使人类对现有的发展模式、生活方式进行反省，其实质就是强调"内在发展、科学发展"，即"发展越来越被看成是一种唤醒的过程，一个激发社会大多数成员创造性力量的过程，一个释放社会大多数成员个体作用的过程"。[37]而对公民学习权的尊重与保障恰恰就是一种唤醒，是对人的创造力的一种解放。可见，学习或教育在社会可持续发展中的作用也日益显现。满足每个公民的学习需求，充分保障公民的学习权，使每个公民获得良好的发展，必将为社会的可持续发展奠定坚实的基础。鉴于此，学习型社会的教育法律和政策必须以公民学习权保障为价值基础，以使政府职能、行政模式、经费投入、教育管理体制和办学形式等一系列教育制度能够朝着保障公民学习权的方向发展。

二、从受教育权到学习权：受教育权的当代发展

（一）从"他赋"到"自赋"：受教育权内涵的逻辑演变

受教育权利的内涵有一个发展变化的过程，主要形成了四种学说，即公民权说、生存权说、发展权说和学习权说。其中，"学习权说"是受教育权利的重大发展和突破，是学习型社会中公民受教育权利的应有之义。

1. 公民权说

公民权说，又称政治性权利说。该学说认为，受教育权的本质就是公民为扩大其参政的能力而要求国家提供文化教育条件的权利，其特点在于把公共教育和民主政治直接联系起来，指明受教育在培养国家主权者——公民方面的政治性功能。我们知道，"政治权利"是19世纪的原则性成就，它允许对于主权行使的日益广泛的参与。[38]若要充分行使政治权利，如自由发表意见、享受宗教的自由、和平集会的权利和选举权等，有赖于教育的普及和实施。接受教育成为公民有效行使其政治权利和自由的手

段。因而，从政治性权利的意义上看待受教育权，受教育权便具有了自由权的特性，国家只需消极不干预即可。

2. 生存权说

生存权说，又称经济性权利说。该学说认为，受教育权的实质就是为了使贫穷的公民获取与人的生活能力有关的教育，要求国家从经济角度提供必要的文化教育条件和均等的受教育机会的权利。这里的受教育权主体是“贫穷的公民”，他们通过受教育，获取一定的生活能力，能够使其摆脱贫困。可见，这是从狭义上，即解决个人温饱的、最底线的生存需求的意义上理解生存。当前，很多学者认为，应该从广义上理解生存的含义，即生存应该是超越个人温饱的、人更像“人”、更有尊严地生活。教育不仅能够满足公民参与政治的需求，而且教育还提供了一种条件，通过接受教育，获得相应的知识技能，能够使自己过上满意的生活。因而，无论从广义上、还是从狭义上来理解生存，受教育权的确是一种生存权。为了使公众更好地生存，国家需履行积极义务，以使公民享有教育上的福利权。

上述两种学说对受教育权内涵的把握均有其合理成分，但也存在明显的不足。二者在很大意义上都是把教育当成一种工具，过多地从政治的或经济的视角对受教育权加以阐释，在某种程度上忽视了教育的本体作用，“目中无人”，所以它们对受教育权的理解都失之于偏颇。

3. 学习权说

为了克服上述理论的缺陷，“学习权说”应运而生。从字面上理解，如果把教育理解为一种有计划的活动，则“受教育”是指个体被动地从施教者那里接受教育的过程。而“学习”则是生物有机体生存与进化所必需的本质性活动，人的社会化进程本身便是一个习得社会经验——学习的过程。简言之，个体自身积极主动地获取知识、谋求发展的过程就是学习，它一般无需以施教者的存在为必要条件。由于学习权立足于个人与生俱来的、要求通过学习来发展和完善人格的权利，所以它能够实现如下转变：即从国家法律规定的被动接受教育的权利发展为公民以自由人适用的方式行使自己成长和发展的权利。

从权利渊源上说，相对于受教育权的被动他赋性来说，学习权是一种主动的自我赋权；从教育理论上说，学习权强调了个体在其一生的各种教育、生活环境中的主体地位，强调教育、学习之于人本身的意义；从法学理论上说，学习权强调了学习主体在享受教育、学习时的主动性、自由性和可选择性。学习权因其突出了受教育和学习之于人本身的目的性，而非手段，故被认为是当今世界教育法学理论的主要成果。特别是在走向学习型社会的今天，学习权既包含了传统意义上的受教育权，更是对受教育权的重大发展和突破，甚至作为一种理念存在[39]208，它远远超出了“接受教育”的含义。在终身学习概念逐渐取代终身教育，学习型社会之构建成为未来社会发展的重要型态之时，学习权更成为每一个人最为重要的基本权利。它不仅能促进个人的全面发展和自我实现，也为社会的可持续发展奠定了坚实的基础，由此，学习与受教育也就不再只是“发展”的许多手段之一，而是发展的基本内容和基本目标之一。

4. 发展权说

20 世纪 80 年代以来，发展权作为一项人权逐渐得以确立。生存权和发展权成为人权体系中两个最为重要的组成部分。联合国 1986 年 12 月通过的《发展权利宣言》中明确指出：“发展权是一项不可剥夺的人权，由于这种权利，每个人和所有各国人民均有权参与、促进并享受经济、社会和政治发展。在这种发展中，所有人权和基本自由都能获得充分实现。”“发展机会均等，既是国家的权利，也是国家内个人的权利”，这一观点已得到国际社会的普遍认可。[40]从个体权利的角度来看，由于教育天然地与人的发展联系在一起，个人接受教育的最终结果能够使其身心得到发展，因而，受教育权便具有了发展权的特性。如果说公民权说和生存权说是把教育当做工具，学习权说强调主体的主动性，重在过程，则发展权说是从受教育的结果、受教育的终极目的上说的，学习权与发展权相辅相成。另外，如果把发展权当成主权国家的一项权利，国家为谋求更好的发展，必须大力发展教育事业。具体到我国，要实现从人力资源大国向人力资源强国的转变，把沉重的人口负担转变为强大的人力资源，实现中华民族的伟大复兴，舍教育无他。认识到受教育权的发展权内涵，最终达成主权国家的每一个公民都能有尊严地、满意地生活，无论对个体的发展还是主权国家的发展，其意义都是不可估量的。

（二）学习权与受教育权的联系与区别

1985 年联合国教科文组织在第四届国际成人教育会议上通过了《学

习权宣言》，至此，“学习权”就不仅仅是受教育权的逻辑演变，是一种“学说”，还成为国际教育人权行动纲领中的每个个体享有的一项基本权利。根据《学习权宣言》的规定，学习权包括广泛的内容，既有读与写的权利、持续的疑问和深入思考的权利、想象与创造的权利、研究自己本身的世界而撰写历史的权利，也具有获得教育资源的权利、发展个人与集体技能的权利等。在1990年世界全民教育大会上，又通过了《世界全民教育宣言：满足基本学习需要》（以下简称《宣言》），《宣言》确认的最终目标是要满足每一个人——儿童、青年和成年的基本学习需要。而基本学习需要包括“基本的学习手段（如读、写、口头表达、演算和问题解决）和基本的学习内容（如知识、技能、价值观念和态度）。这些内容和手段使人们为能生存下去、充分发展自己的能力、有尊严的生活和工作、充分参与发展、改善自己的生活质量、作出有见识的决策并能继续学习所需要的”。[13]15-16同年，日本临时教育审议会发表了第四次报告，并制定了《终身学习振兴法》，强调为了主动适应社会变化，建立富有活力的社会，满足人们日益提高的学习要求，必须建立以向终身学习体系过渡为核心的新教育体系，进而实现终身学习的社会。我国现行的法律法规中虽然尚未出现有关学习和学习权保障等方面的规定，但满足公民的学习需求已成为党和政府行动纲领中的重要内容。

由此可见，学习权作为人之为人的一项基本权利，在国际社会中已得到认可，并获致现实的法律身份认同。学习权的行使既有以个体主动的读、写、想象与创造活动为表征的“学习自由”，也需要来自他者的支持与帮助，以获得满足上述“学习自由”的受教育机会和权利。从这个意义上说，学习权经由受教育权的母体诞生以后，便获得了某种独立的身份，并包含着受教育权。学习权的确立是实现人类全面发展和可持续发展理想的一大进步，它已超越了受教育权的范畴，成为其上位概念。如果硬要区分出受教育权与学习权的区别，可从表3中的几个维度予以考察。必须说明的是，二者的区分并非泾渭分明，有时是侧重点不同，有时又表现为一个问题的两个方面。因为“学习”与“教育”二者是相辅相成的，学习是教育的逻辑起点，受教育的最终目的是满足学习者的学习需求。

表3 受教育权与学习权的区别

范畴 考察维度	受教育权利	学习权
所处社会形态	当代社会	学习型社会
权利渊源	被动他赋	自我赋权
权利特性	以社会权为根本，兼具自由权属性	以自由权为根本，兼具社会权属性
价值理念	兼具工具主义与人权保障双重特性	践行“人即目的”
政策目标	满足受教育者的教育需求，促进受教育者的全面发展	满足每个人的基本学习需求，促进个人与社会的全面、可持续发展
管理体制	与过去封闭的学校教育相适应的相对封闭的教育管理体制	打破学校教育的界限，实现正规教育与非正规教育、家庭和学校与社会相融通的开放的教育管理与服务体系
行政模式	侧重政府的直接管理	强调政府的间接调控与服务
路径依赖	传统国民教育体系	现代国民教育体系
教育（学习）制度	较为刚性的学校教育制度	弹性学习制度
我国当前的法律与政策支持体系	受教育权已经入宪：已初步形成了相对完善的教育法律政策保障体系	学习权尚未入宪：国家层面立法没有实现，缺乏系统的政策法律制度保障

（三）学习型社会中学习的不同方式及其权利特性

1. 学习权的几种属性

（1）人权特性。无论从生存的意义上，还是发展的意义上，个体的学习无需任何条件，同样是源于人的尊严就该享有，故学习权具有人权的特性。学习不是少数人的专利或特权，要普及、落实到每一个具体的个人身上，且要贯穿于每一个人的一生。1990年召开的“世界全民教育大会”正是对这一现代教育人权思想的阐发。

（2）社会权属性。学习的发生，除了依靠学习者个人的主观能动性之外，还需要各种学习资源和学习机会。离开了可供学习的资源和条件，学习无疑成为无米之炊。我国政府提出的“构建学习型社会”之“构建”本身便包含了“由国家促成、创造与提供”之意，要求国家履行积极义务，这无疑使学习权具有了社会权的属性。

（3）自由权属性。学习权在很大意义上，带有浓厚的自由权色彩。以学习选择权为代表，侧重于学习者的“自由”、“选择”特性，要求国家和社会既要提供必要的协助及服务以满足公民的学习需求，又履行消极不干预的义务，不得干涉公民学习的自由。

（4）福利权特性。学习权的社会权特性是从权利主体的“主张”、“要求”的角度，要求义务相对方履行相应的给付义务。而福利权是从权利主体要求的“结果”的意义上，侧重于权利主体从相对方所履行的“义务”中实际获得的帮助、服务或其他利益的权利，二者是一个问题的两个方面。学习者的福利权主要表现在两个层面：在狭义的层面，表现为对弱势群体学习权的保障，也称教育福利。我国近十年来出台的义务教育阶段的“两免一补”政策，非义务教育阶段的“国家助学贷款政策”等便属此类。广义地说，在义务教育阶段，是使每一个儿童都享受到免费教育，即教育福利化；在非义务教育领域，底线是保障弱势群体享有同等的受教育和学习机会，包括对残疾人、失业工人、农村进城务工人员等生存与劳动技能的免费培训等。

2. 学习的不同方式及其权利特性

根据学习者学习目的的不同，可以将学习分为以下三种不同情况，学习情况的不同决定了学习权的权利特性有所不同（可参考表4）。（1）学习者的学习目的是为了履行义务教育的义务。这时的学习权更多的是具有社会权的特性，要求国家免费提供，履行积极的作为义务。（2）学习者的学习目的是为了摆脱贫困，满足温饱层次的底线的生存，在各种教育培训机构或学校接受的培训，如对未受到或未完成初等教育者的扫盲教育、进城务工随迁农民的各种生存技能培训等。这种学习权更多地具有生存权的属性。由于这类学习者通常属于社会弱势群体，其学习权兼有福利权的特性，需要国家免费提供。同时，还要鼓励和扶持社会组织和公民个人举办各种培训机构，满足他们的学习需求。（3）学习者的目的是为了满足自己的兴趣和爱好，谋求更好的发展，旨在创造更有意义、更有尊严、更为幸福的人生所进行的种种学习活动。这种学习权是真正意义上的要求完善和发展人格的权利，体现了自由权和发展权的双重特性，要求国家、学校、社会、学习者所在单位、家庭鼓励和支持，至少应履行消极不干预的义务。

表4　学习的不同方式及其权利特性

事项 学习目的	学习方式 （教育机构）	权利性质	权利保障
履行义务教育	学校教育	社会权	国家免费提供
摆脱贫困 底线的生存	扫盲教育/农民工和下岗工人等的生存技能培训	福利权	国家和社会 多方保障
自我实现	各种形式的自我提升	自由权	国家、社会 消极不干预

三、学习权保障的基本原则

尽管我国政府和民间已采取了很多措施保障公民的学习需求，但我们不得不承认：学习型社会作为一种我们力求建设的未来理想社会，在依法治教的指导思想下，离开了稳定而持久的法律与政策保障，仅凭执政党和政府一时之“决心”、“国家”图书馆的费用减免和短暂的活动“周”是很难实现的，有必要超越现有的政策和法律制度框架，在学习型社会的特定背景下重新确立教育政策和法律的核心价值，探寻公民学习权实现的原则及其路径，以真正实现“全民学习，终身学习”。

从我国现行的教育法律与政策来看，我国政府一直致力于公民受教育权利的保护，可以说，致力于更加公平的教育，以保障每个儿童的受教育权是改革开放30年来义务教育法律和政策的主旋律。[41]但是，尽管我国公民受教育权利法律政策保障体系相对较为完善，而且受教育权利的可诉性也不断加强，但由于受教育权利只是构成学习权的一个重要方面，简单地把现有的保障受教育权利实现的教育法律与政策体系移植或扩充到学习权保障上来，是远远不够的。更何况在我国，学习权尚未入宪，还属于法理上的概念，有关学习型社会的构建和全民学习、终身学习的提法通常散见于党和政府的有关报告与行动纲领中，国家层面的立法尚未实现，缺乏系统的政策法律制度保障。因此，与受教育权向学习权转变和发展的过程相适应，应当成为每个人的一项有成文法律和政策保障的基本权利。这样，既能通过法律的权威进一步宣传终身学习和全民学习的理念，也为相关立法（如《终身学习法》）提供依据。

（一）构建教育法律与政策制度，需实现的两个观念转变

1. 克服现行教育法律与政策中的工具主义倾向，重视学习权的人权特性

这一转变要求我们：第一，在清理、审视现行教育法律的立法宗旨、教育政策价值取向基础之上，以公民权利为本位，兼顾国家利益，构建能够满足每个公民学习需求的教育法律与政策体系，以最大限度地体现和保障公民的学习权。第二，从人权保障而非制器的高度重新厘定教育目的，即摒弃“建设者”和“接班人”之政治话语定势的影响，重塑现代国家的“合格公民”。因为只有着眼于合格公民的培养，鼓励公民作为“人”应有的个性和尊严的充分发展，加强对人权和基本自由的尊重，才能使个体具有基本的权利义务观，具有主体意识，具有自由、平等、人权的观念。在多元文化、民主法治的背景下，具有上述意识和观念的公民无论对于个体自身还是主权国家的发展都是必要的。第三，在法律和政策体系中，明确政府在保障弱势群体学习权中的责任，确保弱势群体终身学习的资源，加大对弱势群体培训的扶持，引导社会组织和公民个人共同参与，努力向他们提供免费的受教育和学习机会。

2. 明确学习是人的一种生存方式

当学习型社会的蓝图展现在我们面前时，抛开一切功利的、世俗的偏见，从纯粹的、人本的意义上来审视，就会发现，学习应该成为每一个人的生活方式，或者说是一种生存状态：只是因为我想学习就学习，别无其他。遗憾的是并非所有的人都认识到这一点。这就要求我们一方面要澄清认识上的误区，另一方面采取有力措施，努力做到以下几点。第一，重新

清理现行的与公民学习、接受教育有关的法律法规和政策，从公民学习权保障的高度上加以统合，改变以往零散的、急功近利式的立法惯习，构建系统的以保障公民学习权为核心的教育法律与政策体系。第二，改变以往对受教育者多强迫与惩罚、少尊重与选择的立法模式，构建国家多提供、少干预的制度。第三，加强社会教育立法，明确学习型组织的义务。诸如应立法保障图书馆、博物馆的免费开放，大力发展社区的公共教育事业，明确公职人员的教育公益活动以及学习型组织员工的带薪学习制度等，大力发展并扶持各种教育培训机构，给公众提供多样化的教育服务。

（二）构建教育法律与政策体系应遵循的基本原则

1. 权利本位

国家应承认并尊重：人人有学习的权利。在现阶段，我们强调受教育权的社会权属性，要求国家和政府履行积极义务，强调国家的管理、积极干预职能；而在学习型社会，更多地强调公民的学习自由，强调政府在履行积极义务的基础上，承担消极不干预的义务，如尊重父母的教育选择权和学习者的学习自由，不得干涉个人或团体设立和管理教育机构的自由等。这意味着政府的职能应从直接的管理型向间接的服务型转变，采用立法、行政、拨款、评估等多种方式，普遍设立学校及其他教育机构，依法监督并取缔不合格的教育培训机构，保障培训经费来源的多元化。

2. 机会均等

我们借鉴《经济、社会、文化权利国际公约》中的表述，为了充分实现公民的学习权要做到以下几点：（1）初等教育应属义务性质并一律免费；（2）各种形式的中等教育，包括中等技术和职业教育，应以一切适当方法，普遍设立，并对一切人开放，特别要逐渐做到免费；（3）高等教育应根据成绩，以一切适当方式，对一切人平等开放，特别要逐渐做到免费；（4）对那些未受到或未完成初等教育的人的基础教育，应尽可能加以鼓励或推进；（5）发展远程教育、网络教学等多种形式，以增进多元学习机会；（6）国家要普遍设立包括学校图书馆在内的一切图书馆、博物馆、公民馆等，并应免费向一切人开放等。

3. 可选择性

与公民的学习自由相关联的是开放性和可选择性，教育（学习）制度应由封闭走向开放，建立可选择性的教育制度和弹性学习制度，并从法律上保证国民教育体系与非国民教育体系的同质性。其中的核心领域主要有：在工作和学习之间的选择自由、学习方式的选择自由、微观的课程和教学形式的选择等。可选择性实现的前提之一是要义务主体履行尊重、不干预的义务，其次是促成、提供与保障的积极义务。

4. 多样性

多样性原则源于公民个体的差异性和需求的多样化。多样性与可选择性有密切联系。一方面多样性是可选择性的基础，因为选择是在多样性基础上展开的，另一方面多样性又可看做是教育制度追求可选择性的结果。正是由于选择之要求的日益强烈和多元，才凸显了以多样化为目标的教育价值取向的重要性。教育的多样性包括制度多样、目标多样、教育机构与学习场所的多样、内容多样、模式与方法多样以及评价标准的多样性等若干要素。

5. 弱势补偿

弱势补偿原则的基本含义是挑选出处于社会不利地位的阶层，以是否能最大限度地满足这一不利阶层的利益为标准来确定教育和学习资源的分配。正是源于生存权和人权的双重考量，那些处于社会不利地位公民个人或群体能否真正与其他个人和群体享有平等的受教育机会和学习能力，成为一个国家公民受教育权和学习权实现状况的重要标准。在目标层面，要确立多元化的教育福利制度，即在义务教育领域实行普遍性教育福利制度，在非义务教育领域，实行补缺型教育福利制度，完善家庭经济困难等学习者的福利保障制度。同时，要大力进行公民教育，培育公民社会，并充分吸纳民间资本，在市场的有限介入下，发挥民间组织和个人在解决社会弱势群体学习权方面的作用。保障弱势群体的学习权，真正形成“惠及全民的公平教育”，这既是我们当下社会必须面对的现实问题，也是学习型社会必须面对的长远问题。

第二章 教育公平：义务教育的基本价值取向

一种价值观就是一种持久的信念。

——米尔顿·罗基奇

第一节 价值取向确立的必要性

价值，是与“事实”相对应而存在的哲学范畴。按照马克思的理解，价值“是从人们对待满足他们需要的外界物的关系中产生的”，[42] 反映的是主体与客体间的一种需要与满足关系。简言之，是客体对主体的意义或功用。相对于具有主体性的个人来说，由于不同主体需要的不同，对同一事物价值的认识与理解便会存在很大差异，进而决定了对价值的追求与选择及其支配下的具体行为方式也会有所不同。这种对事物不同价值的定向与选择可称为价值取向。价值取向的最大作用在于对主体行为和活动的定向作用，帮助人们进行价值选择。可以说，有什么样的价值取向，就有什么样的价值活动。价值取向的正确与否，直接决定着人们的思想、行动的成败。只有正确的价值取向，才能使人们对事物发展趋势的预见和对价值成果的积极追求有机地统一起来，才能使活动既沿着事物发展的趋向，又沿着主体自身需要的指向发展，既是合理的，又是最有利的、价值最大化的。[43]

一、价值取向确立的必要性

具体到“义务教育”这一客观事物，之所以要确立义务教育的基本价值取向，出于两点考虑。一是从义务教育的价值取向本身来看。义务教育的基本价值取向决定着义务教育的发展方向和目标走向，进而决定着义务教育的经费投入、办学形式、实施对象等一系列教育政策的制定，不同的价值取向必将使义务教育朝着不同的方向发展。另外，义务教育作为一项基础性、全民性的公共事业，倘若基本的价值取向确立得不合理，不仅是误导本身的问题，必将影响每个儿童受教育权利的实现，进而影响一代人的素质和整个民族的兴衰。二是从20世纪90年代以来，义务教育领域到底应遵循“教育公平”，还是遵循“效率优先、兼顾公平”的价值取向，有过长期的争论，有必要从理论上加以澄清，以确立义务教育阶段儿童受教育权利实现应有的、合理的价值取向。国内学术界有关义务教育的价值取向，概括起来主要有以下三种观点。

第一种观点认为，“义务教育要强调公平”。[44]类似的提法还有，“素质教育的两个根本宗旨决定了‘公平’是素质教育的基本价值要求。相对于‘应试教育’来说，假如把‘升学率’看作效率，并因‘效率’而损害了公平的话，那么素质教育恐怕有必要遵循‘牺牲一点效率以换取更多的公平’的原则来实施”。[45]还有学者从“公正”的内容出发，强调“义务教育中的社会公正”，指出“通过义务教育为每个人提供一个机会平等的基础，应是社会公正在教育上最起码的要求”。[46]也有学者从“辨析教育的公平与效率”角度，认为“义务教育是全民教育，必须坚持‘公平优先’的价值。一般而言，优先发展基础教育，不仅是最公平的，也是投资回报率最高的，即公平与效率在义务教育阶段是高度一致的”。[47]更有学者从社会保障的意义上，在社会公平的基础上确立了“底线公平”的原则，认为满足公民基础教育（义务教育）的需求（发展需求）是“人人躲不开、社会又公认的‘底线’”，所有公民在这条“底线”面前所具有的权利是一致的。“底线公平特别强调政府的转型、政府的责任，‘底线’就是政府责任的‘底线’。”①

第二种观点认为，基础教育（义务教育）的价值取向应是“效率优先，兼顾公平”。[44]论者认为，在政府资源有限的条件下，采取竞争性入学和择优培养的原则，是保证教育效率的主要措施。把效率放在优先的位置，就可以最大限度地促进教育在短期内有较大发展，为更多的求学者提供求学的机会和发展的余地，也就是为实现教育公平创造条件。因此，教育效率是实现教育公平的前提条件。如果把主要精力用于考虑公平，或降低效率以求公平，那么我们的教育就很难发展了。这一观点，很显然是从外部由经济领域“效率优先，兼顾公平”的命题切入的。“在经济领域、尤其是收入和分配领域处理效率与公平关系的这一原则，不证自明地成为各行各业通行的改革准则。既然公平只需兼顾，而‘兼顾’在中国的语境中意味着可以不顾，教育公平从未获得独立价值和地位，便是顺理成章的了。”[48]这种观点，在教育不公平、社会不公平的现实面前，已渐渐失去了土壤。

第三种观点认为，义务教育的基本价值取向应是追求公平与效率在不同时期、条件下的动态平衡。认为，二者间应是对立又统一的关系。“没有基本的质量、效率的保证，那种普及教育的公平原则只能是表面的、暂时的，而没有了教育的普及、公平作为基础，提高教育的效率也只能是空中楼阁。教育效率的提高可以推动教育的普及，而教育的普及又可以促进教育效率的提高，在公平与效率之间也应该形成一种良性循环。”[49]

这种教育公平与效率上的两难境地，同样也存在于美国，即“‘平等’与‘高质量’能否兼得”的问题。自19世纪末以来，美国的历次教育改革不外乎两大主题：平等与高质量。20世纪上半叶的综合中学运动追求的教育平等的理想；50年代前苏联卫星上天后，重新关注学术标准

① 景天魁认为，可从“基本需要”中找出更具稳定性的“需要”——“基础性需求”，它包括：解决温饱的需求（生存需求）；基础教育的需求（发展需求）；公共卫生和医疗救助的需求（健康需求）。这就是人人躲不开、社会又公认的“底线”。参见：景天魁．适度公平就是底线公平［J］．中国党政干部论坛，2007（4）：25－26．他在论“底线公平”一文中，采用了这样的表述：“公共基础教育（义务教育）制度也有助于‘底线公平’的实现”。可见，他所认为的“基础教育的需求”也就是指义务教育的需求。参见：景天魁．论“底线公平”［J］．党政干部文摘，2006（7）：16－17．

问题；60—70年代的社会民主化、教育民主化的背景中，教育机会均等再次成为改革的热点；而70年代末开始的以“恢复基础”和“高质量”为口号的改革运动，则使钟摆又离开了教育平等那一端，回到了质量与效率问题上。[50]上述的摇摆现象，迫切需要我们从学理上探讨我国义务教育阶段应确立的价值取向。

二、价值取向确立的依据

要确立合理的价值取向，有必要把学术界涉及的教育公平、教育效率等价值取向上的争论加以澄清，澄清的前提是要弄清在教育的一般意义上，是否存在着公平与效率的矛盾？若存在，在何种层次上存在？而要弄清这一问题，又必须首先从公平、效率及与之相关的平等等概念本身入手，从各自特定的语义出发，并结合义务教育的本质属性来讨论。

（一）公平、平等、效率简析

1. 公平与平等

首先，从语义学来看。按照一般的语义学分析方法，即从英文对应词上看，公平是 justice 或 equity，意即公正、正义、公平。平等是 equity，意即均等、均一。而汉语中“平等”一词原是佛教用语。佛教认为“宇宙本质皆同一体，一切法、一切众生本无差别，故曰平等”。可见，平等的基本词义就是平均等量、无差别。反之，有差别就是不平等。而公平的含义则是无偏袒、客观公正。这种无偏袒的客观公正首先意味着一种“关系”。[51]这种关系包括两方面：一是自身的条件、努力和合理期待与所得之间的关系，在这种关系中，关系双方是否均衡；二是人们相互之间的关系，如果同等条件被同等对待就是公平的，否则就是不公平。从这点来看，一种公平的制度或规则，“就相互关系而言，个人有资格享有平等或不平等的相关地位。……其重要的格言常常被格式化为‘同样情况同样对待’（Treat like cases alike）。当然，我们需要对之补上‘不同情况不同对待’（Treat different cases differently）”。[52]由此，可以推导出：平等强调的是客观事实，有差别就是不平等，无差别就是平等。它是无条件的、绝对的、永恒的。而公平强调的是对客观事实的一种主观上的评价和判断，正因为这一点，人们会因衡量的尺度、时间、条件和主体需求的不同而形成不同的公平观。故而，公平是主观的、历史的、相对的。

其次，从适用对象来说。平等不仅表现在人与人之间人格上的平等，如“人人生而平等”的经典表述，而且适用于自然、法律、政治、经济等所有领域；既包括形式上的，如制度的、规则的，也包括内容上的，涵盖起点的、过程的、结果的所有领域。不管以什么为标准，平等强调的是与客观事实是否一样。而公平，就其适用对象而言，笼统地说，可以适用于除自然现象以外的所有社会现象。虽然它是对人们间社会关系的度量，但并不是所有的社会关系都是公平的适用对象。只有那种在一个合作的社会体系中，存在着利益差别与冲突的各方为一定的目的而结成的恒定的社会合作关系才是公平的适用对象。[53]一种社会合作体系中的利益分配，无论以什么为分配标准，都只能产生两种可能的结果：要么是平等的分配，要么是不平等的分配。因此，一种社会关系也只能有两种可能的状态：平等的社会状态或不平等的社会状态，对这种社会关系的度量也就是对这种社会关系的平等或不平等的度量。由此，可以推衍，相对于关系各方而言，从平等的角度来说，公平便有两种：

a. 无差别的公平（即平等的公平）。格式是：同样情况同样对待
b. 差别的公平（即不平等的公平）。格式是：不同情况不同对待

我们知道，在客观现实中，真正的平等是不存在的。对绝对平等的追求往好了说是一种理想，而在价值无涉的立场上说，只是一个美丽的梦幻罢了。因而，在存在诸多差别的社会现实下，由于公平更能体现不同时期、不同人们的价值追求，且具有比平等更广泛的内涵，比起平等来，使用或确定“公平”的价值取向是合理的、符合现实的。

2. 公平与效率

关于公平与效率的关系问题，即公平与效率孰优孰先或并重问题一度成为20世纪80年代末至90年代哲学、经济学、法律乃至教育等社会科学领域的热点问题之一。在众多研究成果中，我们赞同这样的观点[54]：从哲学的意义上说，公平正义是人的现实目的性追求。公平正义不同于效率，它自身直接就是人—人关系的存在，而效率则首先作为物或人—物关系存在。在社会历史—哲学中，人们直接追求公平正义，并通过公平正义的社会关系的创造性活动推动社会历史发展。从社会历史过程来看，效率是社会公平的产物，是历史的范畴，效率从社会公平正义那里获得其存在

的现实规定性。效率是属于公平的，只有在社会公平正义基础上才有可能获得真正的社会效率。而当进入（市场）经济领域时，由于一切经济领域都是以效率为归宿，因而，包括公平在内的所有其他一切存在，在市场经济的自身逻辑中，都必然服从于效率。这样，在经济自身的范围内提出公平与效率孰优孰先的问题是必然的，而且其正解有也只有一个，即效率优先于公平。不过，有必要指出，在宏观的社会经济领域，效率是基于公平基础上的，只是在经济领域中的资源、收入分配过程中才是服从效率优先的。

公平与效率关系的变化，是基于不同的角度和层次得出的必然结论。而抛开此种前提，把“效率这一原来属于人们经济活动范围的内容拔出它自身存在的土壤，被作为一个普遍的社会问题而提出，甚至在社会生活领域内获得了与公平正义一比高下的资格，这是由人们认识的混淆、失误所造成的”。[54]换言之，二者原本不属于同一层次的范畴。因而，我们有理由说，在普遍的意义上提出的“效率与公平孰优孰先”的发问本身及方式就不正确。不能作为普遍社会生活的基本指导原则，在教育、法律领域亦然。既然如此，还公平与效率的原本意义，从普遍的社会意义上说，在公平与效率之间，要把公平作为人们普遍追求的社会关系的一种价值取向。

如果把上述基本观点运用到教育领域，是否可以得出以下的结论：一是在现实的教育领域，由于存在着客观事实上的不平等，而且这种不平等是永恒的，因而，将平等作为一种现实的价值选择也必然是不合理的；二是教育作为一个普遍的社会现象，在一般的社会生活领域，尤其在当前合作的社会关系中，以公平为其衡量标尺，并不存在与效率间的矛盾。因而，学者在一般的意义上把单纯的经济领域中的“效率优先、兼顾公平”的原则套用到教育领域，使效率获得与公平相同价值的意义是不恰当的。这正如杨东平所指出的：“教育公平从社会正义、平等、自由、人权的价值中产生，是一个独立的社会发展目标。我国教育理论界过于关注教育的公平与效率之争，是经济领域‘效率优先、兼顾公平’的口号泛化的结果，也与我国‘财政视角’的教育改革路径有关。教育的公平与效率问题应当具体分析，其冲突主要表现在教育资源的配置上。在义务教育阶段，公平与效率是高度一致的，但在入学机会问题上，主要是公平、公正的制度和政策设计问题，与效率无关。”[47]经过多年的讨论，坚持义务教育领域的公平取向已得到学术界的广泛认同。

可见，从公平、平等、效率本身推衍，确立教育公平为义务教育阶段的价值取向可以说是唯一的选择，这不仅得到学术界的广泛认同，而且受到党和政府的高度关注。党的十七大报告从执政党纲领的高度，明确“教育是民族振兴的基石，教育公平是社会公平的重要基础”，“必须在经济发展的基础上，更加注重社会建设，着力保障和改善民生，推进社会体制改革，扩大公共服务，完善社会管理，促进社会公平正义，努力使全体人民学有所教、劳有所得、病有所医、老有所养、住有所居，推动建设和谐社会”。而《国家中长期教育改革和发展规划纲要（2010—2020 年）》更是把“促进公平”作为国家中长期教育改革和发展的工作方针和基本教育政策，指出：“把促进公平作为国家基本教育政策。教育公平是社会公平的重要基础。教育公平的关键是机会公平，基本要求是保障公民依法享有受教育的权利，重点是促进义务教育均衡发展和扶持困难群体，根本措施是合理配置教育资源，向农村地区、边远贫困地区和民族地区倾斜，加快缩小教育差距。教育公平的主要责任在政府，全社会要共同促进教育公平。”同时，还把“形成惠及全民的公平教育”作为战略目标的具体内容之一，阐明：“形成惠及全民的公平教育。坚持教育的公益性和普惠性，保障公民依法享有接受良好教育的机会。建成覆盖城乡的基本公共教育服务体系，逐步实现基本公共教育服务均等化，缩小区域差距。努力办好每一所学校，教好每一个学生，不让一个学生因家庭经济困难而失学。切实解决进城务工人员子女平等接受义务教育问题。保障残疾人受教育权利。”另外，围绕教育改革发展战略目标组织实施的一批重大工程也是“着眼于促进教育公平，提高教育质量”。

（二）义务教育的性质

“义务教育”用英文表示是 Compulsory Education，直译为强迫教育。从 16 世纪欧洲宗教改革运动中，被称为“国民教育之父”的德国新教领袖马丁·路德（Martin Luther）主张教育机关应该由公费设立，政府有强迫人民送子弟入学的义务之“义务教育思想”初见端倪始，至 1619 年德意志魏玛共和国公布学校法令，规定“父母应送 6—12 岁男女儿童入学，否则政府强迫其履行义务”以来，以法律的形式规定普及一定年限的义务教育已成为各国教育共同之处。简单地理解，义务教育就是依据法律规定，一定年龄范围内的儿童必须接受的，由国家、学校、社会、家庭予以保障的教育。我国《义务教育法》第二条第二款规定："义务教育是国家统一实施的所有适龄儿童、少年必须接受的教育，是国家必须予以保障的公益性事业。"义务教育之"义务"既指向儿童必须接受教育之义务，更表征国家、学校、社会和家庭对儿童受教育提供诸种条件之义务性。归纳起来，义务教育具有强制性、免费性、公共性、普及性和基础性等性质，这些性质已是教育界之共识，故而不多加论述。

其中，义务教育的公共性、基础性和普及性，决定了义务教育作为对所有适龄儿童实施的一项公益性事业，要求负有积极义务的一方——国家、学校教师等必须遵循公平的原则，从各自的义务出发，创造条件，保证每个儿童接受一定年限的教育。同时还要求这种教育对于儿童个人来说应是与其能力和需要相称的，相对于关系各方来说则是同等对待的。《义务教育法》第四条关于"无差别教育"的规定以及第六条关于均衡发展和对弱势群体接受义务教育的原则性规定无不蕴涵着公平的意味。①

第二节 相对合理的教育公平观之确立

一、教育中的公平与公平观

公平作为一种主观价值判断，是相对于个人与其自身或关系各方而言的。[53]当我们说一种关系是否公平时，显然是在比较个人或特定群体之间的关系的意义上说的，其实质就是指人们根据一定的标准（"应得"）对某种现状（"实有"）的评价。如果某人或某个群体经与其自身或关系各方比较后，发现他（或他们）的"实有"与其"应得"一致，那么就会认定为公平的；反之，则会被认定为是不公平的。当我们说一种关系不仅

① 《义务教育法》第六条："国务院和县级以上地方人民政府应当合理配置教育资源，促进义务教育均衡发展，改善薄弱学校的办学条件，并采取措施，保障农村地区、民族地区实施义务教育，保障家庭经济困难的和残疾的适龄儿童、少年接受义务教育。国家组织和鼓励经济发达地区支援经济欠发达地区实施义务教育。"

公平且合理时，意指这种公平不仅满足关系各方的利益，而且不损害社会整体利益，甚至能增进社会整体利益，寻求个人利益与整体利益的增进。由于个人之间需求与目的上的差异导致的利益期望、价值偏好的不同，对公平的理解与认同也不一样。那么，在一个存在利益冲突与价值偏好的社会，一个公平的方案或有利于所有人的方案如何可能？即什么样的社会关系是公平的？这时我们会发现：当我们说“××是公平的”时候，它已经不属于公平的范畴，而是公平观的问题。是否可以得出这样的结论，即相对于公平来说，公平观显得尤为现实和重要。表现在教育领域，就是要确立被大多数人普遍认同的相对合理的公平观，即阐明“到底什么样的教育才是公平的教育”的问题，并试图将这种观念运用到义务教育领域，以考察义务教育制度安排和教育现实运作中的公平现状。

到底什么是教育公平，如何给教育公平下一个具有普遍意义的、正规而又正确的定义？由于教育主体的多样性和公平的主观性与复杂性，我们很难穷尽与教育公平相关联的关系各方的“应得”与“实有”，并对关系各方的“应得”及其“实有”之间的一致性作出评价，因而，我们很难、甚至也不可能对“教育公平”作正规的概念性的界定。基于我国教育公平的现实，我们把教育公平作为一种事实和现象，进而把教育公平概念当作一个简单的、不可定义的原初概念来接受。从外延的角度，我们认为教育公平包括两部分：教育的公平和公平的教育。[①]“教育的公平”对应的是“政治的公平”、“经济的公平”。它是把教育看作社会的子系统，考察的是作为社会现象的“教育”的公平，是社会公平在教育中的延伸和体现，是教育的一种外部公平，主要涉及宏观层面的权利享有、教育机会和教育资源的合理分配等问题。“教育的公平”要求我们在讨论教育公平问题时，必须把“教育”放在广阔的社会背景下，在教育与社会政治、经济制度的联动中予以考察。“公平的教育”对应的是“不公平的教育”，主要基于个体发展的角度，考察的是教育的一种内部公平。如果不同的个

① 本文对教育公平外延的讨论受到冯建军先生的启发。他在《制度化教育中的公正：难为与能为》一文中将公正的教育分为教育的公正和公正的教育两部分。参见：冯建军．制度化教育中的公正：难为与能为［C］//教育公平与社会变革．2006 年全国教育哲学年会专业委员会第十三届年会暨教育哲学国际研讨会会议论文集，2006：174－180.

体或特定群体切实感受到其教育上的“实有”与“应得”相一致，则可以说基本达成了教育公平，反之就是不公平的。比如，我们从公民与政府之间关系的意义上理解教育公平。在特定的历史时期，如果政府作为举办者和管理者，在教育公共政策的制定、教育机会分配、教育资源配置的过程中，兼顾到不同个体和特定群体的利益，最大限度地实现公共教育资源的合理安排与有效利用，促进和保障不同个体和特定群体在教育实践活动中的“实际享有”与其“应得”相一致，并最终使每一个个体获得适合其自身发展的、好的教育，则可称为是一种“公平的教育”，教育公平得到了实现。可见，教育公平问题的讨论离不开对不公平的教育（也称为教育不公平）现象与问题的讨论。

“教育的公平”与“公平的教育”二者之间是有密切联系的。外部的社会意义的“教育的公平”为内部的教育公平扫除障碍，创造了条件。而内部的“公平的教育”则是“教育公平”的内在规定性，只有实现“公平的教育”，真正意义上的“教育的公平”乃至社会公平才能渐次达成。这也从一个侧面揭示了教育公平与社会公平的关系，即社会公平是教育公平的重要前提和基础，教育公平是社会公平的重要组成部分。我们在理解教育公平概念时，是在“教育的公平”框架下聚焦于“公平的教育”，着力探讨一种“公平的教育”如何实现。倘若我们指出教育政策或者教育实践中的“××是公平的”、“××是不公平的”时（如某些人认为靠权钱择校是不公平的，而另一些人却认为这是公平的），这已不再是教育公平的问题，而是教育“公平观”的问题。因为在说“××是公平的”时，其前提条件是在作出此种价值判断者的意识中已存在着一个关于“××是公平的”观念或标准。因而，比起教育公平来，探讨并确立相对合理的公平观便显得尤为重要。

在已有的关于教育公平的研究中，除了对教育公平概念的静态意义上的探讨以外①，也有学者从“自由主义价值观”和“新契约论”对教育

① 这部分内容主要参考了以下文献：谈松华．我国现阶段的教育公平问题［J］．教育研究，1994（6）：14－18，40．／李立国．教育公平辨析［J］．江西教育科研，1997（2）：21－22，11．／胡婷．中国教育的公平与效率问题初探［J］．教育理论与实践，1997（3）：16－20．／郑晓鸿．教育公平界定［J］．教育研究，1998（4）：29－33．等。

公平的不同理解来谈素质教育中的公平问题[45]，认为素质教育中的公平，一方面要平等地提供教育资源；另一方面还必须给予不利儿童以补偿教育，只有这样，才能真正达到其“面向全体”、“全面协调发展”的目的。这种立论在一定意义上体现了公平作为一个历史范畴，其内涵演变的过程，迫使我们关注不同历史时期不同主体对于教育中公平的认识与理解。

恩格斯早在1859年出版的《卡尔·马克思〈政治经济学批判〉》中便阐明研究政治经济学的方法，即“历史的与逻辑的相统一”的方法。恩格斯指出：“历史从哪里开始，思想进程也应当从哪里开始，而思想进程的进一步发展不过是历史过程在抽象的、理论上前后一贯的形式上的反映。”[9]122这一方法论同样适用于我们对教育中公平观问题的研究。我们在此从历史上几种不同的公平观对教育的影响入手，尝试确立相对合理的教育中的公平观，并以此为标准（或者说范本）来考察我国义务教育阶段与受教育权利相关的现实问题。

二、公平观的历史考察及其对教育的影响

由于公平是哲学、政治学、伦理学、经济学等不同学科共同关注的课题，妄图寻求一种完全一致的观点又是不可能的，但作为一种观念和理论，其由历史所决定的内在逻辑性又必然是一致的，因此从某一领域的演变中可窥一斑。为了研究的方便，我们主要以经济学领域、特别是分配中的公平观演变为主加以分析。纵观公平的历史发展，主要有保守主义的公平观、自由主义的公平理论、功利主义公平观、新契约论理论和马克思主义的公平观。而每一种公平观都在不同程度上影响着人们对于教育中的公平的认识、理解和选择。

（一）保守主义公平观

保守主义公平观盛行于商品经济尚未发达的非市场化时期，主要是以等级、身份为标志的。柏拉图的理论是这一观念的代表。由于社会是分等级的，要求各遵其道、各守其分。因而，按照每个人的身份、等级进行分配便是公平的、合理的。

这种公平观表现在教育领域便是教育的等级制。西方工业革命以前以及我国漫长的封建社会都是这种公平观占主导地位。因而，教育中的等级

制、双轨制在当时看来是公平的、合理的。而今，这种公平观因其失去了存在的土壤，自然也消亡了。

（二）自由主义公平观

自由主义公平观是以自由市场经济理论为依据的，以罗伯特·诺兹克（Robert Nozick）为代表。诺兹克将其自由主义的公平分配概念置于以下一条浓缩了的口号中："各尽其所自行选择，各按其选择取其所得。"[55]按照他的观点，"正义①不在于任何具体的分配结果，而在于不受阻碍地运用某种公平的程序"。[56]352 可见，自由主义公平观是基于一切人起点（出发点）是平等的理念，在程序公平的前提下，最大限度地扩大个人的行动自由，鼓励自由竞争，而不管结果平等与否。[57]

这一公平观表现在教育领域，便是以法律上规定的人人具有平等的受教育权利为依据，主张每个儿童平等地享有教育资源；教育机构必须为每个儿童提供平等的教育条件，使其在起点上一律平等。同时，在提供平等的机会之前提下，强调个体的主动性、积极性。认为只要设定的竞争程序、规则、标准是同一的，或者说是被大多数人认同的，不管这种标准是分数还是金钱，只要标准、程序同一，基于这种程序进行自由竞争，竞争结果即使相差悬殊也是公平的。国家或政府只在于制定合理的教育竞争规则，保证程序的合理即可，无需多加干涉。这种"一视同仁"看似公平，但它忽视了儿童个体间天赋等差别的存在，必然导致结果的不平等。尤其对于那些天生处于不利地位的儿童来说，是极不公平的。可见，这种公平观是有利于强者的公平。因而也是不合理的。

（三）功利主义公平观

古典的功利主义公平观以杰里米·边沁（Jeremy Bentham）、詹姆斯·穆勒（James Mill）为代表，其理论是建立在人生来就是趋乐避苦的人

---

① 公平的适用对象是存在利益差别与冲突的各方为一定目的而结成的恒定的社会合作关系。而超出公平适用范围之外的社会关系都可以用正义来衡量。从罗尔斯"作为公平的正义"的提法本身可以看出，正义的论域包含公平，且宽于公平。参见：陶万辉．公平观与公平的概念界定［J］．哲学研究，1996（4）：24-31.

性论的基础上，认为只要一种规则、行为有利于最大多数人的最大利益，则这种规则、制度、行为选择、分配方法就是公平的。绝大多数功利主义者默默地或公开地采用的原则是单纯的平等原则，如边沁提出的公式："每个人只能当做一个人，没有人可以当做一个人以上那样对待"。而且这一原则似乎是唯一不需要特别确证的原则。因为，正如我们所看到的那样，如果没有明显的理由可以用与对待别人不同的方法对待一个人，那么，用对待别人的方法对待他一定是合理的。否定的形式表达为："如果用对待B的态度来对待A不可能正确，那么用对待A的这同一态度对待B就是错误的。根据仅仅在于：他们是两个不同的个体，但他们的本性和情况却没有什么不同，只有本性和情况的差异才可以表达为区别对待的合理根据。"[56]148-149可见，功利主义的公平观是建立在"善的数量"的基础上，只要有利于大多数人的利益就是善的、公平的，且默认了个体间本性和情况是相同的理论前提。

这种公平观在教育上的最大运用便是班级授课制。班级授课制产生之始便是有利于普及教育的，同时默认了一个前提：年龄大致相仿的儿童其个性、智力及其表征的理解力、接受能力是相同的，因而，是有利的、公平的。然而，不言自明的是：即使年龄相同的儿童，其智力、个性等的差异也是存在的，采用同一方法、统一教材的班级授课制对个体差异较大的儿童来说是极不公平的。尽管在数量上普及了，但就个体自身来说，是不合理的。如果以常态分布为例说明的话，功利主义的公平观有利于常态分布中的常态部分，而无助于非常态两端的强者和弱者。因而，相对于每一个儿童的全面发展来说，这种大众公平观同样是有缺陷的。

（四）新契约论公平观

该公平观以约翰·罗尔斯（John Rawls）为代表，以社会契约论为基础，建立在个体处于"无知的面罩"之"原初位置"的假设之上，强调了基本自由和机会均等。关于具体的公平分配，他提出了"差异原则"作为准则。认为，在原初状态中被选择的两个作为公平的正义原则是[58]：

第一个原则：每个人对与所有人所拥有的最广泛平等的基本自由体系相容的类似自由体系都应有一种平等的权利。

第二个原则：社会和经济的不平等应这样安排，使他们：

（1）在与正义的储存原则一致的情况下，适合于最少受惠者的最大利益；并且，（2）依系于在机会公平平等的条件下，职务和地位向所有人开放。

其中的第一个原则通常被我们称为“自由权利原则”；第二个原则之（1）被称为“差别原则”，原则之（2）被称为“机会公平原则”。

新契约论的公平观给我们提供了一个崭新的视角，它既强调自由公平机会下的自由竞争，又强调了对弱者的差别补偿。因而，相对于其他公平观来说，新契约论的公平观相对较为合理。这一公平观表现在教育领域，便是在强调人人具有平等的受教育权利的前提下，鼓励教育中的机会均等和公平竞争。同时，又照顾到因天赋、经济条件、文化背景等原因而最少受惠者，即我们通常所说的不利地位儿童的最大利益。这一点对国家提出的要求是要强调政府对教育的积极干预，调动教育资源向处境不利地位的儿童倾斜，以保证他们实质上享有教育资源，只有这样才能达到正义的平等。美国在1966年开始实施的“开端教育计划”，即是对贫困儿童的补偿教育[59]，我国的“两免一补”政策同样是这种补偿原则的典型表现。另外，在实际的教育教学过程中，对学习成绩不理想的学生或智力存有一定障碍的儿童，如何提供更多的时间，弥补其接受能力的不足，也是新契约论公平观对教师提出的必然要求。

（五）马克思主义公平观

“各尽所能、按需分配”是马克思主义公平观最经典的表述。但其前提条件是：在共产主义社会高级阶段上，阶级和国家的消亡，“而集体财富的一切源泉都充分涌流之后”。[8]正如恩格斯在《反杜林论》中指出的：“无产阶级平等要求的实际内容都是消灭阶级的要求，任何超出这个范围的平等要求，都必然要流于荒谬。”① 由此，在当前的社会现实下，马克

① 原文是这样：“在共产主义社会高级阶段上，在迫使人们奴隶般地服从分工的情形已经消灭之后；当脑力劳动和体力劳动的对立也随之消灭的时候；当劳动已经不仅仅是谋生的手段，而且本身成了生活的第一需要的时候；当随着个人的全面发展生产力也增长起来，而集体财富的一切源泉都充分涌流之后，——只有在那个时候，才能完全超出资产阶级权利的狭隘眼界，社会才能在自己的旗帜上写上：各尽所能，按需分配！”参见：中共中央马克思恩格斯列宁斯大林著作编译局．马克思恩格斯选集：第三卷［M］．北京：人民出版社，1972：136．

思主义的公平观能也只能作为一种“运动目标”而存在了。表现在教育领域，便是“使教育适合每个儿童的需要，使每个儿童获得适合其身心发展的教育”，即全体儿童的全面发展。这正是我们的教育目的或者说教育中的理想目标，是我们要努力的方向。

以上五种公平观各有其社会历史性，因而也具有一定的现实性。相对于这些具体的、现实的公平观外，早在古希腊时期亚里士多德就提出了带有“形式”意味的公平观，即一切正义（公平）理论共同承认的最低限度的原则——“同样的情况应当同样对待”，或者使用平等的语言来表达：“平等的应当平等地对待，不平等的应当不平等地对待”。由于该公平原则不陈述“平等的应当平等地对待”中“平等”的具体方面，仅仅主张无论哪一个方面都应在考虑之中，只要人们在这些方面是平等的，都应受到相同的对待。[56]330-331因而，这一公平观通常被称为“形式上”的平等原则。这一原则实际上与前文公平含义中谈到的公平所包含的“无差别的平等的公平”和“差别的不平等的公平”是一致的。由于对任何事物、任何时候都不考虑其差别，采取同等对待的态度实际上是不公平的，因而，公平的形式原则具有更广泛的意义。虽然它是一切公平理论必须遵循的最低原则，实质上也是一切公平理论所要实现的最高理想。

这种形式原则运用到教育领域，要求我们明确并遵循的最低原则是：同样的学生应当平等对待，使其接受同样条件的教育；不同的学生应当接受不同的教育，使其获得各自应当有的不同程度的发展。当然，“同样的学生”之“同样”到底指哪些，“不同的学生”之“不同”如何体现，也很难有确定的标准。加之，即使在政府、学校、教师那里看似同等（或不同），而在学生及其父母看来，会因其主观价值判断和偏好的不同而存有异议。这也正是将其确立为“形式原则”缘由之所在。其意义在于包括国家、政府在内的教育相关各方必须力求遵循这一原则，用以指导教育实践。

三、确立相对合理的义务教育公平观之基本原则

由于公平观本身决定了它能也只能作为一种观念存在，这决定了与其说确立公平观，不如说确立义务教育公平观之“原则”更合理。因

而，“义务教育中应确立什么样的公平观”的问题便可转换成“确立义务教育中的公平观应遵循的基本原则是什么”的问题。确立我国义务教育公平观的基本原则，要求我们在遵循公平观的历史与逻辑相统一原则，以及“最低限度”的“形式原则”的基础上，基于现实的维度，综合考虑我国当前的社会背景、教育目标以及儿童个体间的差异等各个方面。

（一）形式原则

确立义务教育中共同的、最低限度的（实际上也是最抽象、最概括的）公平观就是“同样情况同等对待，不同情况不同对待”的形式原则。这一形式原则具体分解为两个原则：

形式原则一．无差别、平等的教育公平
形式原则二．差别、不平等的教育公平

形式原则一是“基于公民资格标准的教育公平”。“公民资格标准”阐明的是：只要某一个体具有“公民”的资格，就应该获得与其他社会成员同等的公共教育资源。这意味着：从形式上说，法律应规定公民享有平等的受教育权利；从实质上说，每个公民实实在在获得了同等的教育机会。这一原则通常以“人人享有平等的受教育权利”为表述内容，这几乎是所有国家共同性的法律规定。但必须明确，这种法律权利并不等于现实权利，或者说并不必然转化为现实权利。例如，由于种种原因，我国进城务工人员随迁子女尚未与城市学生享受到同等的教育对待，这一现状被判定为教育中的一大不公平。

形式原则二是“基于需求标准的教育公平”。“需求标准”阐明的是：如果公共教育资源的配置能够满足“我的”教育需求就是公平的，这也是马克思主义“各尽所能、按需分配”的公平观在教育领域的体现。公众对与“就近入学”政策相伴而生的“择校生”政策的褒贬不一，正说明了不同教育需求的家长对教育公平的不同理解。因为任何一个个体都有理由获得他认为“好的”、“适合其发展”的教育。在人们根本没有机会接受教育的年代，只要“有学上”就可以了，而到了基本教育需求得到满足，即“有学上”之后，任何个体都会萌生出“上好学”的想法。而对“好的”教育之“好的”理解的不同，使得教育需求表现出多样化的特点，这也促使政府提供可选择性的教育资源，不断致力于更加公平的教育。因为人们的教育需求是无止境的、多样的。也正因为如此，改革开放三十多年来，虽然公民的各种受教育机会和受教育水平大为增加，但很多人非但没有感到满足，反而觉得教育更加不公平。换言之，对教育不公平的抱怨和责难更甚，这更凸显了教育公平的历史性、过程性和永恒性。可见，这种公平观侧重在结果的平等上，强调坚持教育中的可选择性原则。

（二）现实原则

1. 机会平等的公平原则

这一原则的提出主要基于我国当前的社会背景。由于教育资源的有限性与个体教育需求的无限性之间的矛盾、区域性教育不平衡的现实、儿童自身差异的存在以及教育自身的选拔和促进功能，决定了现有的教育资源不可能做到完全平均主义。因而，只能坚持机会向所有人开放，并保证每个人有同等的机会参与公平竞争。机会平等在义务教育中主要表现在以下两个方面：第一，起点上的平等，就是我们平常所说的入学机会的平等。要求贯彻无差别、平等的公平观，保证每个儿童都有接受教育的可能性。第二，竞争中的机会平等。如果用“根据 X 获得教育”这样的公式来表示的话，在现代社会体系和条件下，“X”应是“能力”或“才能”，主要通过“学习成绩”来表示，而不是“金钱”或“地位”。它要表达的是一种“基于能力标准的教育公平”。“能力标准”阐明的是：应该根据个体的能力大小而不是根据身份、等级来配置公共教育资源。表现在教育实践中便是“分数面前人人平等”，即如果个体对教育资源的享有是根据成绩而非通过权钱交易实现的，就是公平的，其前提是对能力认定的标准、竞争的程序和规则应是被公众认同的。这必然要求国家通过教育立法提供免费的义务教育或补助金制度，使儿童免受能力之外的因素所扰，获得大致相同的教育和成就前景。

2. 弱势补偿原则

这一原则的基本含义是挑选出处于社会不利地位的阶层，从这一不利阶层的特殊地位来看问题，以是否能最大限度地满足这一不利阶层的利益为标准来确定教育的分配，旨在使处于社会不利地位的儿童或群体受到特别对待，以实现最底线的起点上的公平。义务教育中的弱势群体通常是指由于某些身体上的障碍或者因为缺乏经济、社会和文化资本而不能平等享有受教育机会或优质教育资源的群体，主要包括家庭经济困难学生、残疾儿童、女童、进城务工人员随迁子女、偏僻地区儿童等。“教育的分配”不仅指宏观的教育资源上的分配，也包括微观的教育课程、教育内容和教育方法上的相应考虑。

3. 可选择性原则

这一原则是基于马克思主义的公平观以及教育中“使每个儿童获得最大限度的发展”的理念确立的。比起机会平等的公平原则和弱势补偿原则，可选择性原则属于更高层次的目标原则，是上述自由竞争原则和弱势补偿原则的概括。对于儿童来说，接受可选择性教育，必然要求国家、政府和学校各方从教育外在事项和教育内在事项等各个方面予以关照。

形式原则和现实原则二者之间，前者是作为一种抽象、概括的理念存在，是后者确立的基础。同时，形式原则对教育实践的指导作用需要通过现实原则来体现，现实原则在具体化的过程中同样必须努力遵循形式原则的理念。

第三节　义务教育阶段的教育公平问题

一、机会均等原则下的受教育权利状况

从法律规定来看，我国的所有儿童是具有平等的受教育权利的。但这种法定权利并不必然转化为现实权利，成为每一个儿童真实的权利享有。任何一种法定权利的内容在其实现过程中都不可避免地难以保持自身的统一性或一致性，具有可变性，表现为不同时期的同一主体，其权利实现程度的不同。这种特定的法定权利在实现过程中，其基本内容全部或部分丧失，就是权利缺损。当法定权利内容全部丧失便是“无”权利，或者说是“被剥夺了”、“事实上的不存在”；部分丧失是就其实现的程度而言，即权利没有得以完全实现。一般来说，造成权利缺损现象的原因很多，既有权利剥夺者的客观因素，也与权利主体自身客观条件以及对该权利的内

容、实现条件存在着认识上的局限有关。[60]不管何种原因，权利缺损只有通过权利救济才能得以补偿。从这个意义上理解，到了法定的入学年龄却未能入学的儿童，其受教育权利是“无”的、被剥夺了的，是完全意义上的受教育权利缺损。根据《中国教育统计年鉴》统计，我国小学适龄儿童入学率，在1980年是93.0%，1990年是97.8%，2000年是99.1%，到2008年是99.54%（小学学龄儿童净入学率）。虽然入学率不断增加，但仍然有一小部分适龄儿童未能入学接受教育。除有极其个别的在家里学习之外，从纯粹的意义上说，这一部分儿童的受教育权利便是完全缺损的，他们在最基本的起点上便受到不平等的待遇。而这其中，处于社会不利地位儿童的受教育权利更容易被剥夺。即便是入学的儿童，也会因各种原因出现所谓的失学、辍学等现象，这已成为近年来教育界关注的焦点问题之一。除此之外，让公众感受到强烈的教育机会不平等的则是城乡之间、区域之间和校际之间经费投入和办学条件存在较大差距，儿童不能平等地享受义务教育资源。比如，在经费投入方面，东、中、西部义务教育投入存在明显差距。2005年，东部地区初中生均预算内事业费平均为2226元，中部地区为1196元，西部地区为1208元。省际之间义务教育投入也有较大差距。据统计，2005年上海市生均预算内教育事业费小学为7941元、初中为8422元，而河南省的小学和初中分别为744元和908元；到2008年，上海市生均预算内教育事业费小学为13016.14元、初中为15473.62元，而河南省的小学和初中分别仅为1640.03元和2436.20元；各级教育生均预算内公用经费方面，2008年，北京市的普通小学是4271.47元，初中是5796.73元，而河北省普通小学和初中分别仅为540.17元和757.71元；在办学条件方面，无论是学校教育教学、生活设施设备（包括校舍质量、实验仪器设备、课程设置、藏书量）还是师资队伍，城乡之间、校际之间都存在明显差距。① 再如，目前全国仍有30万左右的代课教师，他们主要分布在农村地区。在2009年广受媒体和社会各界关注的清退代课教师事件中，暴露和揭示出来的他们的生存状态是

① 数据来源于教育部、国家统计局和财政部发布的2005年和2008年的全国教育经费执行情况统计公告。

教育不均衡发展的真实写照。①

到底是什么原因导致儿童受教育权利缺损？已有的教育学研究大多在教育机会均等或教育公平的命题下，指出国家教育投入不足、教师教育教学质量、家长的教育观念以及文化、传统习惯上的诸种原因。这固然不为错，但从法律权利的意义上说，儿童作为义务教育的权利主体，其权利的缺损必然与其相对方义务是否履行以及履行的程度有关。这样就有必要对每个义务主体（也是权利行使的主体）与儿童构成的权利义务关系及其权利行使过程加以分析，并从法律救济的角度为儿童缺损了的权利补偿提供建设性意见。

二、弱势补偿原则之于受教育权利的意义

（一）宏观补偿——教育外部条件的补偿

针对当前教育投入不足、教育不均衡的现状，国务院与地方各级人民政府如何明确分担责任，依法增加对教育经费的投入、致力于教育发展相对落后地区和薄弱学校教育教学条件的改善、保障弱势群体的教育福利等都是极其重要的。改革开放三十年来，我国政府针对弱势儿童的不同情况，出台了大量的政策以保障社会弱势儿童的受教育权（详见表5），主要有：针对国家贫困地区采取的特殊扶持政策（如国家自“九五”以来，专门针对贫困地区启动了“国家贫困地区义务教育工程”、“对口支援工程”和“西部地区‘两基’攻坚计划”），为保障农村地区义务教育阶段

① 关于代课教师的数据分别来源于教育部2006年3月27日的第6次例行新闻发布会文字实录和2008年教育部2008年2月25日的第2次例行新闻发布会。在2006年3月27日的例行新闻发布会上，新闻发言人王旭明指出：“截止到2005年为止，据我们的统计数字，中小学代课教师目前在全国约有44.8万人。这44.8万人分布情况其中分布是在农村公办中小学的大约有30万人，占农村公办中小学教师总数的5.9%。”在2008年2月25日的例行新闻发布会上，新闻发言人谢志敏指出：“据我们了解，到2007年底，全国中小学的代课人员是37.9万人，比2006年的42.8万，减了4.9万人，是逐年递减的趋势。代课人员主要是在农村，而且主要是在农村的小学。代课人员的产生原因很复杂，涉及多个方面，比如编制问题，农村教师的编制问题，有些地区有教师编制，但却不能及时补充新教师，还有因自然条件艰苦等原因一些教师的稳定问题，以及其他一些方面的问题。”参见：中华人民共和国教育部门户网站“新闻发布”栏目，网址：http://www.moe.gov.cn/publicfiles/business/htmlfiles/moe/moe_2126/index.html. 2010-12-26 访问。

表5 弱势儿童群体受教育权保障政策简表

事项 / 对象	政策名称	主要内容
贫困地区（含少数民族地区）	国家贫困地区义务教育工程	“九五”期间，重点投向《国家“八七”扶贫攻坚计划》中确定的592个贫困县，优先投向革命老区和少数民族地区。“十五”“十一五”期间主要在中西部若干个县级单位实施。主要用于修建校舍，购置教学仪器设备、图书资料和课桌凳，培训师资等。
	对口支援工程	包括“东部地区学校支援西部贫困地区学校工程”和“大中城市学校对口支援本省贫困地区学校工程”，要求从教师和资金、物资上给受援学校和地区援助。
	西部地区“两基”攻坚计划	从2004年到2007年，用4年时间帮助西部地区尚未实现“两基”的372个县（市、区）以及新疆生产建设兵团的38个团场达到国家“两基”验收标准。其中包括“农村寄宿制学校建设工程”、“农村义务教育阶段学校教师特设岗位计划”和“农村中小学现代远程教育工程”。
家庭经济困难学生	“两免一补”政策	2003年《国务院关于进一步加强农村教育工作的决定》中指出：中央财政继续设立中小学助学金，重点扶持中西部农村地区家庭经济困难学生就学，逐步扩大免费发放教科书的范围。各级政府设立专项资金，逐步帮助学校免除家庭经济困难学生杂费，对家庭经济困难的寄宿学生提供必要的生活补助。
	国家助学金政策	1995年，教育部出台《关于健全中小学学生助学金制度的通知》，明确：在初级中等学校（含职业初中）和部分小学（主要是由困难的少数民族地区、其他贫困地区和需要寄宿就读的地区）实行助学金制度。1997年，《国家贫困地区义务教育助学金实施办法》发布，明确：设立国家助学金，主要用于资助义务教育阶段的贫困学生。

续表

事项/对象	政策名称	主要内容
残疾儿童	特殊教育学校建设投资专项	1989年起，国家设立特殊教育学校建设投资专项，用于补助地方特殊教育学校校舍建设；2007年的《“十一五”期间中西部地区特殊教育学校建设规划》中明确：以改善特殊教育学校基本办学条件，提高教育质量为重点，有计划、有步骤地推进中西部地区特殊教育学校建设，努力普及和巩固有学习能力的残疾儿童少年九年义务教育，加快实现区域内义务教育的均衡发展，促进教育公平。
	随班就读政策	1994年7月，国家教委印发《关于开展残疾儿童少年随班就读工作的试行办法》，指出：残疾儿童少年随班就读有利于残疾儿童少年就近入学，提高残疾儿童少年的入学率，残疾儿童与普通儿童互相帮助，促进特殊教育和普通教育有机结合。
	助学项目	“十五”期间，中国残联和教育部相继开展了“中西部盲童入学项目”、“扶残助学项目”、“彩票公益金助学项目”等，共资助贫困残疾学生近5万余人次。
女童	女童就学保障政策	1996年发布《关于进一步加强贫困地区、民族地区女童教育工作的十条意见》，要求各级政府要不断改善女童教育的条件和环境，为女童创造就学条件；广泛动员社会力量参与女童教育，发挥希望工程、春蕾计划在促进女童教育工作中的作用。
进城务工人员随迁子女	“两为主”政策	2001年的《关于基础教育改革与发展的决定》明确：以流入地政府管理为主，以全日制公办中小学为主，依法保障流动人口子女接受义务教育的权利。2006年的《关于解决农民工问题的若干意见》进一步指出：“两为主”，按实际在校人数拨付学校公用经费。不得违反国家规定向农民工子女加收借读费及其他任何费用。

家庭经济困难学生受教育权而采取的“两免一补”政策，针对残疾儿童的“助学项目”、随班就读政策，针对进城务工人员随迁子女的“两为主”政策，针对女童的助学计划等，已形成了相对全面的救助政策体系。但“两免一补”和“两为主”等政策本身还存在很多纰漏，家庭经济困难儿童和进城务工人员随迁子女受教育权尚未得到全面保障，成为当前教育不公平的又一突出问题。如对寄宿学生补助的生活费并不能满足学生的正常支出，“寄宿”加重了家庭的生活负担，导致部分学生因上学远、上学贵而辍学。免除学杂费政策亦然。政策受益群体仅限于在公办学校就读的学生和在接受政府委托、承担义务教育任务的民办学校就读的学生，在其他民办学校（包括打工子弟学校）就读的学生没有享受到这一政策。另外，部分进城务工人员随迁适龄子女不能按时上学，已上学的儿童绝大部分上不了重点公办中小学，更有部分儿童在校舍和卫生条件存在安全隐患、师资力量和教育教学设施设备都不达标的未经批准的流动人员自办学校接受教育，使得相当一部分进城务工人员随迁子女无法享受到与城市儿童同等水平的义务教育。《学会生存——教育世界的今天和明天》中有这样一段话值得我们思考：“……同公平合理完全相反，那些最没有社会地位的人们往往享受不到受教育的权利——在这方面现在文明过早地引以为荣了。在一个贫穷的社会里，他们首先是被剥夺权利的人；而在一个富裕的社会里，他们是唯一被剥夺权利的人。……不管教育有无力量减少它自己领域内个人之间和团体之间这种不平等的现象，但是，如果要在这方面取得进步，它就必须事先采取一种坚定的社会政策，纠正教育资源和力量上分配不公平的状况。”[36]101-102

（二）中观补偿——课程上的“颠倒霸权”

相对于外部的教育条件来说，进入到教育过程中，教育课程中的公平便成为中心问题。由于一般的课程是围绕着社会中最有利集团的利益构建的，即所谓的霸权课程[61]，这种课程对处于弱势地位的儿童来说是很不利的。对这种霸权课程的批评，表现在西方，则是反霸权课程或者说颠倒课程中的霸权。在我国，则表现为学术界对课程中的城市中心取向的批评。“无视城市和农村儿童、发达地区和贫困地区儿童在教育环境、教育资源上的巨大区别，主要以城市学生的学力为依据制定的全国统一大纲、统一教材和统一标准，对农村和边远地区的学生无疑是很不公正的。”①具体到西部偏远贫困少数民族聚居区，“现行主流社会的单语教学的观念、学制、教师、教材和教学方法模式无法满足偏远贫困少数民族聚居区少数民族学生对地方性知识的掌握和地方社区对人才的需求”，导致了“基础教育不基础”[62]的结果。尽管始于2001年的国家基础教育课程改革，提出课程改革的具体目标之一是要改变课程管理过于集中的状况，实行国家、地方、学校三级课程管理，增强课程对地方、学校及学生的适应性，但鉴于各地统一中考、全国统一高考的现实，课程中的霸权问题在短时间内难以得到有效解决。到底应该如何改革现有的课程结构，照顾到农村儿童的利益，使今天的农村教育在“为升学的教育”和“为城市化的教育”之外，真正发挥“为农村的教育”的功能，为农村本地的发展培养有用人才，而非单纯的“少爷教育”、“小姐教育”、“书呆子教育”[63]，这既是课程改革要解决的问题，也是补偿教育中的重要课题。

（三）微观补偿——教学过程中的补偿

儿童之间是存在个别差异的，这些智力、个性、学习能力、身体状况各不相同的活生生的个体，在班级授课制的教学组织形式下，如何获得充分的发展？尤其对那些学习不及一般水平的儿童，教师应采取何种态度予以特别关照，在教育教学过程中补偿其在学习上的某种“不能”，是十分重要的。尽管补偿原则要求我们对所谓的学习成绩不好的“差生”多倾斜，有学者形象地说成是要“走进‘低分部落’”[64]，但实际教学过程中，我们的教师是怎样对待所谓的“差生”的，这一方面涉及班级授课制对儿童受教育权利之最大发展的合理性问题，另一方面也涉及应建立何种教学过程观的问题。

三、可选择性原则与儿童的受教育权利

可选择教育原则应用到儿童的受教育权利领域，就是要确立可选择性

① 本部分内容可参考下列文献：杨东平．对我国教育公平问题的认识和思考［J］．教育发展研究，2000（9）：14－17．类似的文章还有：魏曼华．教育内容城市化：精英教育还是大众教育？［J］．中国教师，2004（5）：5－6．/郑新蓉．故事与反思：教材在农村遭遇的尴尬［J］．中国教师，2004（5）：10－11．

的教育。而且，这里的可选择性既要作为一种教育理念，也要成为一种教育制度，用以指导具体的教育教学实践。多布赞基斯（Dobzhansky）曾用悖论的方式对教育面前机会均等的问题加以阐述："既然人是一些个体且不能分为一些'型号'，既然人与人之间都有差别，机会均等因而是必不可少的。"但机会均等并不是指对待上的平等。人在遗传学方面形成的差别使机会均等变得更加可以适应；为了促进这种适应，应当使每个人都有同样的机会实现其特有的潜力。[65]另外，在当前，影响到哲学、社会科学诸领域的后现代主义思潮，同样对现代教育提出了全面的否定，阐明可选择性教育的必要性。"有些后现代主义教育学者认为，现代性下的教育倾向于英才教育，甚至在一些大众教育已占主导地位的国家中，其最终的倾向也是排斥大众教育而不是包容它。尽管各个国家有义务教育的措施，也有强调共享教育的教育民主化和平等化的修饰性文字，但其真正的用意是鼓励更多的民众接受我们准备批判的现代性状况下的英才教育。后现代时期的教育则不一样，它植根于各种文化背景、各种局部性和特殊性的知识，以及各种各样欲望上，它还很重视作为'生活方式'的一个内在组成部分的学习经验，它必须构建一种新的教育方式，以使不同背景下的学习者能以不同的方式，最大限度地享受教育。"[66]

我国当前的义务教育制度在可选择性方面颇为复杂，主要表现在四个方面。（1）教育形式的选择自由方面，我国法律明确规定，适龄儿童应当入学接受义务教育。因其是"应当"，而非"必须"，说明儿童可以不选择进入学校接受教育。（2）在选择什么样学校的问题上，是可以在公立学校和非公立学校之间进行选择的。但在公立学校内部，法律规定实施就近入学制度，儿童在公立学校之间没有选择权。但教育实践领域非正常的"以权择校"、"以钱择校"的择校现象却大量存在。（3）在教育课程及教育内容上，采用国家统一规定的教材，基本排除了一般教师、父母及公众对教育内容的参与和选择权。（4）在教育管理上，儿童一般是作为被管理的对象，被编入既定的教育组织、管理结构中，无选择地接受一切既定的安排……凡此种种，虽然体现了"同样情况同样对待"的无差别公平原则，但没有考虑到差别的公平原则所要求的有选择性教育，故而是不公平的。换言之，即使每个儿童都能入学接受教育，如果提供给儿童的是不能满足其要求、不能使其获得最大限度发展的教育的话，也不能说儿童的受教育权利就得到实现了。当然，这涉及判断儿童受教育权利实现的标准问题。从现实的公平理念出发，我们说，如果每个儿童都能按照自己自认为满意的方式接受到适合其发展的教育，则儿童的受教育权利是得到充分实现的。

如何创造多样化的教育制度满足儿童的教育选择权也是贯穿于改革开放三十年教育政策的重要理念之一，尤以“重点校”政策的演变和发展为典型代表。1978 年 1 月，教育部出台了《教育部关于办好一批重点中小学的试行方案》，规定了重点中小学的举办目的、任务、招生办法等，并公布了 20 所部属重点中小学名单。1980 年 10 月，教育部又出台了《关于分期分批办好重点中小学的决定》，指出：“办好重点中学是迅速提高中学教育质量的一项战略措施，对于带动一般学校前进具有重要意义。”1983 年 8 月，教育部在《关于进一步提高普通中学教育质量的几点意见》中重申：“继续办好重点中学，使之成为具有示范性、实验性的学校。必须重视和加强占全国中学绝大多数的一般中学的工作，正确处理两者的关系。”从上述有关政策本身来看，如何正确处理好重点学校与一般学校的关系，始终是重点校政策关注的重要问题。而且，重点校政策的发展演变与普及教育政策也是齐头并进的，并非一味强调重点校。随着 20 世纪 90 年代以来市场化因素的介入，使原有的基于分数和能力的择校受到“权钱”择校的巨大冲击，重点校政策被放大而成众矢之的。鉴于此，从 1993 年开始，国家教育部等部门陆续出台了相关文件，叫停重点校政策。从 1993 年《关于减轻义务教育阶段学生过重课业负担 全面提高教育质量的指示》中的“不应当分重点学校与非重点学校”到 2006 年新《义务教育法》中的“不得将学校分为重点学校和非重点学校”，用词上的“不应当”到“不得”的转变，标志着义务教育重点校政策成为法律严格禁止的事项。

饱受教育公平责难的“重点校”政策尽管成为今天的教育资源不均衡的罪魁祸首，但在人人喊打的同时，我们还需认识到：从可选择性这一最高的教育公平目标来看，它在一定范围内满足了公民多样化的教育选择需求。问题不在于“重点校”政策本身，而在于在什么样前提下的“重点校”政策以及重点校应“重”什么的问题。我们认为，重点校政策应该在义务教育相对均衡发展的前提下发展，并且应“重”在特色——教育教学内容、质量的特色，而非硬件上的攀比。换言之，重点校要“示范”什么是需要深加研究和探讨的重要课题，以满足公众的多样化教育需求，这也是教育公平在实现了均衡发展之后的更高的任务和追求。有必要指出，我们要求对儿童进行有选择性的教育，这尽管是儿童个体发展的必然要求，但同时也必须对父母原本是否具有教育上的选择权这一命题加以论证。倘若父母有此项权利，而且我们有充分的理由证明现有的学校教育、现有的班级授课制也在很大程度上压抑了每“个”儿童身心的充分发展，那么，建立可选择性的教育就不仅仅是理论上的逻辑推衍，更是教育现状与每个儿童身心充分发展的客观要求。

第四节 均衡发展：教育公平的现实诉求
——基于新《义务教育法》的规定

“致力于更加公平的教育”已成为我国教育领域的价值追求。而“均衡”作为兼顾公平和效率的一种发展策略，也纳入人们的视野。针对我国义务教育在城乡、区域、学校层级、人群间教育机会和教育资源不公平分配的现状，以2005年5月教育部出台的《关于进一步推进义务教育均衡发展的若干意见》为表征，义务教育均衡发展成为我国基础教育发展的政策导向，成为国家义务教育体系的价值追求。相对于教育公平来说，义务教育的均衡发展是实现教育公平的重要前提。新《义务教育法》更是从保障每个适龄儿童受教育权利的人权高度，从法律上明确了“均衡”这一具有现实可能性的价值追求，这无疑会给我国的义务教育发展带来全新的思路，进而影响到公共教育政策的策略选择和制度安排。

一、平等接受义务教育的权利：教育人权在义务教育领域的体现

旧《义务教育法》以及1992年出台的《义务教育法实施细则》通篇没有“平等”二字，我们不能断言没有规定适龄儿童有平等接受义务教育的权利是导致今天义务教育领域不均衡的主要原因，但最起码说明平等的教育人权理念没有转化为每个儿童的法律权利，公平的形式原则尚未得

到法律确认，也就更谈不上每个儿童实际享有之。新《义务教育法》的第四条规定："凡具有中华人民共和国国籍的适龄儿童、少年，不分性别、民族、种族、家庭财产状况、宗教信仰等，依法享有平等接受义务教育的权利。"首次阐明"平等"的权利内涵，为国家与政府、学校等责任主体各方的义务履行奠定了价值基础，并确立了"均衡"这一现实的发展策略。

二、均衡发展：义务教育体系的现实追求

有学者认为，"导致教育非均衡发展现象主要是政策性原因。因为政府及其教育部门公共教育政策的不同取向，往往会对教育的均衡化发展带来完全相反的两种影响，通过教育政策的调整来推动教育的均衡最为现实，也最为有效"。[67] 新《义务教育法》正是基于平等的理念，把"均衡"作为义务教育体系的价值追求，把"均衡发展"作为实现平等的义务教育的现实策略，突出强调了政府在促进义务教育均衡发展方面的责任。其中涉及"均衡"的共有六条，如第六条规定："国务院和县级以上地方人民政府应当合理配置教育资源，促进义务教育均衡发展，改善薄弱学校的办学条件，并采取措施，保障农村地区、民族地区实施义务教育，保障家庭经济困难的和残疾的适龄儿童、少年接受义务教育。国家组织和鼓励经济发达地区支援经济欠发达地区实施义务教育"；第二十二条规定："县级以上人民政府及其教育行政部门应当促进学校均衡发展，缩小学校之间办学条件的差距，不得将学校分为重点学校和非重点学校"；还有第三十二条规定："县级以上人民政府应当加强教师培养工作，采取措施发展教师教育。县级人民政府教育行政部门应当均衡配置本行政区域内学校师资力量，组织校长、教师的培训和流动，加强对薄弱学校的建设"；等等，足见国家的重视程度。

实际上，确立均衡发展的价值取向是有必要，但更为关键的是，如何设计合理而有效的制度以保障义务教育真正做到均衡发展。因而，致力于制度的设计和安排便成了落实均衡发展的首要选择，也是《义务教育法》所确立的平等接受教育权由法定权利转化为每个儿童实际享有的现实权利的关键所在。

三、制度设计与安排：落实“均衡发展”的首要选择

义务教育均衡发展原则的确立，反映了我国最高决策部门在中国公共教育发展思路上的改革与创新。它是对趋于失范的公共教育制度的一种及时的调整和再规范。相对于“平等”这一教育理念，“均衡”是一个更为动态、非常有效的、有弹性、有一定操作性的概念。[67]体现在制度层面，主要需完善以下诸多方面。

第一，确定义务教育均衡发展的指标体系，建立教育资源均衡配置制度。教育均衡是相对于当前存在的各个层面、各个层次的不均衡现实而产生的，为了达到均衡的理想状态，首先须明确何种状态是均衡，其指标有哪些？是通常所说的硬件设施、设备，还是软件的师资、校长的办学理念？薄弱学校的标准如何确定？重点学校、重点班具有什么样的特征？如何将现有的学校划分类别，贴上重点和非重点、薄弱和非薄弱的标签？另外，教职工编制如何确定？教职工的工资标准如何确定？学生人均公用经费标准如何确定？这些标准中，既有国家标准，又有各省、自治区、直辖市等地方标准，如何统一和协调？这些既是现实问题，又是理论问题，需要我们全方位予以考虑。因为，只有首先确定一个相对合理而明确的指标体系，才能明确什么地方不均衡，如何加以弥补，才能建立和完善教育资源均衡配置制度。比如，“经费要向薄弱学校倾斜”这一项规定，首先须确定哪些学校属于薄弱学校；其次才是向其倾斜以及如何倾斜的问题，否则难以达到立法所预想的目标。这是问题解决的首要前提。

第二，建立和完善保障义务教育均衡发展的公共财政体制。新《义务教育法》中的教育经费“向农村地区学校和薄弱学校倾斜”等提法是完善义务教育均衡发展财政体制的表征之一。在现实层面，如何落实新《义务教育法》第六章有关经费保障的相关规定？国务院根据《义务教育法》的授权，何时能够出台有关《义务教育经费保障的具体办法》？县级人民政府在编制预算时，是否能真正做到向农村地区学校和薄弱学校倾斜，均衡安排义务教育经费？对此如何监督？各级人民政府没有依法均衡安排义务教育经费，应承担何种法律责任？这些都需要进一步细化。另外，在制度层面，有学者提出在确立义务教育财政“最低保障”标准的基础上，建立义务教育财政“最低保障”制度，以此作为保障义务教育

均衡发展的长效机制[68]，是值得关注的。

第三，实行教师定期流动制度。师资的均衡发展是义务教育均衡发展的重要方面，如何保证师资水平的均衡，最有效的、最彻底的、甚至是唯一的解决方法就是建立义务教育教师定期流动制度。这需要我们借鉴日本、韩国等国家的做法，以法规的形式确定教师定期流动的义务性，并明确规定流动的程序、范围和期限等。当前，依靠教师的觉悟主动到农村地区、到薄弱学校援教，或者采取区域内骨干教师巡回授课等软性制度，都不能从根本上解决师资不均衡的问题。我们需要理性的、硬性的法律制度来统一约束和规范。因而，有必要由国务院出台有关义务教育教师定期流动制度加以规范和调整。有必要提及的是，这一问题的解决又涉及一个更为根本的问题，那就是义务教育阶段教师的身份和法律地位。我国现行教师法中规定教师是专业人员，而非国家公务员，若在现有法律框架下，赋予义务教育阶段教师定期流动的法定义务，是否存在制度上的障碍和冲突，需要深入探讨。

第四，建立和完善义务教育教学质量监测评估制度。义务教育，不光是一个“年限”的教育，即接受了九年的学校教育，就算完成了义务教育，更重要的应该是“质量”和“水平”的教育。换言之，义务教育应该使所有适龄儿童在同一受教育阶段，在知识掌握、智力发展、人格养成、价值观形成等都达到应有的水平，不仅仅满足于就学机会的均等，更应该强调学业结果的均等，学校、教师乃至于政府有义务为学生学业均等而努力。因而，相对于政府来说，建立和完善规范化、制度化、科学化的义务教育教学质量监测评估体系，建立每一个年级儿童义务教育质量水平评价体系，这既是实现义务教育均衡发展的重要内容之一，也是全面推行素质教育的重要前提。

第五，建立和完善义务教育招生考试制度。当前，学界存在一种把生源均衡作为义务教育均衡发展的措施之一的观点，出现了电脑派位、把重点高中招生名额分配到初中校的做法等，这些做法在一定意义上似乎是遏制了择校行为，从生源的角度保证各校获得均衡的生源，但同样不能从根本上解决校际均衡问题。从理论上说，生源均衡不仅有违教育公平的理念，也损害了学生受教育的自由选择权，诸如“电脑派位”的宿命论的做法更是不应该提倡的。因而，在经费保障、师资均衡的同时，建立和完善义务教育招生考试制度，也是义务教育均衡发展不能忽视的问题。

第六，建立健全义务教育均衡发展督导评估制度。新《义务教育法》第八条明确指出教育督导机构是隶属于人民政府，而非隶属于人民政府教育行政部门，这就意味着教育督导机构是与教育行政部门平行的机构，应该独立、公正地履行监督、指导与检查的义务，对各地义务教育均衡发展状况进行评估。由于督导评估的结果是考核领导干部政绩的重要内容，也是新《义务教育法》确立的问责制的重要依据，因而，有必要建立健全义务教育均衡发展督导评估制度，研究制定督导评估指标体系，明确督导机构的性质、工作任务。否则，法律责任的追究也难免流于形式。

第三章　国家与儿童受教育权利

一个民众的政府而民众没有知识或者没有学得知识的手段，那它只是笑剧的序幕，或者是悲剧的序幕，或者可能二者兼有。

——詹姆斯·麦迪逊

第一节　国家教育权：性质与内容

一、现代国家的意义转换：从消极国家到积极国家

国家作为一种社会政治组织和权力机构，是决定全部政治生活的最根本要素。“国家”究竟指什么，不同的学者对其有不同的解释，产生了社会共同体说、国家契约说、要素说等不同的学说。如果我们同意马克思主义者从对国家起源的历史考察中得出的关于国家本质的观点，即“国家无非是一个阶级镇压另一个阶级的机器”[9]336，是“实行阶级统治的社会公共权力组织，它的本质在于统治”[69]239，那么，当特定社会内部已不存在不可调和的阶级对立，或者说阶级矛盾已不再是社会的主要矛盾时，以民主和法治为特征的现代意义上的国家职能便转到整个社会生活领域，即经济、文化教育和社会发展上。正如人们普遍认为的，“20 世纪以前的政

府被看成一个爱多管闲事的潜在的暴君，国家负有不干涉个人自由的消极义务”，到了20世纪，“政府应该承担保护公民免受工业社会生活之诸多不幸的任务，并通过积极的政策来满足新的经济、社会需求，相应地，公民则应该享有要求政府作出此种积极行为的权利”。[70]因而，在当前这个注重“权利”的时代，如果用一句简单的话来说明国家行动的定义和界限，则“国家本身不是目的，国家的行动就是维护各种权利”。[18]

从近代18、19世纪的消极国家（或称夜警国家、自由国家）向20世纪现代积极国家（或称福利国家、行政国家）的转变，换言之，由自由主义向国家干涉主义的图式转化，使国家不只是承担防卫、治安等必要的最小限度的任务，而是介入到社会、经济和教育等各个领域。[39]174国家权力的行使、职能的发挥是通过其政权机关——政府来实现的。国家与政府并不一样，“国家是一种非个人的社会制度，而政府则是由刚好在某个时候支配着国家权力的人们组成的集合体”。[71]从政治学意义上说，政府通常指中央和地方各级国家权力机关的执行机关或国家行政机关，它是对整个国家进行组织管理，是直接实施国家在政治、经济、外交、军事和文化教育等一切内政外交重大政策的政权机关，是国家机构的重要组成部分。[72]

可见，国家权力的行使是由体现国家权力的机关来实现的，其中行使行政权的行政机关通常被称为政府，即狭义上的政府。广义上说，国家的立法机关、行政机关和司法机关都称之为政府。相对于执行机关来说，国家似乎具有抽象的意味。因而，当我们探讨国家在儿童受教育权利实现中的权利和义务时，不仅从宏观的、抽象概括的意义上阐明国家的权利和义务，更要从国家机关的具体“行动”中去把握。由此，探讨国家在儿童受教育权利中的权利和义务，在一定意义上便转化为具体地探讨行政机关、立法机关、司法机关在其中的权利和义务。

当然，政府并非无所不能。我国计划经济时代，由政府包揽一切的做法，其弊端已无需多论，政府万能的神话已被打破。那么，在现代社会，政府到底应该在哪些领域发挥作用呢？一般认为，政府的作用主要在于解决市场失灵和促进社会公平这样两个方面。政府的这两大作用具体地体现为基础性功能、中介性功能和积极功能。其中，“政府的基础性功能，在解决市场失灵方面，应包括提供纯粹的公共物品如国防、立法、公共卫生系统和宏观经济管理系统等。在促进社会公平方面，则应保护社会弱势群体，实施诸如反贫穷计划、消灭疾病运动等。政府的中介性功能，在解决市场失灵方面，应包括解决各种公共性的问题（如提供基础教育、保护环境等）、规范垄断企业行为……”[15]21-22因而，国家和政府在义务教育中的作用责无旁贷。尽管随着我国市场经济的不断发展，市场不断地介入到教育领域，但义务教育因其公共物品的特性，决定了政府虽不是义务教育的唯一提供者，但政府必须发挥主导作用。提供义务教育对于国家和政府来说是义务，对于社会组织和公民个人来说则是权利，这是有着本质上的不同的。正如《国家中长期教育改革和发展规划纲要》中明确的：“教育公平的主要责任在政府，全社会要共同促进教育公平。”

二、国家教育权的性质与内容

基于人民主权的宪法规定①，国家教育权作为国家权力的一部分，从其作为“权力”固有的特性来讲，带有职权、职责和义务的特性，是不可放弃的；从其权力“来源”上讲，是一种继受性的权力，是由宪法制定权所派生出来的。[17]其权力主体是国家机构，权力行使遵循“法律授权即拥有”或者“法无规定则禁止”的原则。权力行使必须首先从实体法的授权出发，遵循程序法的基本规则，否则其合法性就会受到质疑。[15]145国家教育权行使的最终目的是保障公民受教育权利的充分实现。

“国家”在一定意义上说是一个抽象的概念，国家是什么？国家能成为有意志自由的主体去行使教育权吗？显然不能。国家作为一个抽象的存在，其教育权的内容便以一种抽象的主权形态出现，表现为教育的统治权和管辖权。为了实现抽象的、包容于国家主权中的教育管辖权[17]，必须将其具体化为国家机构的职权。依据西方国家权力组织和分配的基本特点，即国家权力由立法权、行政权和司法权的并列和制衡的“三权分立”结构来行使，则具体到国家教育权便由国家的教育立法权、教育行政权和

① 我国《宪法》第二条：“中华人民共和国的一切权力属于人民。人民行使国家权力的机关是全国人民代表大会和地方各级人民代表大会。人民依照法律规定，通过各种途径和形式，管理国家事务，管理经济和文化事业，管理社会事务。”第十九条：“国家发展社会主义的教育事业，提高全国人民的科学文化水平。”

教育司法权三部分组成。简言之，国家教育权作为国家权力，其权力主体是国家，具体由立法、行政和司法三权承担。

国家的教育立法权是国家立法权的一部分。公民受教育权利作为一项宪法权利，必须经由立法机关的立法活动将其条款进一步法律化、具体化为可以操作的国内标准，否则宪法上的受教育权利便成为停留在纸面上的权利。根据2000年《中华人民共和国立法法》（以下简称《立法法》）的相关规定，国家立法权包括以下三个方面。（1）国家最高权力机关的立法权——由全国人民代表大会和全国人民代表大会常务委员会行使，表现形式为法律；（2）地方各级权力机关的立法权——由省、自治区、直辖市的人民代表大会及其常务委员会行使，表现形式为地方性法规、自治条例和单行条例；（3）行政立法权——行政立法权既包括国务院根据宪法和法律制定行政法规的权力，也包括国务院各部、委员会、中国人民银行、审计署和具有行政管理职能的直属机构，根据法律和国务院的行政法规、决定、命令，在本部门的权限范围内制定规章的权力，还包括省、自治区、直辖市和较大的市的人民政府，根据法律、行政法规和本省、自治区、直辖市的地方性法规制定地方政府规章的权力。国家教育立法权所调整的对象是国家管理教育中基本的、带全局性的问题。如规定国家的教育方针，确定国家的教育制度，统一教育的质量标准，协调教育的内外关系[29]134，保障不同教育主体的合法权益等。我国的立法机关对教育的诸多方面进行了广泛的立法，初步形成了相对完整的教育法律体系。

国家的教育行政权是国家行政权的一部分。儿童受教育权利得到立法保障之后，并不必然的为儿童实际享有。“徒法不足以自行”，其充分实现还需要国家行政权的积极作为来保障。根据《宪法》的相关规定，国家行政权是由国务院和地方各级人民政府行使。对教育事业的领导和管理，是国家行政职权中非常重要的内容。国家的教育行政权主要由教育行政机关行使，通过严格的“依法行政”和积极的“以法行政”，通过制定教育政策、对有关部门和各级各类学校进行检查和监督等，全面组织和发展教育事业，保障公民受教育权的实现。随着国家行政职能的不断加强，各国的教育行政权正向扩大化的趋势发展，使得教育行政权成为国家教育权的最主要形式。

国家的教育司法权是国家司法权的一部分，主要由司法机关来行使。司法机关必须履行保护公民受教育权的法律义务。当公民受教育权利受到国家或其他组织和个人的侵害时，应受理并作出公正的裁决。教育司法权的目的在于处理教育纠纷，制裁教育领域中的违法行为，保证法律规定的教育权利和义务的实施。包括我国在内的世界许多国家，法院在调整各种教育关系中起着越来越重要的作用。我国近几年来，涉及受教育权利被侵害的诸多案件，如“田永诉北京科技大学拒绝颁发毕业证、学位证行政诉讼案”（以下简称田永案）①、“齐玉苓诉陈晓琪等以侵犯姓名权的手段侵犯宪法保护的公民受教育的基本权利纠纷案”（以下简称齐玉苓案）② 等都通过司法途径获得了相应的补偿和救济。司法作为保障公民权利的最后一道屏障，在受教育权保障方面起着重要的作用。总之，国家通过立法、司法、行政等各个领域加强对教育事业的领导和管理，体现着国家在教育权力中的主导地位。[73]

第二节 保障儿童受教育权的充分实现：国家教育权的出发点与归宿

一、教育立法与儿童受教育权利保障

（一）保障适龄儿童义务教育权利之立法现状与问题——以“两免一补”政策为例

自《宪法》实施以来，我国已颁布了《教育法》、《义务教育法》、

① 1996年，北京科技大学学生田永参加电磁学的补考，因其携带纸条被认定为考试作弊，并受到退学的处分。但学校没有直接向田永宣布处分决定和送达变更学籍通知，也未给田永办理退学手续。田永继续在该校以在校大学生的身份参加正常学习，并完成了规定的学业。在1998年临近毕业时，学校以田永不具备学籍为由，拒绝颁发毕业证、学位证和办理毕业派遣手续。田永认为被告北京科技大学拒绝给他颁发毕业证、学位证是违法的，遂向法院提起行政诉讼。法院最终作出原告胜诉的判决。参见：中华人民共和国最高人民法院公报，1999（4）：139－143.

② 1999年，齐玉苓以侵害其姓名权和受教育权为由，将11年前冒名顶替她入学的陈晓琪等告上法庭，请求法院责令被告停止侵害并赔偿各项经济损失等。一审法院经审理认为陈构成了对齐姓名的盗用和假冒。但对齐主张的受教育权未予支持。齐不服，认为原审判决否认其受教育权被侵犯是错误的，遂向山东省高级人民法院提起上诉。山东省高院认为此案存在着适用法律方面的疑难，报请最高人民法院进行解释。最高人民法院通过了《关于以侵犯姓名权的手段侵犯宪法保护的公民受教育的基本权利是否应承担民事责任的批复》，据此，法院作出原告胜诉的判决。参见：中华人民共和国最高人民法院公报，2001（5）：158－161.

《高等教育法》、《教师法》等，一个相对完整的受教育权利法律保障体系已初显轮廓。特别是近几年，随着教育实践领域出现的新问题，如进城务工人员随迁子女教育、家庭经济困难儿童的就学保障等，国务院及其相关部委给予了高度重视，出台了一系列政策以保障这些弱势儿童的受教育权，尤以“两免一补”政策为代表（有关“两免一补”的主要政策内容详见表6）。尽管如此，在儿童受教育权保障之立法方面还有很多问题。

表6 有关“两免一补”主要政策一览表

发布时间	发布部门	文件名称	目标群体	政策内容	经费保障
2003年9月17日	国务院	关于进一步加强农村教育工作的决定	全国农村义务教育阶段家庭经济困难学生	重点扶持中西部农村地区家庭经济困难学生就学，逐步扩大免费发放教科书的范围，逐步帮助学校免除家庭经济困难学生杂费，对家庭经济困难的寄宿学生提供必要的生活补助	中央财政继续设立中小学助学金；各级政府设立专项资金
2004年2月16日	财政部、教育部	对农村义务教育阶段家庭经济困难学生免费提供教科书工作暂行管理办法	农村地区因家庭经济困难而无力负担课本费的学生，按照贫困程度进行资助，优先资助孤儿、绝对贫困和低收入家庭子女	实行以省级政府为主，中央和地方各级政府分级管理、教育和财政部门分工负责的体制	中央财政设立专项资金

续表

发布时间	发布部门	文件名称	目标群体	政策内容	经费保障
2006年1月19日	财政部、教育部	关于对全国农村义务教育阶段学生免收学杂费的实施管理办法	在农村地区（含镇）义务教育阶段公办学校就读的学生；在农垦、林场等所属义务教育阶段学校就读的学生；在县城所在地义务教育阶段公办学校就读的贫困家庭学生	按区域分布推进：自2006年春季学期开始，西部地区农村义务教育阶段学生全部免收学杂费；2007年春季学期开始，中部地区和东部地区农村义务教育阶段学生全部免收学杂费	中央和地方财政共同承担，比例分别为——西部地区8:2，中部地区6:4，东部地区分省确定分担
2006年6月29日	全国人大常委会	新修订的义务教育法	家庭经济困难的适龄儿童、少年	实施义务教育，不收学费、杂费 各级人民政府对家庭经济困难的适龄儿童、少年免费提供教科书并补助寄宿生生活费	义务教育经费保障的具体办法由国务院规定

“两免一补”政策是国家为保障农村地区义务教育阶段家庭经济困难学生受教育权而采取的特别政策。2006年，“两免一补”写进新修订的《义务教育法》，使其由一项政策上升为法律，为家庭经济困难学生得到长期、稳定的就学保障提供了法律依据。该政策的实施很好地体现了义务教育的国家责任，在弱势群体受教育权利保障方面具有标本性意义。但“两免一补”政策本身存在很多问题，主要表现为四个方面。一是用语上不统一。有时用“家庭经济困难学生”，有时采用“贫困家庭学生”，《义务教育法》上使用的是“家庭经济困难的适龄儿童、少年”的表述，这种用语上的混乱既不符合法律用语上的统一性要求，也容易给政策执行带来麻烦。二是缺乏对“家庭经济困难学生”标准的统一认定。到底什么

样的家庭是“经济困难”家庭？由谁、通过什么样的程序来认定？经济困难家庭学生通过什么样的程序获得补助？这些问题均未予规定。三是在“两免一补”政策执行的过程中，确定受资助者的方法带有很强的主观性。在很多地区，享受“两免一补”政策的人数是根据省里下达的指标，由县教育行政部门按比例将其分配到各乡镇学校的，带有定量、定额、临时救助的特性，不能称得上是真正意义上的教育福利制度。四是享受免除学杂费政策的目标群体为“公办学校就读的贫困家庭学生”，很显然把在民办学校接受义务教育的贫困家庭学生排除在外，这势必侵害了这部分儿童平等的物质帮助权。另外，这种规定与《义务教育法》中关于适龄儿童享有平等地接受义务教育的权利之规定也是相违背的。

如何汲取“两免一补”政策实施中的经验，维护《义务教育法》的尊严，使每个家庭经济困难学生均能享受到免费的教育，在教育立法层面上还有很长的路要走。有必要出台有关“经济困难家庭”的标准。而“什么样的家庭是经济困难家庭”这不是教育法所能解决的问题，还需要相关的社会福利法来规定。在将来，可以根据《中华人民共和国社会救助法》[①] 中有关“居民最低生活保障标准”、“申请专项救助程序”等规定，确定享受教育资助的对象、范围。唯此，才能从单纯的“保护”上升到“人权统一”的高度，由国家依法对包括民办学校在内的经济困难家庭学生实行真正意义上的无差别的、免费的义务教育。毫无疑问，社会弱势儿童受教育权利保障问题应当在一个含有教育但比教育更加宽广的背景中，在现代教育福祉的框架内寻求解决。

“两免一补”政策文本存在的问题，在一定意义上折射出了儿童受教育权保障在实体法层面存在的问题。概括说来，主要表现为以下几点。

第一，缺乏完整的、规范的、人权保障意义上的受教育权利保障体

---

① 2008 年 8 月 15 日，国务院法制办公室将《中华人民共和国社会救助法（征求意见稿）》（以下简称《征求意见稿》）全文公布，并发布通知征求社会各界意见。《征求意见稿》中把“教育救助”与医疗救助和住房救助一道纳入到“专项救助”之中。如果《征求意见稿》中有关教育救助的规定不作原则性改动而获得通过，则意味着现行的诸如“两免一补”等救助政策将由定量、定额、临时救助的特性，转变为平等、无差别、长期的性质，并为其后的教育救助政策、法规的出台提供了法律依据，这将从根本上保障家庭经济困难等社会弱势群体的受教育权，“教育福利化”也将为期不远。

系。如有关保障终身学习的单行法、学校法、教育投入法等专门立法尚属空白。特别是有关教育投入，尽管早在1993年的《中国教育改革和发展纲要》中就明确提出：“逐步提高国家财政性教育经费支出占国民生产总值的比例，本世纪末达到4%。”但连续多年的由国家教育部、国家统计局和财政部联合发布的《全国教育经费执行情况统计公告》中从未实现过这一目标。只是2002年的全国教育经费执行情况监测结果表明，国家财政性教育经费占国内生产总值比例为3.41%，为1989年对此项指标进行监测以来的最高水平，而且每年都有一些省、自治区、直辖市没有达到《教育法》规定的教育投入增长要求。由于教育经费投入不足，导致一些学校乱收费，而择校的合理化使择校收费正当化，“择校收费”又演变为“择校乱收费”。义务教育阶段的“择校乱收费”背离了义务教育的宗旨和性质，违背了教育事业的公益性和普惠性原则，加剧了校际之间的差距，损害了教育的公平。教育投入不足已经成为影响我国义务教育公平发展的最重要的因素。亟待政府就有关义务教育投入立法。

第二，有关专项立法缺乏，即缺乏具体的、有针对性的、可操作的法律、法规。如对经济困难家庭学生义务教育权利保障，仅仅依靠国务院及其各部委发布的《通知》、《意见》和《办法》远远不够，应上升到法律的高度，予以全面规范。

第三，某些下位法与上位法、各部门规章之间存在着冲突。如，2007年12月，浙江省教育厅公布的《浙江省2008年选拔优秀高职高专毕业生进入本科学习试点工作实施细则》中，关于“普通高校专升本”的“选拔对象及条件”一项，明确规定：“下列人员不能报考：在校期间曾受记过（含）以上处分者；曾有过考试作弊记录者。”浙江省教育厅的这份政府规章很显然与公民平等接受高等教育权的法律规定相违背。而让我们感到欣慰的是：浙江省早在自学考试设立的第二年（1985年），第五监狱便被省监狱系统获批准设立高等教育自学考试考点，21年来，有数千名服刑人员通过自学考试接受高等教育。[①] 服刑人员尚且如此，我们的在校生因为受到学校纪律处分就被剥夺了接受高等教育的权利，可谓于情不通、

① 参见：浙江第五监狱服刑人员的自考大学之路. http：//www.eol.cn/zikao_tong_lu_ren_3655/20061109/t20061109_204315.shtml，2008－10－13访问。

于理不合、于法无据，类似的规章必须清理、废止。

第四，有关义务教育立法普遍存在着立法层次不高、可操作性较差、缺乏统一性的问题。例如，保障进城务工人员随迁子女是否与城市儿童享受到同等的教育对待是拷问我国教育公平状况的重要指标。尽管出台了“两为主”政策，并在新《义务教育法》中明确“在其父母或者其他法定监护人工作或者居住地接受义务教育的，当地人民政府应当为其提供平等接受义务教育的条件”。“平等接受义务教育的条件”也为进城务工人员随迁子女真正享受到教育上的“国民待遇”提供了法律基础。但在实际操作过程中存在很大的问题。诸如：流出地政府到底要如何配合流入地政府的工作？是资金上的还是人力上的？进城务工随迁农民的适龄儿童失学或辍学，是由流入地政府还是流出地政府采取有效措施予以解决？各省、自治区、直辖市在合理的期限内没有出台有关规定，即立法不作为，应当承担什么样的法律责任？流入地政府没有为进城务工人员随迁子女提供平等接受义务教育的条件，又将承担什么样的法律责任？流入地政府受财力限制，对在公办学校接受农民工子女设置门槛[①]的问题该怎么解决？随着我国现代化进程的不断加快，还会有更多的农村人口转移到城市，相应的必然会有一部分父母把其在学子女接到城里，在非户籍所在地接受义务教育，这将是全国范围内城市义务教育发展必须面对的、也是将会长期存在的问题。如何完善非户籍所在地儿童与户籍所在地儿童在受教育权方面享有“同等国民待遇”，这是一个重大而现实的问题，涉及经费、管理、地方政府利益冲突与协调等各个层面，单纯依靠各省、自治区、直辖市出台相关规定很难妥善解决，迫切需要从更高的人权保障的意义上予以通盘考虑，应由国务院出台有关《进城务工人员随迁子女就学促进条例》等行

① 2004年8月，北京市人民政府办公厅转发市教委等部门《关于贯彻国务院办公厅进一步做好进城务工就业农民子女义务教育工作文件意见的通知》，其中对“来京务工就业农民子女接受义务教育的入学程序”作了明确规定。规定：“（一）家长或监护人申请。来京务工就业农民子女要求到本市义务教育阶段公办学校就读，须由其家长或监护人持本人在京暂住证、在京实际住所居住证明、在京务工就业证明、户口所在地乡镇政府出具的在当地没有监护条件的证明、全家户口簿（可以是复印件）等证明、证件，向暂住地的街道办事处或乡镇政府提出申请。”这里有关“五证”的规定通常被称为来京务工就业农民子女进入公办学校就读的“门槛”。

政法规，以切实保障进城务工人员随迁子女享有与城市学生同等的受教育机会。

第五，在普通儿童受教育权利得到保障的新时期，弱势儿童受教育权利的实现状况，就成为衡量义务教育人权保障状况的重要指标，也成为衡量我国履行教育领域国际公约状况的重要指标。而针对经济困难家庭儿童、残疾儿童、边远地区儿童、进城务工人员随迁子女的不同问题域制定单行法，以切实保障弱势儿童受教育权利，成为新《义务教育法》未来发展的走向。制定并完善保障义务教育之法律、法规，使义务教育发展真正有法可依，是践行依法治国理念和依法治教精神的首要前提。

（二）重构义务教育法律保障体系

第一，从整体的、人权保障意义上重构受教育权利法律保障体系。要及时修订《教育法》、《教师法》、《学位条例》等法律，适时制定《学校法》、《考试法》、《教育投入法》和《终身学习法》。另外，还要有针对性地制定专项法律，保障处境不利地位儿童的受教育权利。应适时制定经济困难家庭学生就学援助法、残疾儿童教育保障法、偏远地区教育振兴法、教科书无偿使用法、进城务工人员随迁子女就学法等。

第二，根据《立法法》第五章有关“适用与备案”的规定，全面清理、修订教育行政法规、规章和其他规范性文件，保持教育法律体系的一致性和适用性，以保障儿童享有平等的受教育权利。

第三，根据《义务教育法》的授权，须在适当的时间内，尽快出台相关的法规和规章，以保证新《义务教育法》的全面实施，具体须制定的法规、规章详见表7（按照效力等级，并兼顾《义务教育法》条款的先后排列）。值得一提的是，立法部门在多长时间内立法可称为“适当”，即立法者的立法期限问题是困扰学术界的重要难题。说它重要，因为它是判断立法者立法不作为的重要要件；说它是难题，是因为基于何种理念，针对不同事项确定合理而适当的立法期限是一个具体而复杂的问题。但不确定一个适当的时间，任由立法者所为，在一个相当长的时间内不履行制定法规、规章的义务，必然侵犯适龄儿童的受教育权利。我国早在1994年开始施行的《教师法》的第十七条就明确规定：“学校和其他教育机构应当逐步实行教师聘任制。……实施教师聘任制的步骤、办法由国务院教育行政部门规定。”但直到今天，国务院教育行政部门却迟迟没有出台相关规定，而教师聘任制却已在全国各地中小学全面实施。由于缺乏统一而规范的步骤、办法，导致的直接后果就是聘任教师的随意性过大，侵犯教师合法权益的事件时有发生。有的教师因举报中考舞弊横遭非法拘禁又被迫下岗；有的因利用节假日休息时间有偿做家教不被聘用……这些校方或地方教育行政部门假借聘任制度滥用权力，侵犯教师权益的事件，是教师聘任制缺乏统一而规范的实施办法的最好注脚，也是对某些学校教师聘任制具体实施办法之合法性的最大质疑。可见，对国务院及其各部委、地方各级人民政府的行政立法提出明确的期限要求是十分必要的。

表7　新《义务教育法》授权的行政立法事项一览表

须“立法”的事项	“立法”的部门	授权条款
义务教育经费保障的具体办法	国务院	第四十四条第三款
农村义务教育经费分担办法	国务院	第四十四条第一款
不收杂费的实施步骤	国务院	第六十一条
财政转移支付制度	国务院和省、自治区、直辖市人民政府	第四十六条
教科书的审定办法	国务院教育行政部门	第三十九条
学生人均公用经费基本标准	国务院财政部门	第四十三条第一、三款
对在非户籍所在地接受义务教育的适龄儿童提供平等接受义务教育条件之具体办法	省、自治区、直辖市人民政府	第十二条第二款
学生人均公用经费标准	省、自治区、直辖市人民政府	第四十三条第二款
学校设置规划	县级以上地方人民政府	第十五条
义务教育经费的审计监督和统计公告制度	县级以上人民政府	第五十条

我们是否应借鉴历史，让历史照亮我国义务教育的前程？我们应该给义务教育行政立法以一个适当的期限。新《义务教育法》自2006年9月1日起正式实施至今已有4年多时间了，而有关义务教育经费保障的具体办法、学校学生人均公用经费基本标准等关涉儿童利益的法规、规章尚未出台。所以，这个期限是1年、3年还是8年，从义务教育的人权本质和国家使命的意义上说，它不应该太长。特别是有关义务教育经费保障的具体办法、农村义务教育经费分担办法、学校学生人均公用经费基本标准、财政转移支付制度、进城务工人员随迁子女平等就学办法等公众千呼万唤的事项①，决定了儿童根本利益和社会稳定的重大事项，决定了教育均衡能否彻底实现、教育公平理念的达成度以及能否实现从人力资源大国转向人力资源强国的重大事项，政府应该给一个合理的时间表。

二、教育行政与儿童受教育权利保障

不管教育立法多么完备，即“有法可依”，最终决定适龄儿童受教育权利实际享有的在于教育行政的执行力度。因为教育法律的生命力在于它在教育实践中的具体实施，离开了教育行政的执法保障，再完备的法律也无异于一纸空文。“有法必依、执法必严”是义务教育行政的经典表述。在以宪政精神和民主政治为基本特征的现代社会，不管何种国家制度，也不管是集权还是分权的政治体制，教育行政已形成了被普遍认同的基本原理。归纳起来，主要有依法行政、教育行政的独立性和中立性等几个原理[74]，对这些原理的遵循与恪守在很大意义上有助于保障儿童受教育权的实现。

（一）法律主义的教育行政，即依法行政

依法行政实际上包括严格地“依法行政”和积极地“以法行政”②两个方面。前者是指教育行政必须严格依法进行，而非依行政主体的主观

① 加快这些方面的行政立法已成学术界之共识，也是百姓的呼唤。参见：转型期中国重大教育政策案例研究课题组．缩小差距——中国教育政策的重大命题［M］．北京：人民教育出版社，2005．/中国教育与人力资源问题报告课题组．从人口大国迈向人力资源强国［M］．北京：高等教育出版社，2003．

② 我们前文所说的行政立法是“以法行政”的重要内容。

意志进行。后者主要强调对教育的行政管理、经营不是消极地受法律控制，而是要为了提高行政的自主性和效率性，在法律授权的范围内进行积极的教育行政立法活动，制定和发布实施性法规、规章，真正运用法律手段进行教育行政管理和运营。这一原理之于我国，正如有的学者早已指出的，“我国国家行政的法制化建设由于种种原因，长期以来并没有得到应有的重视。既缺乏完备的规范行为的法制，又缺乏严格的依法办事的习惯。……就教育行政而言，尽管已经制定了一批法规，但从依法治教的要求看，仍然很不完备，很不系统，不符合实际需要。总之，从我国当前教育法制建设的现状看，重点应放在依法行政上。用法律的手段谋求教育行政管理的组织体制合理化、职权职责明确化和行政行为的合法化”。[29]139-140具体到义务教育亦然，无需赘述。

（二）教育行政的独立性

教育行政的独立性意指教育行政要基于教育的特殊性，从一般行政中分离出来，独立进行。自新中国成立以来，虽几经易名，但隶属于国务院的教育部作为管理全国教育工作的最高机关，一直是作为独立的行政部门存在。同样，各级人民政府也设有相应的教育主管部门，依法加强对本地教育事业的管理。这种“独立”确有利于教育事业按照其独特的规律发展。但实际上，我国教育行政的独立程度值得怀疑，在一些关键问题上可以说尚无独立性可言。义务教育领域，最突出地表现在教育经费的管理体制上。用平常的话说是“办教育的没有财权，有财权的不管教育”，即所谓事权与财权的分离。在很大意义上说，阻碍义务教育发展的突出问题是教育经费短缺。尽管国家每年按一定比例从财政预算中划拨一定经费用于义务教育，也尽管《教育法》的第五十五条明确规定“各级人民政府的教育经费支出，按照事权和财权相统一的原则，在财政预算中单独列项”，但在地方一级如省、市，除广东、上海等极少数地方外，并未真正实行教育经费预算单列制度。对教育经费的管理、使用权限不属于各级教育行政部门，而是属于相应的财政部门。这种办教育的事权与财权的分离状况影响了教育事业的发展。[75]因而，在真正意义上实现教育行政的独立主义原则是我国教育行政中必须解决的现实问题之一。

（三）尊重自主性原理

尊重自主性原理，顾名思义，是指教育行政的运行与管理必须尊重教育的自主性。如果说，独立主义原理是侧重于政府部门间横向要求的话，尊重自主性原理则是从教育行政关系中纵向的意义上说的。纵向的教育行政关系，一是以国家教育部与地方各级教育行政部门构成的上下级间的行政关系；另一种表现为以各级教育行政部门与校长、教师构成的行政关系。尽管二者均属于隶属关系，但基于教育自身的独特性以及受教育权利的人权本质，决定了现代教育行政除了依法采用必要的命令、强制等权力手段防止政府行为缺位之外，还应较多地采用指导、协调、援助、信息公开等非权力手段防止政府行为越位[76]，以保障教育事业自主、创造性地进行。

这一原理运用到上面谈到的两种教育行政关系中，前者在某种意义上表现为地方自治原则，即赋予地方各级人民政府、教育行政部门一定的权责，使其能够依法自主地管理、经营本地区的教育事业，这在我国相关的教育法律中已有明确的规定。后者则是要求赋予学校、校长、教师一定的权限，即通常所说的扩大学校的办学自主权，发挥学校、教师的主动性、积极性，把学校与教育行政区别开来。从保障儿童学习权的意义上说，自主性原理在学校领域主要体现在以下几个方面。第一，如何发挥教师的主动性问题。比如，如何采用适合儿童特点的教学方法，使儿童的学习权利得以最大限度地实现。第二，在国家法定的范围内，有权不执行或排除不当的行政干预。如，义务教育中的乱收费、乱摊派问题，被强制执行的相对方——校长、教师、学生均有权拒绝此种非法的行政干预。[77]353-355第三，如何选择和提供既能满足现实的客观需要，又适合儿童身心发展特点的教育内容也是教育自主性的重要方面。这恰恰是教育课程行政所要探讨的现实课题。

（四）教育行政的中立性原理

教育的中立性，特别是政治中立（确切说是政党中立）和宗教中立是现代公共教育的基本原理，甚至是教育基本法原理之一。为了确保教育的中立性，要求管理、经营教育的教育行政也必须遵循中立性的原则。教育行政的中立性同样是以教育行政的政治中立性和宗教中立性为核心内容。

教育行政的政治中立性。教育行政的政治中立性尤被多党执政的议会制国家所强调。要求教育行政相对于执政党、政府独自的政策意志来说，必须保持政治上的中立，在教育政策的制定与实施上也必须以养成儿童的健全人格、形成与其作为“人”存在相适应的各种基本能力（包括未来的政治选择能力）为出发点。当然，教育不可能脱离社会政治的影响，学校教育也不可能在真空中进行，执政党也必然会在一定程度上把自己的意志通过各种教育政策、制度加以灌输，但问题之关键是如何确立教育中立的法律精神，并在现实中要求教育行政人员遵守，且能够依法排除不当的政治支配。日本的《教育基本法》第十条明确规定：“教育对全体国民直接负责，不受不当之支配”；第八条规定：“法律认可的学校，不得支持特定的政党或为反对这一政党而进行政治教育或进行其他政治活动”。在教育实践中，特别在教育课程行政中，从某种意义上说，也遵循着这一法律原理排除了来自行政当局的不当支配。著名的家永三郎教科书裁判，经历了32个春秋，最终以原告胜诉而告终，既说明了行政支配权力之强大，也说明了法律最终是会战胜权力的。这一案件是对法治的最好注解——法大于权，而非权大于法。

教育行政的宗教中立性。教育行政的宗教中立性问题已成为一条普遍的教育法原理被广泛认同。我国《宪法》第三十六条有关“任何人不得利用宗教进行妨碍国家教育制度的活动”，《教育法》第八条有关“国家实行教育与宗教相分离。任何组织和个人不得利用宗教进行妨碍国家教育制度的活动”等规定，为义务教育中教育行政的宗教中立性原理提供了宪法依据。教育实践中的教育利益相关者可依此排除来自宗教的不当影响。

教育行政还应中立于各利益集团。近几年，有一个新的提法，即“中立政府”[78]181，意指中立于各利益集团的政府。在计划经济时代，政治家们常常保持一种思维惯性，认为全国人民的利益表现为大一统的整体利益，而政府是该整体利益的当然代表。一个最为经典的表述便是“国家利益和集体利益与个人利益是统一的”，当个人利益与国家利益和集体利益发生冲突时，个人利益应无条件的让位于集体利益和国家利益。但在市场经济条件下，在社会生活的各个领域，不同利益群体彼此之间的诉求并不一致，常常发生冲突和矛盾。① 具体到义务教育领域，当面对不同利益群体之间彼此冲突的诉求时，政府应采取何种立场，是关注强势群体的利益而忽略弱势群体的利益，还是让弱势群体发出最强音，如何用一套制度去协调和处理各个社会群体之间的利益矛盾是中立政府不可回避的问题。在吴敬琏先生看来，要保持政府在各利益团体中的中立性，“最重要的还是要让各种利益团体都能有机会作公开的陈述，表达各自的诉求，执政党则充当协调者乃至仲裁者的角色，通过当事者之间的讨论、协商甚至辩论，作出一个总体最优的决定。需要强调的是，在这个过程中，一定要注意让大众传媒沟通信息和知识分子发表独立意见”。[78]182 可见，政府治理的民主是实现中立政府的必要条件。不同利益群体诉求之间的冲突和矛盾在义务教育领域也广泛存在着。一个典型的例子，就是在解决有关进城务工人员随迁子女接受义务教育的问题上，不同的利益群体有不同的诉求：流入地政府受财力限制，通常会对公办学校接受农民工子女设置“门槛”；公办学校为了生存的需要，会广纳农民工子女，一旦生源充足，同样会设置门槛；还有已被批准的打工子弟学校、未经批准的打工子弟学校、农民工本人、农民工子女……形成了一个复杂的利益关系网络。面对不同的利益诉求，政府到底应该如何协调，如何保障处于弱势的、发不出声音的农民工子女的受教育权，需要决策者作深入而细致的探讨。除此之外，关于就近入学政策、义务教育阶段的择校问题，也是不同利益群体不同诉求之交集域。相对于传统意义上的教育行政之政治中立、宗教中立来说，在价值多元、利益多元的今天，关注并保持教育行政在不同利益群体中的中立性显得尤为重要。

三、建立义务教育问责之长效机制：教育立法与行政的现实课题

《教育法》第五十五条明确规定：“各级人民政府教育财政拨款的增

① 据中央电视台《新闻 1 + 1》2009 年 6 月 19 日专题节目报道，2009 年 6 月某日，中央人民广播电台一记者到郑州市规划局，希望了解有关群众举报的经济适用房土地违规盖别墅问题，接受采访的一副局长提出了“你是准备替党说话，还是准备替老百姓说话?”的疑问。“替谁说话”一度成为网络的经典语录。这一问话以一种极端的方式反映出了不同立场人们之间存在的利益分歧。

长应当高于财政经常性收入的增长，并使按在校学生人数平均的教育费用逐步增长，保证教师工资和学生人均公用经费逐步增长”，即“三个增长”。在教育部、国家统计局、财政部每年发布的关于《全国教育经费执行情况统计公告》的第二部分均有“落实《教育法》规定的‘三个增长’情况”的公告。1996—2008 年，每年都有一些省、自治区、直辖市没有达到《教育法》规定的教育投入增长要求，有的省、自治区已连续几年都没有达到《教育法》规定的教育投入增长要求。我们摘录了在不同年份的《全国教育经费执行情况统计公告》中都有的一段总结性的话，以供参考。

“1996 年全国教育经费支出执行情况监测结果表明，各级政府通过贯彻《教育法》，落实教育优先发展的战略地位，政府教育投入的总量水平有了较大幅度的提高，特别是生均预算内教育事业费和生均预算内公用经费有了明显提高。但发展还不平衡，仍有一些省、自治区、直辖市没有达到《教育法》规定的教育投入增长要求。”——《国家教委、国家统计局关于 1996 年全国教育经费执行情况统计公告》

“2000 年全国教育经费执行情况监测结果表明，各级政府通过贯彻《教育法》，落实教育优先发展的战略地位，政府教育投入总量继续增加，但预算内教育经费占财政支出比例比上年有所下降，一些省、自治区已连续几年没有达到《教育法》规定的教育投入增长要求。”——《2000 年全国教育经费执行情况统计公告》

“2006 年全国教育经费执行情况监测结果表明，政府教育投入总量继续增加，国家财政性教育经费占 GDP 的比例以及预算内教育经费占财政支出比例均比上年有所增加，但有一些省、自治区、直辖市没有达到《教育法》规定的教育投入增长要求。”——《教育部、国家统计局、财政部关于 2006 年全国教育经费执行情况统计公告》

当政府没有履行法定职责，该承担什么样的法律责任？换言之，谁对政府失职负责？尽管在《教育法》的第七十一条明确规定：“违反国家有关规定，不按照预算核拨教育经费的，由同级人民政府限期核拨；情节严重的，对直接负责的主管人员和其他直接责任人员，依法给予行政处分。”但我们从未见到有关责任人因之而受到处分的，更不要说引咎辞职了。政府没有履行相应的义务，由谁、通过什么样的程序、追究谁的法律责任，这些基本问题不明确，“违法必究”不可能得到彻底实施。而离开了责任追究，势必会对教育法律的执行力度产生决定性影响。

可喜的是，新《义务教育法》的第九条规定：“任何社会组织或者个人有权对违反本法的行为向有关国家机关提出检举或者控告。发生违反本法的重大事件，妨碍义务教育实施，造成重大社会影响的，负有领导责任的人民政府或者人民政府教育行政部门负责人应当引咎辞职。”这一规定从法律上开创了教育问责制的先河。不仅如此，还单列第七章共十条，对违反义务教育法有关规定的，依法追究其法律责任。明确实施问责制，关键是如何将其落到实处，明确由谁、通过什么样的程序、追究谁的、何种法律责任，否则问责制很难发挥其应有的效力。因而，有必要建立一套操作性较强的问责机制，在问责的主体、问责的客体、问责的对象、问责的范围和问责的程序等方面建立长效机制。同时完善相关的配套制度，如教育督导制度、义务教育经费使用等重要信息公开制度等。建立义务教育问责制度，并发挥其长效机制，是教育立法和教育行政最为重要的、也是最为现实的课题之一。

（一）明确行政问责的主体，解决“由谁问”的问题

问责制的启动，首要的问题是要明确由谁来问责，即明确问责的主体，根据《义务教育法》第九条和第七章相关条款的规定，违反义务教育法的行政问责主体，既有同体问责，主要是上级人民政府对下级人民政府或者同一政府部门内上级对下级的问责；也有异体问责，即由外部机构或公民个人对责任人的问责，主要以同体问责为主。《义务教育法》的第五十一条规定：“国务院有关部门和地方各级人民政府违反本法第六章的规定，未履行对义务教育经费保障职责的，由国务院或者上级地方人民政府责令限期改正；情节严重的，对直接负责的主管人员和其他直接责任人员依法给予行政处分。”第五十二条：“县级以上地方人民政府有下列情形之一的，由上级人民政府责令限期改正；情节严重的，对直接负责的主管人员和其他直接责任人员依法给予行政处分。”还有第五十三条、五十六条等，可见义务教育法规定的是以同体问责为主。这种同体问责存在两大问题：一是如果上级（包括国务院）违反法律责任，由谁来追究其责任？容易导致最应该被问责的地方，恰恰无人问责；二是如何保证问责结

果的公正性，即责任承担与其违法情节相适应，符合比例原则。学术界普遍认为，在实行同体问责的情况下，必须启动异体问责机制。从某种意义上讲，异体问责才是更客观、更有效、对政府负责人更具有威慑力的问责形式，从近年来发生的有重大社会影响的事件上已经说明这一点，比如2008年发生的三鹿问题奶粉事件以及诸多矿难事件等，均是由公众经由新闻媒体发难，最终使责任人被问责。

一般来说，异体问责主体主要包括人大、司法机关、中国共产党、各民主党派、新闻媒体、其他社会组织和公民个人。《义务教育法》第九条中的“任何社会组织或者个人”以及“有关国家机关”实际上就是异体问责的主体，只是没有更具体地说明“有关国家机关”到底指哪些机关，除了“有关国家机关”外还有哪些部门。政府官员是接受人民的委托行使职权的，因而，问责的主体应该是公众。另外，我国实行的是人民代表大会制度，按照宪法的规定，各级人民代表大会及其常务委员会是同级人民政府的最高权力机关，行政机关、审判机关、检察机关都要对人大负责，接受人大监督，人大依法行使质询权。但是在实际政治权力运行过程中，人大作为最重要的问责主体却是缺位的，其问责权力并没有得到体现。我们尚未见到哪一起重大违法事件是由人大问责而被追究法律责任的。有必要在充分发挥新闻媒体、公众、各民主党派和司法机关问责主体作用的同时，启动立法机关的问责机制，发挥人大应有的监督和质询功能，以解决问责主体单一的问题。

义务教育涉及千家万户的利益，学校的经费是否到位？教师工资是否按时、足额发放？学校的选址是否符合标准？学校是否有重点与非重点之分？班级是否有重点与非重点之分？经济困难家庭的儿童是否享受到“两免一补”？对于这些问题，学校教师、儿童及其父母、学校所在地的村民（或居民）是比较清楚的，义务教育领域异体问责是有其现实可能性的。所以，在义务教育领域更应该启动异体问责机制，发挥公众对义务教育中责任主体的监督作用。

（二）明确问责的客体，阐明“向谁问”的问题

问责的客体也称问责的对象，是阐明向谁问责的问题。《义务教育法》第九条规定的是“负有领导责任的人民政府或者人民政府教育行政

部门负责人应当引咎辞职”，具体到第七章“法律责任”部分，均表述“……情节严重的，对直接负责的主管人员和其他直接责任人员依法给予行政处分”，可见，违反义务教育法的有关规定的问责客体主要是“直接负责的主管人员和其他直接责任人员”。这样一来，明确直接负责的主管人员和其他直接责任人员就成了问责的前提。这就要求国务院和各级人民政府及其相关部门，明确各自的职责和权限，各部门也需要有明确的负责人，以免出现问责时相关部门互相推诿，出现谁都有责任、谁又都没有责任，谁都有可能负责、而谁又都不负责的情况。特别是涉及两个部门或多个部门集体决策、齐抓共管的事项，如治理教育乱收费问题、侵占和挪用义务教育经费问题、进城务工人员随迁子女平等接受义务教育权利保障问题，等等，更需要明确各个官员的职责。明确与义务教育事业相关的部门及其人员的职责和权力是问责制实施的重要前提。

（三）明确问责的范围，确定“问什么”

《义务教育法》的第七章对问责的范围作了明确的规定，如国务院有关部门和地方各级人民政府违反本法第六章的规定，未履行对义务教育经费保障职责的；县级以上地方人民政府未按照国家有关规定制定、调整学校的设置规划的；县级以上地方人民政府未依照本法规定均衡安排义务教育经费的；县级以上人民政府或者其教育行政部门将学校分为重点学校和非重点学校的，等等。但，在第五十一条到第五十四条规定的行政问责情形中，均有一个共同性的表述，即“……情节严重的，对直接负责的主管人员和其他直接责任人员依法给予处分”。第九条的表述是“发生违反本法的重大事件，妨碍义务教育实施，造成重大社会影响的，负有领导责任的人民政府或者人民政府教育行政部门负责人应当引咎辞职”。可见，在问责的范围上，仅限于已经失职的行为，而且这种失职行为必须是达到了“严重”的程度；须引咎辞职的构成要件是“发生违反本法的重大事件”，且须“造成重大社会影响的”。政府及其工作人员失职到什么程度算是“严重”？什么事件算是“重大事件”？何种影响可以称为“重大社会影响”？法律并没有作出明确规定。在法律没有明确规定的情况下，由谁、如何认定“情节严重”、“事件造成重大社会影响”？如果法律、法规对这些不加以明确规定，最终难以有效地对政府及其主管人员问责。

近几年，在义务教育中备受政府和公众关注的一些教育问题，除了上面提到的很多省、自治区的教育经费没有达到《教育法》规定的教育投入增长要求等问题外，还有一些地方政府假借布局调整之名，为追求政绩，不合理地撤并学校，导致部分学生上学难；教育乱收费屡禁不止；重点校和薄弱校之间的差距有增无减……按照新《义务教育法》的规定，这些都是违法的行为。若上述这些违法行为只有到了“严重”的程度才被追究责任的话，因“严重”没有一个统一的标准和确认程序，问责很难实施。最终很有可能出现有如我们今天看到和感受到的诸多情形：上述我们列举的违反义务教育法的事项仍旧存在，公众已怨声载道，媒体频繁揭露，终不见有谁来承担法律责任。问责的范围、情节究竟如何认定成为问责机制发挥长效作用的又一决定因素。因而，有必要以列举的方式对“情节严重”、“重大事件”、“事件造成重大社会影响”等关键词作出明确规定。从严格的意义上讲，由于义务教育是关乎公共利益的一项重要事业，要发挥问责的长效机制，在问责的实施上，不仅要对情节严重的违反义务教育法的失职行为进行问责，还应当对一般的失职行为，故意拖延、推诿扯皮等没有完全履行职责的行为也应被问责。

（四）明确问责的程序，解决“如何问”的问题

由于问责的后果和问责的客体有直接的利害关系，涉及引咎辞职以及其他行政处分等多种后果，因而问责必须依照法定程序进行。在质询、罢免、引咎辞职及其他行政处分等不同程序中，为保证问责的公正、有效，诸多方面的问责规定，都需要从程序上加以明确。这些规定包括问责主体回避的规定、质询答复时限的规定、问责人员组成的规定、罢免通过人数的规定、问责客体抗辩、申辩程序的规定、听证程序的规定、复议程序的规定以及问责客体其他权利救济程序的规定等。由于在义务教育法中尚未对有关“如何问”的问责程序作出任何规定，需要通过配套的法规或规章加以完善。

（五）明确问责的责任体系和后果

按照毛寿龙的观点，责任主要包括道义上的责任、法律责任、民主责

任、政治责任和行政责任等。① 承担责任的主要方式有公开道歉、通报批评、引咎辞职、免职、撤职、行政处分、接受司法审查等，新《义务教育法》对承担责任的方式缺乏具体的规定。换言之，缺乏一个明确的问责责任体系。我们可以从有关问责的后果即引咎辞职、行政处分的规定中可以推断出主要有法律责任，其他三种责任没有相应规定。现实中，一些公务员因违法受到追究时，如果失职的公务员是中共党员，通常给予党内的处分后不再追究其其他责任。由此，不免令人担忧，在新《义务教育法》没有明确问责责任体系的情况下，在责任人应承担的政治责任、民主责任、道德责任、法律责任四类责任中是否会出现择其有利者取之，避重就轻，即用政治责任代替法律责任，进而导致同过不同罚的不公正现象。因而，义务教育问责制在责任认定上还有待规范，须对何种情况下应承担何种责任作出明确规定。

（六）完善问责制的相关配套制度

在明确上述有关问责的具体内容的基础上，还须辅之以相关配套的制度，才能使问责制发挥真正的效力。主要有二：一是要完善教育督导制度。各级人民政府是否履行了法律义务，义务教育是否均衡发展，这些实际情况需要督导机构提供必要的信息。义务教育法最终能否落实，义务教育行政问责制能否发挥应有的效力，在很大意义上取决于督导机构是否进行了强有力的监督。《教育法》第二十四条规定："国家实行教育督导制度和学校及其他教育机构教育评估制度。"明确了国家实行督导制度。新《义务教育法》第八条规定："人民政府教育督导机构对义务教育工作执

① 毛寿龙在《引咎辞职、问责制与治道变革》一文中指出："引咎辞职是一种道义上的责任，也就是说，官员在不需要承担其他责任的情况下主动承担的一种责任。除此之外，政府还需要承担法律责任、民主责任、政治责任和行政责任等，其中司法责任意味着政府官员要承担法律责任，一旦有渎职、贪污等违法犯罪行为，就需要接受检察官的指控，并接受法院的审判；民主责任，意味着选任的政府官员，需要向人代会承担政治责任，一旦代表不满意，就可以启动罢免程序，罢免选任官员；政治责任，在中国，主要是指官员对执政党和政府领导班子负责，如果执政党和领导班子不满意，可以不支持该官员执政，或者在新的人事任命方面不给予有力的推荐，甚至给予党内处分；行政责任是，非选举任命而由聘任和委任等行政性任命的官员需要承担的责任，比如行政官员出现工作上的错误，受到行政处分等。"参见：毛寿龙．引咎辞职．问责制与治道变革［J］．浙江学刊，2005（1）：45－49.

行法律法规情况、教育教学质量以及义务教育均衡发展状况等进行督导，督导报告向社会公布。”进一步明确了督导的主体，即人民政府的教育督导机构，而不是隶属于某一个部门的教育督导机构；强调义务教育督导的主要职责和内容，规定了教育督导公开制度。但到底如何实施督导？督导是定期还是不定期进行？各级人民政府督导的具体范围、内容、方法、程序，督导报告在何种范围内如何向社会公布？这些问题需要进一步明确。特别是1991年原国家教委发布的《教育督导暂行规定》与新《义务教育法》的规定有矛盾的地方，已远远不能满足需要。为充分发挥教育督导在《义务教育法》实施中的监督作用，树立教育督导的权威性，有必要由国务院尽快出台有关教育督导条例，以确保对新《义务教育法》的实施进行强有力的监督。二是要实施义务教育经费使用等重要信息公开制度。行政问责制的前提是政务信息公开，它对政府权力构成重要的制约作用。[79]只有在政府透明、政务公开的基础上，以合法的程序保障行政问责的公正性，才能进一步提升行政问责的社会政治效能。因此，各级人民政府及其教育行政部门、学校应采取教育政务公开栏或教育政务通讯等方式，及时、主动地公开义务教育经费使用情况、招生情况、收费情况等，主动接受公众的监督。它既能解决教育督导的滞后性，又便于社会组织和公民个人及时履行问责的权利，也能够及时纠正违法行为。只有政府有关义务教育信息公开化、制度化，才能增加问责的透明度，才能扩大公众的知情权，充分调动全体公民参与监督的积极性。

我们必须认识到，及时、有效和公正的义务教育行政问责法律制度支撑体系还有待于健全和完善。除上述谈到的以外，明确各级人民政府及其教育行政部门的职责和权力，合理、公正地界定责任人，完善政府绩效评估制度，设立举报、奖励制度，建立公益诉讼制度等，也是非常重要的方面。有序地推进义务教育行政问责的制度化进程，必将是一个艰巨而长期的过程。

第三节 国家在保障适龄儿童接受义务教育中承担的义务

国家在保障适龄儿童平等接受义务教育中承担的义务由积极义务和消

极义务构成。积极义务是一种作为的义务，其话语表述形式多是“必须……”或“应该……”；而消极义务是一种不作为的义务，其话语表述方式是“禁止（严禁）……”或“不得……”。按照埃德关于国家义务的分类[80]，积极义务包括保护和实现的义务：保护的义务要求政府防止第三方对这些权利的侵犯，而实现的义务则要求政府采取适当的立法、行政、司法和其他措施以确保权利的充分实现。消极义务即尊重的义务，要求国家和政府不得对公民享有的受教育权进行干涉。按照国际人权法的规定，国家要履行的消极不作为义务主要体现在三个方面：一是承认并尊重人的受教育权利；二是尊重父母对其子女所应受的教育种类的优先选择权；三是不得干涉个人或团体设立和管理教育机构的自由。相对于国家的消极义务来说，受教育权作为一种典型的社会权，其“权利指向的国家行为的核心是促成和提供。社会权是更高层次要求的权利，除了被尊重和保护的性质，更为根本的是具有促成和提供的特性”。[28]可见，保障义务教育阶段儿童受教育权利的最主要义务方是国家，要求国家和政府履行积极义务，强调国家的管理、积极干预职能。

一、国家在义务教育中承担的积极义务

为保障儿童受教育权利的充分实现，在国际人权法的框架内，基于国内法的相关规定，国家和政府要承担的积极义务，涵盖了教育均衡发展、教育目的、教育物质条件、制度保障以及教材审定等诸多方面。

（一）促进义务教育均衡发展

为达成更加公平的教育，实现义务教育的人权特性，其重要前提是要实现义务教育的均衡发展。我们的政府已经在《义务教育法》中明确了义务教育均衡发展的重要原则，突出强调了政府在促进义务教育均衡发展方面的责任。当务之急是如何采取具体的措施加以落实，对未履行法定义务的责任主体依法追究其法律责任。

（二）重新厘定教育目的

教育目的作为教育功能的确定性指向，反映了教育在人的培养规格、努力方向和社会倾向性等方面的要求。它主要回答两个问题：一是规定教

育“为谁培养人”；二是“培养什么样的人”。前者是关于教育活动的质的规定性，后者是关于教育对象的质的规定性。教育目的不仅规定着一定社会（国家或地区）对教育培养人的总体规格要求，也标示着教育活动的方向和目标，是教育活动的出发点和归宿，对整个教育活动具有导向性的作用。从 1949 年以来我国各个时期的教育目的来看①，在教育目的“为谁培养人”的层面上，“社会主义”是我国教育目的的根本性质。这一基本精神，明确了我国教育的社会主义方向，指引着教育为社会主义事业的发展培养造就各方面的人才，即为社会主义的经济建设和社会全面发展培养各级各类人才。我国教育目的所要求培养的人才，都是服务于“社会主义”的“劳动者”、“建设者”和“接班人”。从教育目的“培养什么样的人”的层面上，我国人才培养的素质要求就是使受教育者德、智、体、美等方面全面发展。同时，还要注重提高全民族素质。提高全民族的素质，是我国当今社会发展赋予教育的根本宗旨，也是我国当代教育的重要使命。可见，我国的教育目的是从社会需要出发，根据社会需要来确定的，着眼于培养社会主义事业的“建设者”和“接班人”。这种定位，一方面，因其过分强调教育的工具价值而受到批评；另一方面，“建设者”和“接班人”的定位在走向民主和法治社会的今天更受到了广泛的质疑。因此，有必要重新厘定教育目的，主要从以下两个方面着手：一是义务教育的教育目的应由工具本位向权利本位转变。新《义务教育法》在义务教育立法宗旨方面实现的重大转变要求教育目的作出相应的调整，真正做到把每个儿童当“人”，从人权保障而非制器的高度重新厘定教育目的。二是摒弃“建设者”和“接班人”之政治话语定势的影响，重塑现代国家的“合格公民”。关于“建设者”和“接班人”的表述，正如

① 1957 年，毛泽东在最高国务会议上提出：“我们的教育方针，应该使受教育者在德育、智育、体育几方面都得到发展，成为有社会主义觉悟的有文化的劳动者。”1982 年的《宪法》规定：“国家培养青年、少年、儿童在品德、智力、体质等方面全面发展。”1995 年的《教育法》规定：“教育必须为社会主义现代化建设服务，必须与生产劳动相结合，培养德、智、体等全面发展的社会主义事业的建设者和接班人。”2006 年新修订的《义务教育法》规定：“义务教育必须贯彻国家的教育方针，实施素质教育，提高教育质量，使适龄儿童、少年在品德、智力、体质等方面全面发展，为培养有理想、有道德、有文化、有纪律的社会主义建设者和接班人奠定基础。”

诸多学者所认为的那样，不仅存在表述上的失当，而且存在取向上的偏差。[81]“‘接班人’的表述是比较政治化、针对特定人群和比较高的标准，与现代教育的全民性、中小学教育的基础性价值不尽一致。‘劳动者’‘建设者’的表述则较缺乏科学性，并且隐含了对人力资源价值的偏重。”① 只有着眼于合格公民的培养，鼓励儿童作为“人”应有的个性和尊严的充分发展，加强对人权和基本自由的尊重，才能使儿童具有基本的权利义务观，具有主体意识，具有自由、平等、人权的理念。在多元文化、民主法治的背景下，培养具有上述意识和观念的公民无论对于儿童个人还是主权国家的发展都是必要的。

（三）建立义务教育经费保障机制，保证义务教育制度实施

义务教育所需经费由国家予以保障，这在《义务教育法》修订之后终成现实。新《义务教育法》的颁布实施可谓真正实现了由“人民教育人民办”向“人民教育国家办”的重大转变。首先，国家要建立义务教育经费保障机制，向儿童提供免费的义务教育，保证义务教育制度实施（第二条）。即要建立一种新型的由“国务院与地方各级人民政府根据职责共同负担，省、自治区、直辖市人民政府负责统筹落实”的义务教育投入体制（第四十四条），省级人民政府应加大义务教育经费的保障力度，在省域范围内合理配置义务教育资源。其次，把义务教育经费全面纳入财政保障范围。国务院和各级人民政府应将义务教育经费纳入财政预算，各级人民政府在财政预算中将义务教育经费单列，按照教职工编制标准、工资标准和学校建设标准、学生人均公用经费标准等，及时足额拨付义务教育经费，确保学校的正常运转和校舍安全，确保教职工工资按照规定发放，并保证做到“三个增长”。再次，特别保障农村义务教育经费。

① 参见：杨东平的 BLOG：中国面向未来的新的教育理想、教育哲学，http：//blog. sina. com. cn/yangdongping，2007－06－03，杨东平的 BLOG，2009－05－20 访问。持有类似观点的还有成有信、门宪琳等人，参见：成有信．公民·公民素养·公民教育［J］．北京师范大学学报：社会科学版，1996（5）：76－80．/杨天平．有关教育目的的反思性评析［J］．教育导刊，2001（10）：4－7．/袁祖社．“公共精神”：培育当代民族精神的核心理论纬度［J］．北京师范大学学报：社会科学版，2006（1）：109－114．/门宪琳．教育目的的重新定位——培养现代公民［D］．长春：东北师范大学，2007．等。

"农村义务教育所需经费，由各级人民政府根据国务院的规定分项目、按比例分担"（第四十四条第一款）。最后，实施义务教育，不仅不收学费、杂费，而且要求各级人民政府对家庭经济困难的适龄儿童、少年免费提供教科书并补助寄宿生生活费，保障家庭经济困难的和残疾的适龄儿童、少年接受义务教育。

（四）提供合格而充足的义务教育师资，并保障教师的合法权益

没有一支质量合格而数量充足的师资队伍，义务教育的普及和提高只能是一句空话。特别是随着中小学教师聘任制的实施，很多教师缺乏职业安全感。而基础教育课程改革的推行，更使教师面临着前所未有的挑战，相当一部分教师存在着职业倦怠，缺乏幸福感。在这种情况下，要稳定教师队伍，需做好几项重要的前提性工作：一是要重新看待教师的身份和法律地位，明确公立中小学教师的公务员身份。二是各级人民政府必须保障教师工资福利和社会保险待遇，改善教师工作和生活条件，使教师的平均工资水平不低于当地公务员的平均工资水平。完善农村教师工资经费保障机制，并使特殊教育教师享有特殊岗位补助津贴，在少数民族地区和边远贫困地区工作的教师享有艰苦贫困地区补助津贴。三是国家建立统一的义务教育教师职务制度，县级以上人民政府应当加强教师培养工作，采取措施发展教师教育。四是要切实解决农村教师数量不足、质量不高的问题。在建立真正意义上的教师定期流动制度的同时，还涉及一个不可回避的、全局性的问题，就是如何基于《教育法》、《教师法》、《义务教育法》以及《中华人民共和国劳动法》和《中华人民共和国劳动合同法》，解决农村30余万名代课教师问题。全面提高农村教师的资质和素养，既是普及义务教育的要求，也是文明中国的要求，是政府义不容辞的责任。

（五）确立实施义务教育的教育制度

有了一部义务教育法律，如果缺乏相应的制度、措施予以保障，不管这部法律有多完善，也很难起到应有的作用。国家必须完善各项制度，确保九年制义务教育的发展走上制度化、法律化的轨道。由于凡年满六周岁的儿童应当入学接受规定年限的义务教育，因而，实施义务教育的教育制

度主要指学校教育制度。主要包括：教育督导和评估制度；儿童的入学、升学、转学、休学、复学、退学等学籍管理制度；学习成绩考核、评价制度；学生在校的安全保障制度；教科书审定和使用制度；教师管理制度（包括教师职务制度，教师资格制度，教师考核评价制度等）；对特殊需要儿童的补偿制度等。此外，还需完善相关制度，保障那些采用其他非入学方式接受教育的儿童受到同等对待，如为“在家上学”立法，使其合法化。

（六）举办学校，使适龄儿童就近入学

国家有义务合理设置适合各类儿童就学的学校，保证儿童免试、就近入学，具体设置者为地方各级人民政府。对在非户籍所在地接受义务教育的儿童，流入地政府有义务为其提供平等接受义务教育的条件（《义务教育法》第十二条第二款）。学校在类型上，既要有普通的中小学，也要为视力残疾、听力语言残疾和智力残疾的儿童设置特殊教育学校（班），还要为具有《中华人民共和国预防未成年人犯罪法》中规定的严重不良行为的儿童设置专门的学校，切实保障弱势儿童受教育权。另外，县级人民政府还应根据需要设置寄宿制学校，保障居住分散的儿童入学接受义务教育的权利。学校在建设方面，应当符合国家规定的办学标准，符合国家规定的选址要求和建设标准，确保学生和教职工安全（《义务教育法》第十六条）。在教育教学条件上，要有按编制标准配备的教师和符合义务教育法规定要求的师资来源，要有与儿童数量相适应的校舍和其他基本的教学设施，能够按照一定标准配置教学仪器、图书资料和文娱、体育、卫生器材等，并配置适合残疾儿童、少年学习、康复、生活特点的场所和设施。随着儿童数量的变化和社会需要，县级以上地方人民政府还应根据本行政区域内居住的适龄儿童、少年的数量和分布状况等因素，按照国家有关规定，制定、调整学校设置规划。新建居民区需要设置学校的，应当与居民区的建设同步进行。

（七）规范学校的办学行为，切实保证义务教育公平、均衡地发展

义务教育的公益性质要求政府必须规范义务教育的办学行为，切实保

证义务教育公平而均衡地发展。表现为：县级以上人民政府及其教育行政部门应当促进学校均衡发展，缩小学校之间办学条件的差距，不得将学校分为重点学校和非重点学校。学校不得分设重点班和非重点班。县级以上人民政府及其教育行政部门不得以任何名义改变或者变相改变公办学校的性质（《义务教育法》第二十二条）。

20世纪90年代中期，在全国范围内进行义务教育阶段办学体制改革试验，即进行了“公办民助”、“民办公助”、“国有民办”等不同形式的办学体制改革试验，简称转制学校改革。当时进行转制学校改革的初衷，主要是基于以下三种考虑：一是缓解教育经费短缺矛盾；二是改变部分薄弱学校面貌，扩大优质教育资源和满足人民群众的择校需求；三是引进市场因素，吸纳社会资金，政府主动改变传统计划办学模式，推动学校自主办学。转制学校改革，正如1998年6月国务院办公厅转发教育部《关于义务教育阶段办学体制改革试验工作若干意见的通知》中所说的，转制学校对于“逐步建立以政府办学为主、社会各界共同办学的体制；对合理配置教育资源，吸收社会资金投入教育；对加强基础薄弱学校的建设，增强学校的办学活力等起到了积极的作用”。但在办学体制改革试验过程中，也出现了一些值得注意的倾向和问题，主要表现在：将好的或比较好的学校转变为“民办公助”，在义务教育阶段高收费；依托办学水平较高的公办学校办“校中校”、“校中民办班”或“一校两制”；一些学校乱收费、乱集资，有的甚至比较严重……其实，对转制学校的诟病从未间断。湖北省武汉市政协委员朱真民等人曾经尖锐地指出“转制学校”的问题：首先，加剧校际分化，形成了“重点学校不义务，实行义务教育的普通学校又受冷落”的怪圈；其次，加重课业负担和家长经济负担等。① 另外，由于“改制学校”、“名校办民校”享有公办和民办教育的双重优惠政策，形成对民办学校的不公平竞争，致使许多地方真正的民办学校陷入生源危机，出现大面积死亡。[82]116

鉴于此，2006年8月教育部又出台了《关于贯彻〈义务教育法〉进

① 参见：上海探索：取消转制校谋求公平 . http：//www. cnepl. net/update/Article_Show. asp? ArticleID =715，天津教师人才网，2010 -06 -24 访问。

一步规范义务教育办学行为的若干意见》，指出：（1）依法加强省级统筹职能，明确县级人民政府及其教育行政部门负有规范本行政区域内所有义务教育阶段学校办学行为的直接管理责任；（2）依法建立义务教育经费保障机制，严格规范公办学校收费行为；（3）依法规范公办改制学校，切实维护公共教育资源；（4）依法规范公共教育资源配置，不得举办各种名目的重点学校、重点班等。其后，教育部于2007年4月30日废止了2002年颁布实施的《教育部关于加强基础教育办学管理若干问题的通知》，这在一定意义上反映出政府进一步规范义务教育办学行为的决心。实际上，转制学校及其带来的诸多乱象的背后是政府教育公共服务职能的缺位，国家举办、并通过公共教育经费维持公立学校正常健康运转是政府的天职。同时，任何有关义务教育政策、措施的出台，无论基于何种良好的愿望，都必须坚持教育的公共性和公平的价值取向。

（八）采取措施组织适龄儿童入学，并防止适龄儿童失学、辍学

《义务教育法》第十三条明确规定："县级人民政府教育行政部门和乡镇人民政府组织和督促适龄儿童、少年入学，帮助解决适龄儿童、少年接受义务教育的困难，采取措施防止适龄儿童、少年辍学。"同时，第五十三条又规定，县级人民政府教育行政部门或者乡镇人民政府未采取措施组织适龄儿童、少年入学或者防止辍学的，由上级人民政府或者其教育行政部门责令限期改正、通报批评；情节严重的，对直接负责的主管人员和其他直接责任人员依法给予行政处分。虽然《义务教育法》的第五条和第十一条规定父母应按时送适龄儿童入学接受义务教育，但从上述条款规定来看，若适龄儿童未入学或辍学，实施"采取有效措施"的主体是"县级人民政府教育行政部门或者乡镇人民政府"。尽管《义务教育法》没有规定什么是"有效措施"，但规定了义务主体没有采取有效措施时应承担的法律责任。可见，在国家向所有适龄儿童提供了义务教育所需条件的前提下，还负有组织适龄儿童按时入学，并采取有效措施防止适龄儿童失学、辍学的责任。相对于以往的家访、规劝等方式，还有的乡政府通过诉讼的形式，将辍学学生家长告到法院，要求法院责令家长把孩子送回学校读书。法院作出了对家长进行罚款并责令其将孩子送回学校读书

的判决。[①] 尽管有学者对乡政府的原告适格问题提出质疑，但在当前儿童辍学、失学率仍高居不下的背景下，我们认为这是一种为保护儿童受教育权利免受侵害而采取的公益诉讼，是一种有益的尝试，值得关注。“采取措施鼓励学生按时出勤和降低辍学率”也是《儿童权利公约》要求缔约国必须履行的责任。

二、国家在义务教育中的消极义务——从孟母堂事件说起

按照国际人权法的规定，国家要履行的消极不作为义务主要体现在三个方面：一是承认并尊重人的受教育权利；二是尊重父母对其子女所应受教育种类的优先选择权（简称教育选择权）；三是不得干涉个人或团体设立和管理教育机构的自由。在这三种消极义务中，第一项和第三项已得到我国法律的认可，而第二项尚存很大争议。父母到底在多大范围上具有对子女的优先选择权？国家在履行对义务教育的管理义务时，其权力行使的边界在哪里？当国家对义务教育的管理义务与父母的教育选择权之间（也即国家教育权与家庭教育权之间）存在冲突时，应基于何种原则予以协调？孟母堂事件充分暴露出我国现行法律在上述问题规定上的不足，凸显了公众对多样化、高质量、可选择性教育形式的强烈需求。因而，从保障儿童学习权的高度，从法理上对颇具标本意义的孟母堂事件进行深入剖析具有重要的理论意义和实践价值。

孟母堂事件原委

2005年9月，上海出现了被称为“全国第一家全日制私塾”——孟母堂，共有12名4—12岁儿童就学。孟母堂负责人称，孟母堂是家长们联合自发举办的家庭教育，并非某种机构或组织，也不是私塾。据介绍，儿童的学习虽以背诵古代中英文经典（即“读经”）为主要形式，但课程

---

① 2007年6月，新疆阿克苏地区柯坪县的玉尔其乡、阿恰勒乡人民政府，将29名辍学学生家长告上法庭，要求法院责令家长把孩子送回学校读书。法院作出了对家长进行罚款并责令其将孩子送回学校读书的判决。报道中，柯坪县副县长李旺军说，县政府下定决心，不仅要继续加大教育投入力度，为孩子创造更加舒心的学习环境，而且要让适龄青少年100%完成九年义务教育。“不让一个家长非法剥夺孩子受教育的权利！”参见：刘冰. 新疆两乡政府将29名学生家长告上法庭［N］. 中国青年报，2007－06－25（2）.

计划设置详细而周密，包括了中英文阅读与创作、数理化课程和课外活动，兼顾了义务教育课程和国家课程标准规定的阅读内容，其办学宗旨为“……强体魄、德智体、美劳全；孟母堂、德为宗、兴教育、报家国”，与我国义务教育方针似无二致。由于12名儿童中，有部分学龄儿童在义务教育阶段没有到学校接受义务教育，上海市松江区教育局遂于2006年7月17日下发告知单，指出：孟母堂属非法教育机构，从事的是非法教育活动，应立即停止非法行为。

2006年7月24日，上海市教委发言人又对此发表谈话，具体列举出孟母堂的违规之处：（1）违反办学许可的有关规定；（2）违反《义务教育法》的第二条、第四条和第三十五条的有关规定；（3）违反有关教育收费的规定。

8月24日，家长吕丽委就上海市松江教育局7月17日的“行政告知单”，向上海市教委提交行政复议申请书，要求撤销“行政告知单”所作的具体行政行为。

11月19日，上海市教委回复吕丽委，下达了《行政复议终止通知书》，认定松江区教育局的“告知单是对被告知人的一种指导和建议，系教育行政部门在处理行政管理事务过程中的行为，尚未对相对人权利义务产生法律上的实际影响，不属于行政复议的范围”。

11月28日，上海市教育局最终裁定：原松江区教育局的意见不具有法律效力，仅仅是指导意见，也不代表上海市教育局的观点。

11月28日，国家教育部新闻发言人王旭明答记者问时表示，义务教育阶段，每个中国公民都应该享受国家规定的九年义务教育。除此之外，根据新近修订的《义务教育法》规定，非义务教育以外例如私塾的各类学校，按照《民办教育促进法》和《民办教育促进法实施条例》申报有关部门，按照有关部门程序批准也可以办。

随后，孟母堂继续开办。

2009年2月6日，松江区教育局再向孟母堂创办人吕丽委下发《责令限期改正通知书》，责令其于2月10日前，停止擅自办学的行为。

2月9日，吕丽委向松江区教育局提交了《关于改正通知书的回函》，表示已按照要求停止了一切教学活动，老师不再授课讲经。同时，向教育局书面提交“在家教育申请”，要求批准其在家对女儿实施教育。另有3

名家长也向教育局提交“在家教育申请”。

2月19日，松江区教育局正式向吕丽委发出“行政处罚决定书”，责令“孟母堂”停止办学行为。在家教育申请亦未获批准。①

对于孟母堂事件，教委方面认为，家长未把适龄儿童送到经国家批准的教育机构接受义务教育，侵犯了孩子的受教育权。而家长方面则认为，现行模式下孩子无法接受到更好的教育，所以被迫组织起来“自救”，孟母堂并没有违反《义务教育法》，属于家庭自主学习形式，教委的禁令才是侵犯了孩子的受教育权。那么，从实体法的角度看，孟母堂是否合法？从法理上看，孟母堂是否合理？从保障儿童学习权的终极意义上看，国家到底应如何规范和管理孟母堂这一特殊教育形式？

① 关于孟母堂事件，讨论之多、范围之广远远超过我们的想象。其中既有法学者的法理探讨，也有教育学者的学理思考，更有民众的广泛参与。本书着重参考了以下诸多资料：张步峰，蒋卫君．现代私塾“孟母堂”能否见容于法治［J］．法学，2006（9）：6－11．/郑素一．教育权之争——“孟母堂事件”的法理学思考［J］．行政与法，2006（11）：71－74．/王刚．孟母堂：保卫孩子不去学校的权利？［J］．中国新闻周刊，2006（29）：34－35．/陈涛，冯睿．吕丽委：“孟母堂”继续开课［J］．三月风，2007（1）：20－22．/秦强．“孟母堂事件”与宪法文本中“受教育条款”［J］．山东社会科学，2007（2）：22－28．/冯永刚．孟母堂：家庭和学校的教育博弈［J］．班主任之友，2007（2）：14－15．/刘伟．“孟母堂”引发的教育思考［J］．教育科学论坛，2007（3）：22－24．/张震．我国宪法文本中“受教育义务”的规范分析——兼议“孟母堂”事件［J］．现代法学，2007（3）：22－28．/季卫华．“孟母堂”事件中的受教育权探析［J］．教学与管理，2007（7）：43－44．/倪洪涛．论义务教育阶段学生的学习权——从“孟母堂”事件谈起［J］．法学评论，2008（4）：16－24．/平泳佳．叫停“孟母堂”有多难［J］．上海教育，2009（03A）：24－25．/刘陶．“孟母堂”家长欲起诉上海教委索“在家教育权”［N］．法制日报，2006－08－02（8）．/王荣会．私塾，教育面临的又一自由选择．http：//www.cn-invest.net/zzll_detail.asp？fID＝6，2008－02－20 访问/孟母堂家长声明．http：//www.cedu.cn/bbs/dispbbs.asp？boardid＝3&id＝72822，绍南文化·读经教育推广中心，2008－02－20 访问/“孟母堂”事件进程．http：//www.dujing.org/Article_Show.asp？ArticleID＝852，绍南文化·读经教育推广中心，2008－02－20 访问/孟母堂家长声明．http：//www.dujing.org/ClCms/Article/ShowInfo.asp？InfoID＝851，绍南文化·读经教育推广中心，2008－02－20 访问/教育部首度松口可以开办私塾 部分家长拒绝汉服戒尺．http：//www.cnr.cn/gsfw/gsxw/gz/200612/t20061209_504347562.html，中国广播网，2010－06－23 访问．/上海“孟母堂”拒不整改面临强制停学．http：//news.qq.com/a/20090213/000958.htm，腾讯网，2010－06－16 访问．/上海“孟母堂”面临强制执行，有权要求举行听证．http：//www.chinanews.com.cn/edu/mxzj/news/2009/02－19/1570505.shtml，中国新闻网，2010－06－23 访问，等。

（一）教委与孟母堂当事人双方争论的焦点问题：实体法上的分析

在这一事件中，有一个值得关注的现象是：无论是上海市教委，还是孟母堂家长，均以《义务教育法》等法律为依据据理力争，双方争论的焦点主要集中在以下诸多方面。

争论焦点之一：孟母堂是否属于《教育法》中的“学校及其他教育机构”？与其关联的问题是：孟母堂是否属于违法办学？是否涉嫌违规收费？

教委方面认为：孟母堂以读经的方式，按照相对固定的课表对适龄儿童实施全日制教育，属于《教育法》中的“学校及其他教育机构”之中的“其他教育机构”。既然属于一种教育机构，因其没有按照《民办教育促进法》第二章有关民办学校“设立”的规定获得办学许可，故认定孟母堂为非法办学。由此推论，其收费标准未经物价部门审核，亦属违规收费。

孟母堂方面则认为：“孟母堂”并非教育机构。孟母堂是由家长们自愿组成的，是对因为特殊原因不能或不愿去正规学校学习的孩子进行的家庭教育，不对外公开招生，也不以营利为目的。“孟母堂”只是借以勉励自己及孩子的一个厅匾名称，并非什么机构名称。教育主管部门把孟母堂作为一个办学主体，并加以处罚，从主体上看是错误的。由于孟母堂只是家庭自主学习的形式，不属于国家所规定的办学形式，所以无须向有关部门申请办学。另外，孟母堂从未进行教育收费。费用支出属于家庭开支，由家长共同承担。家庭开支无须经过物价部门审核。

我们的观点可概括为以下几点。（1）从实体法规定来看，抛开孟母堂是否属于教育机构的争论，退一步，就算孟母堂属于家庭自主学习的形式，按照旧《义务教育法》第十一条的规定①，适龄儿童的父母或其他监

① 由于新《义务教育法》于2006年9月1日起正式实施，故有关孟母堂事件的讨论应适用旧《义务教育法》。由于上海市教委是依据新《义务教育法》作出的决定，故我们在讨论时，也兼顾新旧《义务教育法》的不同规定。旧《义务教育法》第十一条规定：“父母或者其他监护人必须使适龄的子女或者被监护人按时入学，接受规定年限的义务教育。适龄儿童、少年因疾病或者特殊情况，需要延缓入学或者免予入学的，由儿童、少年的父母或者其他监护人提出申请，经当地人民政府批准。禁止任何组织或者个人招用应该接受义务教育的适龄儿童、少年就业。”新《义务教育法》第十一条：“凡年满六周岁的儿童，其父母或者其他法定监护人应当送其入学接受并完成义务教育；条件不具备的地区的儿童，可以推迟到七周岁。适龄儿童、少年因身体状况需要延缓入学或者休学的，其父母或者其他法定监护人应当提出申请，由当地乡镇人民政府或者县级人民政府教育行政部门批准。”

护人未提出申请，未经上海市人民政府的批准，使适龄儿童未能入学接受义务教育，而是进孟母堂学习，就是一种违反《义务教育法》的行为。(2) 如何理解旧《义务教育法》第十一条中的“特殊情况”？孟母堂的家长们，之所以没有把孩子送到普通的全日制学校接受义务教育，是因为在他们看来，现行模式下无法使孩子接受到更好的教育，所以被迫组织起来“自救”，这种情况是否属于“特殊情况”需要有权机关作出解释。我们基于教育公平中的可选择性原则，认为这种情况确属“特殊情况”。倘如此，孟母堂只是在程序上未申请而已，从实际情况来看，已履行了让适龄儿童接受义务教育的义务。(3) 从新《义务教育法》的相关规定来看，由于新《义务教育法》的第十一条对旧《义务教育法》第十一条的规定进行了修订，删除了“特殊情况”，只对“因身体状况需要延缓入学或者休学的”情况进行了规定。这样一来，若在孟母堂就学的适龄儿童非因身体状况不能入学，则违反了新《义务教育法》。

争论焦点之二：适龄儿童是否可以在家接受义务教育？换言之，父母将适龄儿童送到孟母堂就学而未送其入学接受义务教育是否违法？

教委方面认为：适龄儿童必须到合法的学校或其他教育机构接受义务教育，否则就侵犯了儿童的受教育权。

孟母堂方面认为：我国教育法是国家为了保证公民受教育的权利而制定的，《义务教育法》第二条、第四条规定的是国家要提供义务教育，属国家的义务，而不是公民的义务。《义务教育法》并未规定适龄儿童必须在教育部门认可的教育机构就读，也未规定不允许在家教育。应当给在家教育以合法地位，理由是：(1) 国际化都市应该允许教育的多元化；(2) 世界各国大多允许在家教育；(3) 读经教育成果丰硕，完全可以作为在家学习的主要内容；(4) 上海有地方立法权，应立法允许在家教育。

我们的观点集中于以下几个方面。(1) 适龄儿童接受九年义务教育，既是儿童的权利，也是适龄儿童及其父母或其他监护人的义务。(2) 义务教育即强迫教育，但强迫教育不等于强迫入学接受教育。旧《义务教育法》的第十一条虽然明确规定“父母或者其他监护人必须使适龄的子女或者被监护人按时入学，接受规定年限的义务教育”，但有“特殊情况”的，可以不入学接受教育，这意味着适龄儿童完全可以在家里或以其他形式接受义务教育。（3）新《义务教育法》虽然删除了“特殊情况”的规定，但新旧《义务教育法》有一个明显的变化，就是由旧《义务教育法》的父母“必须”使适龄的子女按时入学修订为：父母或者其他法定监护人“应当”送其入学接受并完成义务教育，即由原来的“必须”改为“应当”。“应当”相对于“必须”来说，很显然是一种裁量性质的体现[21]，隐含着父母对适龄儿童的教育存在着入学之外的其他教育方式的选择自由。简言之，从实体法来看，义务教育虽然具有强迫性质，但此种“强迫教育”，不能理解为“强迫就学”，父母的“教育义务”，也并不必然是“就学义务”。义务教育下的父母教育自由，仍有公、私立学校外“另一种选择”之空间存在。[83]从这个意义上看，在孟母堂就学的适龄儿童若其父母或者其他法定监护人提出申请，由当地乡镇人民政府或者县级人民政府教育行政部门批准，是可以在孟母堂或在家里学习的，并没有侵犯儿童的受教育权。

争论焦点之三：“读经教育”能否达到国家规定的基本质量要求，是否符合党和国家的教育方针提出的培养目标？

教委方面认为：根据《义务教育法》的第三十四条和第三十五条，“读经教育”不能达到国家规定的基本质量要求，不符合党和国家的教育方针提出的培养目标，不符合教育规律和学生的认知规律以及身心发展特征。

孟母堂方面认为：实践表明，“读经教育”是一种系统、全面、科学的教育方式。“读经教育”有益于儿童德育和智育的培养，有益于儿童身心的健康发展；“读经教育”的目标和方向完全符合党和国家的教育方针和政策；“读经教育”不仅限于国学教育，可以延伸至基础教育的方方面面（包括人格养成、外文教育、音乐艺术教育、数理化教育、儿童中医养生等），并没有违背《义务教育法》的精神，而是能更快、更好地达到国家规定的基本质量要求。

我们的观点包括几个方面。（1）“读经教育”能否达到国家规定的基本质量要求，不是由教委一方或由孟母堂一方说了算，更不是想当然地感性判断。我们跳出“读经教育”本身的争论，基于实体法的规定来看，根据旧《义务教育法》第八条的规定①，这里涉及几个相关联的问题：一是孟母堂所用之教科书是否经过国家的审定；二是孟母堂确定的教学内容、课程设置是否符合国家规定的标准。由于孟母堂所用之教科书是自编的，未经国家审定，自然是违反了《义务教育法》的。（2）适龄儿童在接受九年义务教育期间，在每一学年结束时是否达到了国家规定的义务教育的标准和水平，需要相应的教育评价机构对学生进行考核和评价。对于在家或在孟母堂接受教育的适龄儿童，由谁、采用什么方式对其进行评价，新旧《义务教育法》均未作明确规定，急需立法予以明确。政府应该将审核的重点和重心从教学内容本身转移到教学内容标准的制定和教学内容的评估上，判断不同的教学内容是否可以让孩子达到与普通的全日制教育同样的教学目的，而不是简单地指定教学内容。如果“孟母堂”取得了合法的办学资质，同时在教学内容上能够达到教育管理部门提出的义务教育标准，那么“孟母堂”的种种另类教育方法和教育内容也是可取的，符合受教育权的自由权内涵的行为。[84]

（二）法理上，需澄清的若干命题

我们超越现行实体法上的规定，从法理上看，孟母堂事件蕴涵着许多亟待澄清的命题。

需要澄清的命题之一：强迫教育并不等于强迫入学接受教育。即在公私立学校及其他教育机构之外，还存在第三条道路——适龄儿童可以选择在家或其他方式学习。法律需首先对此作出明确规定，明确父母可自由裁量的范围、申请的程序、获得许可的条件，并使适龄儿童的父母或其他监护人了解。

需要澄清的命题之二：义务教育不只是年限的，更是质量和水平的。适龄儿童接受义务教育的形式是多种多样的。不管采取何种方式，只要在学习或接受教育的过程中，依法进行，学习的结果达到国家规定的义务教育的质量和水平，就是要予以鼓励和支持的。义务教育不只是一个“九

① 第八条：“义务教育事业，在国务院领导下，实行地方负责，分级管理。国务院教育主管部门应当根据社会主义现代化建设的需要和儿童、少年身心发展的状况，确定义务教育的教学制度、教学内容、课程设置，审订教科书。”

年”的年限教育，更应该是有质量高水平的教育。换言之，义务教育不能单纯追求数量上的“普及”，更应该追求质量上的“提高”。“普及与提高相结合”是义务教育的重要方针和目标。为此，应明确规定每一学年结束之时，学生各方面应达到的水平。同时，应明确规定由专门机构或学校，对在家接受教育的学生进行学习水平测试。

需要澄清的命题之三：儿童和父母对教育的多样化需求是教育中的永恒命题，而保障包括适龄儿童在内的所有公民的学习权是学习型社会的应有之义，儿童有权接受他认为是“好的”教育，对“好的”教育的选择权由其父母代为行使。我们的“特殊教育”不应局限在狭隘的残疾儿童、家庭经济困难儿童、严重不良行为儿童、被采取强制性教育措施的未成年人，更应该关注那些有特殊需求的“好孩子”。每个儿童都有获得良好发展的权利，这是受教育之生存权属性和发展权属性的应有之义。

需要澄清的命题之四：父母的教育权属于宪法上的权利，“家长的选择自由是通行于所有西方国家的宪法原则”[85]166，其权利遵循“法不禁止则自由”的原则。而国家教育权是受父母和社会的委托，是一种继受性的权力，是由宪法制定权所派生出来的，其权力遵循“法无规定则禁止”的原则，即权力行使的边界必须首先从实体法的授权出发，遵循程序法的基本规则。国家教育权行使的终极目的是为了保障公民受教育权的实现。当国家教育权与父母教育权发生冲突时，应基于儿童最大利益原则，从保障儿童学习权的高度作出相应的调整。①

需要澄清的命题之五：政府提供教育公共服务的方式是多种多样的，务使政府的职能从直接的管理型政府向间接的服务型政府转变。政府除举

---

① 当然，这里又存在一个难题，那就是某一行为是否符合儿童的最大利益该由谁、如何来判断？是儿童的监护人，政府，还是其他利益相关者？发生在张天珍老人孙子身上的“宝贝计划”事件充分反映了这一问题的复杂性。老人的儿子几年前看到了报纸上的一则新闻：一个农村的孩子父亲是农村老师，父亲教会孩子的基础知识，这孩子就慢慢自学了，自学之后他就去考大学，老人的儿子觉得学校教育方法误人子弟，决定在家教孩子。但老人觉得这样耽误了孙子，在与儿子多次协商未果的情况下，老人到法院起诉儿子，争取孙子的监护权，目的是为了能送孙子到校读书。尽管经过多方努力，济南市市中区教育局在联系了离老人孙子家最近的学校接收孩子插班学习，并向老人的儿子送达了入学通知书，但其儿子依然没有送孩子上学。由谁、如何判断家庭学校能够保证儿童健康成长，符合孩子的最大利益，需要有一个明确的标准。参见：中央电视台“今日说法”节目2007年12月18日，“宝贝计划”。

办公立学校直接向公民提供服务外，还应采用多种方式和途径满足公众多样化的教育需求，当务之急是建立可选择性的教育制度，并从法律上保证国民教育体系与非国民教育体系的同质性，采用立法、行政等多种方式，保证儿童享受到“好的”教育。儿童即便是在家里上学，也应从国家获得不低于国家生均教育经费标准的资助。

需要澄清的命题之六：受教育权之人权特性，决定了义务教育之“义务”在法理上是指国家对公民受教育权利的保障义务，是以儿童权利为本位的，而非适龄儿童必须入学之义务。政府应为那些选择在家学习的儿童提供必要的条件。

（三）他山之石：家庭学校在欧美

1. 美国的家庭学校概况

美国家庭学校（Homeschool），又被称为“在家教育”或“在家上学”，是一种不同于学校教育的教育形态，即由父母在家里对学龄儿童进行教育。家庭学校的兴起主要源于宗教和道德理念，以及对现行正规学校教育的不满。20 世纪 60 年代之前，很多实施家庭学校的人面临罚款或入狱的处境。尽管对家庭学校的利弊、存废存在较大分歧①，但经过多年的法庭争论，家庭学校逐渐在各州获得了合法地位。至 1993 年，家庭学校的法案在美国 50 个州均获得通过，家长可以在家中承担孩子从幼儿园到大学的所有课程的教学任务。目前全美约有 4% 的儿童选择在家庭学校上学，且这个比率仍然处在上升趋势。[86]为了保证学生在家庭学校中能接受和公立学校相当的教育，各州在法律条文中对家庭学校都作出了相应规定，主要包括：要求家长具有教师资格证书、为家庭学校教学建立统一的标准、定期评估在家上学孩子的学业成绩、要求家长定期地向学区官员报告等。[87]有些州规定家庭学校教育应该与学校教育等同：如果家庭学校的孩子年终考试的成绩低于学校同龄儿童的平均水平，第二年必须返回学

---

① 王海燕．文化的多元与共生：美国“在家上学”运动述评［J］．苏州大学学报：哲学社会科学版，2002（3）：133－134．/尚超．美国“家庭学校”学生社会化问题研究［J］．比较教育研究，2004（5）：54－58．/赵立芹．美国教育新趋势：在家上学［J］．上海教育，2004（05A）：56－58．/李艳．美国家庭学校的利弊分析［J］．世界教育信息，2005（8）：15－17．/张玲．美国的家庭学校教育运动初探［D］．上海：华东师范大学，2005．

校。“在家庭学校的发展中，政府扮演的更多的应是帮助、辅助和引导的角色，而不只是监督与管理。”[88]

2. 英国的家庭学校概况

英国的家庭学校同样源于对学校教育的不满和家长对个别化教育的需求。早在1944年的《巴特勒法案》中就已赋予了父母在家教育适龄儿童的权利。该法第三十六条规定：“父母保证其子女受教育的责任，使属于受义务教育年龄的所有儿童通过正规的上学或其他方式接受适合其年龄、能力和素质的有效的全日制教育是家长的责任。”这里的“其他方式”包含了在家上学的形式。第三十七条明确指出：“家长未能履行前条所规定的责任时，当局就有责任给他下达通知，限他在通知送达之日起的十四天内，按照当局要求，让其儿童通过正常上学或其他方式接受适合其年龄、能力和素质的有效的全日制教育。”父母对子女义务教育方式的选择既是自由，也是其法定职责，要受到地方教育当局的监督，地方教育当局有义务确认父母是否为儿童提供了适当的教育。

与美国多数州的规定不同，英国家长选择在家教育自己的子女时无需得到任何机构的批准，只要家长将在家教育自己子女的意图通过校长通知了学校董事会，他们也没有义务再通知地方教育当局，也不必与其保持定期的联系，更不必拥有任何教师资格文凭，不必遵循国家课程的规定，不必事先制订详细的方案，不必让儿童参加义务教育各主要阶段的全国统一考试。当然，在家上学的儿童没有公立学校的各种阶段性考试的义务，但他们可以通过注册成为校外考生，参加中等教育普通证书和高级水平考试，并且在年龄上可以提前，据此成就他们的大学之路，他们也可以参加国家职业文凭和普通国家职业文凭的考试。[89]可见，英国的在家上学较之美国更侧重于父母教育选择之自由、权利特性，可谓理想意义上的学习权保障方式。

3. 俄罗斯的家庭学校概况

1994年6月，俄罗斯教育主管部门颁布了“校外考生制形式、家庭形式接受普通教育的示范条例”，规定：校外考生制和家庭教育形式是儿童掌握初等普通、基础普通、中等（完全）普通教育大纲的有效形式，由受教育者个人根据需要选择，为在家上学提供了合法的依据。实施不同形式的普通教育之最重要前提在于，所有受教育形式都必须达到统一的国家教育标准。接受“家庭教学”的孩子，由家长聘请高水平的老师，或自己在家里给孩子上课，但名义上必须在普通教育学校注册。学校有义务为家长免费提供教科书、详细的教学大纲，依据普通教育大纲的国家统一标准，对这类学生的知识掌握情况实行日常性监控和考核。在家上课的孩子必须参加学校考试，通过考试者，可继续家庭教育学习形式，没有通过者，就必须回校上课。家长或监护人可以根据需要在中等普通教育的任何阶段决定孩子开始家庭受教育形式，亦有权在学习的任何阶段决定返回普通教育学校继续接受教育。[90]

综观美国、英国和俄罗斯的家庭学校，均经历了由政府严密控制到相对尊重父母优先选择、从不合法到合法的过程。从表面上看，家庭学校的合法化是父母向国家争取教育权，但实际上是国家向父母还权的过程，是国家对原本就存在的父母教育权的一种法律确认。在对待家庭学校问题上，从政府管理教育的至上权威到尊重父母对孩子的优先选择权的转变，体现了现代服务型政府（法治政府、责任政府和有限政府）的执政理念。在美国甚至开始探讨学校教育为家庭教育服务的问题。[91]

（四）给我国的家庭学校立法：依法治教的现实要求

孟母堂到底属于教育机构，还是属于家庭学校形式姑且不论，孟母堂事件再一次将在家上学是否合法的问题纳入公众谈论的视阈，且参与讨论范围之广前所未有。我们以“孟母堂”用百度搜索，找到相关网页约110 000 篇；以“孟母堂事件”用百度搜索，找到相关网页约46 300 篇（时间是2010 年6 月16 日中午12:20），足见公众对孟母堂事件的关注程度；我们以“在家上学”用百度搜索，找到相关网页约112 000 篇（时间是2010 年6 月16 日中午12:21）。其实，早在孟母堂开办之前，已有在家上学的个案。见诸媒体报道的就有成都的陈蓉榕[92]，广州的韦小溪①，四川的李婧磁[93]，济南张天珍老人的孙子②，等等。关于在家上学的合法性问题主要有三种不同的观点：第一种观点认为合法，这是采取在家上

① 父母挑战学校教育模式 私塾现代版广州上演. http://edu.hainan.gov.cn/showarticle.jsp?id=20056401，海南省教育厅网站，2010-06-23 访问。

② 中央电视台“今日说法”节目2007 年12 月18 日，“宝贝计划”。

学做法的父母普遍持有的看法；第二种观点认为违法，主要是违反了《义务教育法》，且有法院判例①；第三种观点可以概括为形式上违法，实质上不违法，应当允许他们尝试。[94]但就政府而言，我们也发现，教育部和地方各级人民政府对孟母堂以及在家上学的看法并不一致，如上海市教育局和上海市松江区教育局的意见不尽一致，而时任国家教育部新闻发言人的王旭明就孟母堂事件答记者问时并未正面否定孟母堂。虽然认定其违反《义务教育法》，但只是表示：义务教育以外形如私塾的各类学校，按照《民办教育促进法》等向有关部门申报，按照有关部门程序批准也可以办。对于公民可否举办义务教育的私塾，适龄儿童可否在家上学，不置可否。

仅就前述在家上学的个案来看，政府采取了不告不理、默认的态度。② 我想这其中有一个很重要的原因，是这些被报道出来的个案都是较为“成功”的个案，基于精英主义和功利主义的考虑，自然会得到公众乃至政府的首肯。但从依法治教的理念来看，我们的国家和政府必须作出明确的表态，否则就会背离法治的基本精神，即要么承认其合法，以孟母堂事件为契机，加强家庭学校的立法；要么认定其违法，凡发现有不入学接受教育的，一律采取措施迫使父母送适龄儿童入学，若父母拒不执行，可依法追究父母或其他监护人的法律责任。

我们认为，无论从保障儿童学习权、尊重父母优先选择权，还是从义务教育的公平取向的意义上，也不管是从我国当前父母教育需求的多元诉求，还是从法治国家、服务政府的理念出发，都必须给予义务教育阶段儿童在家上学以合法的地位。

1. 立法保障在家上学的合法性

新《义务教育法》第十一条相对于旧《义务教育法》的第十一条，

① 2005 年春季开学时，四川泸州的李铁军以“娃娃到学校学不到东西，花钱上学不如自己亲自教”等为由，不准 9 岁的女儿李婧磁上学。同年 3 月 15 日，李婧磁生母李安素，得知前夫“不准女儿上学”一事后，一纸诉状将李铁军告上法庭。同年 5 月 27 日，泸州市纳溪区法院作出一审判决：李铁军违反《义务教育法》，限李在判决生效 5 日内送女儿返校读书。然而，李铁军并没有执行该判决，拒绝送女儿回学校，继续他的“家教成才”路。参见：李铁军：培养女儿拿“诺奖”[N]. 华西都市报，2006 - 01 - 05（13）. /父亲“豪言”：女儿未来要做科学家！[N]. 华西都市报，2007 - 02 - 27（7）.

② 也有辍学在家专心打球的个案。如台球明星丁俊晖。

虽然采用了父母可自由裁量的“应当”之表述，但删除了“特殊情况”，只对“因身体状况需要延缓入学或者休学的”情况进行了规定，缩窄了父母可选择的范围。但值得一提的是，新《义务教育法》的第十四条第二款明确规定：“根据国家有关规定经批准招收适龄儿童、少年进行文艺、体育等专业训练的社会组织，应当保证所招收的适龄儿童、少年接受义务教育；自行实施义务教育的，应当经县级人民政府教育行政部门批准。”根据本款的规定，“自行实施义务教育的”主体是“根据国家有关规定经批准招收适龄儿童、少年进行文艺、体育等专业训练的社会组织”，并非所有的组织和个人。但这一条款有一个明显的信号，那就是立法者已经关注到儿童的多样性教育需求，这是旧《义务教育法》尚未提及的。这一条款与第十一条的“应当”之规定可谓相得益彰，为在家上学的合法化提供了很大的空间。我们完全可以将新旧《义务教育法》的第十一条和新《义务教育法》的第十四条结合起来，并借鉴英国1944年教育法的规定，在《义务教育法》中对在家上学作出明确的法律规定。采取诸如“适龄儿童因身体状况或者其他特殊情况需要延缓入学或者免予入学的，其父母或者其他法定监护人应当提出申请，由乡镇人民政府或者县级人民政府教育行政部门批准”的表述，而不必制定一个单行法专门规范在家上学。

若在《义务教育法》中明确适龄儿童可以在家接受义务教育，则在其后的《义务教育法实施细则》中必须对家庭学校的主管部门、申请程序、审核标准等作出明确规定。有学者认为家庭学校必须符合《教育法》第二十六条的规定，即“设立学校及其他教育机构，必须具备下列基本条件：（一）有组织机构和章程；（二）有合格的教师；（三）有符合规定标准的教学场所及设施、设备等；（四）有必备的办学资金和稳定的经费来源”。[94]我们认为，这是值得商榷的，因为在“家里”与在正规的“学校”（不管是公立学校还是民办学校）中接受义务教育还是有很大差别的。特别是是否一定要有“符合规定标准的教学场所及设施、设备”这一条需要重新考虑。我们仅举一例，2005年12月，北京市教委、北京市发改委等部门联合下发了《北京市中小学校办学条件标准》（以下简称《标准》）。《标准》分为学校规模、用地与建筑设施，教学、办公及生活设备，教师及工作人员和学校教育辅助中心设置等若干部分。仅“体育场地建设方面”，规定“应当满足相应学校规模所需的200米（或300米、400米）环形跑道和100米直跑道用地，以及篮排球场地、器械场地所需用地”。若北京市的某一适龄儿童申请在家接受义务教育，也要按照上述《标准》显然是不合适的，也是没有必要的。我国其他地方也有类似北京市的《标准》。可见，北京市的学校《标准》对在家上学的情况是不能适用的，单纯依据《教育法》的第二十六条，或者《民办教育促进法》的第二章也是不合适的，必须通过深入调研，对在家上学的法定条件作出特别规定。不能让张天珍老人那样的事件再次上演。

2. 政府必须履行监管和服务双重职能

鉴于我国义务教育“不义务”的现实和“读书无望论”而导致的辍学率居高不下的现实，在部分公众缺乏自律性，接受义务教育尚未成为百姓自觉行为的今天，不能像英国那样对在家上学的儿童采取放任不监管的做法。倘若充分尊重父母的选择权，那一定会有部分父母假借让孩子在家上学，而实际上并未履行九年义务教育之义务。比较现实而有效的办法是在教育行政部门中，增设专司家庭学校机构，负责家庭学校的申报、审批和组织管理工作。包括建立家庭学校教育质量标准；成立家庭学校教育评审督导组织，对家庭学校教育质量进行评估、监控；建立儿童学习活动的监控及考核、评价制度；建立家庭教师的资格认定、登记注册制度等。另外，还要承担对家庭学校的指导和服务职能，保障家庭学校与公共学校教育之间的相互沟通与衔接，允许儿童在义务教育的任何一个学段，基于正当的理由，在家庭学校和正规学校教育之间进行自由选择。

3. 加快学习型社会的构建，完善家庭学校的社会支持系统

加快学习型社会的构建，社区和学校应给予在家上学的儿童及其父母实际需要的支持和帮助。如向家庭学校提供课程计划、教材；为家庭学校使用教学设施设备、教学场地提供便利；为学生社会实践活动提供支持[94]；为家庭教师提供业务进修和咨询服务等。完善家庭学校的社会支持系统，实现正规学校教育和家庭学校资源共享，最终保障儿童学习权的充分实现，共同致力于义务教育这一公益性事业的全面实施。

第四章 学校、教师与儿童受教育权利

组织的真谛在于它们是为其成员的福利而存在的，目的不能证明手段的合理性，但目的可以支配手段。每一种手段的本身也是目的。

——霍奇金森

学校自诞生以来，便担负着传递社会文化知识、培养年轻一代健康发展的职能。就儿童的受教育权利实现来说，从法律规范到现实的运作，学校（教师）是保障儿童受教育权实现的重要教育权利（权力）主体之一。如果说国家、社会、家庭是为儿童受教育权利的实现提供某种外部的必要条件的话，那么学校（教师）则是直接（或间接）地接受国家的授权和家长的委托，为儿童积极能动地实现其学习权提供指导和帮助的具体运作者，具有其他主体不可替代的作用。

第一节 学校意义诠释

学校是什么？或者说我们怎样看待学校？这虽然是一个近似于不言自明的、无须研究的问题，但又的确需要从理论上加以清理。在教育发展史上，以美国伊万·伊利奇（Ivan Illich）为代表的批判学派曾主张废除学校教育。在日本，教育学者对学校的研究已从学校之“论”上升至学校之“学”，早在1988年，日本就出版了以“学校学”为名的系列学校研究著作。① 但在我国的教育理论研究中，“一直没有明确提出有关学校的理论，人们要么对之抱有某种想当然的看法，要么只是看到了它的物质、制度、设施等硬件，而极少从观念层面去仔细探索它，这样，无论是教育界还是社会都对学校寄予过度的厚望，从而导致各种不合理的学校观，并使得实践中的学校的作用与地位受到不应有的歪曲”。[95]鉴于此，在探讨学校、教师在儿童受教育权实现中的作用之始，有必要把学校作为一种高度专门化的社会组织，以儿童受教育权利实现为核心，对“学校是什么”、“学校应该怎样”等基本问题进行学理层面的探讨，以确立其合法的地位，打破人们（或曰公众）对学校功能无限度夸大的情绪性反应。

一、学校是什么

人们普遍认为，学校是有计划、有组织、有系统地进行教育教学活动的重要场所，但学校仅仅是一个“重要场所”吗？学校到底是什么？要非常明确、简要地回答这一问题又是极其困难的。追溯学校产生之始可以发现，伴随着近代国家的产生和发展，学校教育被纳入国家的统一管理之下，使得近代学校成为一个被组织化、被制度化的社会性存在物，学校作为制度性教育的代表已是无可非议的事实。[96]但现代学校不是自发产生的社会制度，而是依靠权力等人为创设的。特别是履行义务教育职能的中小学校更是如此，学校必须在国家规定的义务教育制度的框架内运作。虽然制度化了的学校教育对于义务教育的普及和实

① 由吉本二郎主编，第一法规出版社1988年4月出版的讲座《学校学》丛书共7卷，包括：①「学校」；②「学校の生活」；③「教えることと教え方」；④「学校教育のしくみと動き」；⑤「育つ教師」；⑥「学校をとりまく勢力」；⑦「学校の経営戦略」。由堀尾輝久主编，柏書房1995年12月出版的《講座学校》丛书共7卷：第1卷「学校とはなにか」；第2卷「日本の学校の50年」；第3卷「変容する社会と学校」；第4卷「子どもの癒しと学校」；第5卷「学校の学び·人間の学び」；第6卷「学校文化という磁場」；第7卷「組織としての学校」。

施具有任何组织都不可替代的作用，但也正因为学校被制度化，反而在某种程度上限制了受教育者的发展，并因此而不断地受到质疑和批判。

（一）学校作为官僚组织之弊端

学校作为以实施教育为目的的高度专门化的社会组织，具有与国家机关、社会团体以及其他社会组织（如企业组织）等不同的组织特点，诸如非自愿性、不受经济手段的直接调节、垄断性、学校教育目标的多重性和模糊性等。[77]187-188这些特点虽然给学校带来了其他组织所没有的特权与机会，反过来，这恰恰也成为学校教育诸多弊端的源泉之一，使得学校组织制度本身难以逃脱被批判的命运。

韦伯（Weber）在他富有影响力的理论分析中，认为合法合理的科层结构即官僚体制是一种理想的组织类型，它强调了上下有别的等级制度和管辖权。按韦伯的意见，由科层结构管理人员执行行政管理是一种最有效的组织形式。而中小学在很大程度上与韦伯有关科层结构特点的说明相一致：它们通常是分工明确、有职有权的等级制度、常常制定一系列规章制度等。[85]52这种具有官僚体制特点的学校组织其效率性毋庸置疑，但它与其本身存在的目的却是相背离的，学校在某种意义上成为压抑学生个性发展的机关。例如，从班级授课这一教学组织形式来说，在一定的规章制度下，智识个性等各不相同的学生在规定的时间内，采用统一的教材和同一的教学进度，接受同样的、也许根本不适合自己的教学方法。尤其在颇具官僚传统、民主与自由在中小学尚未得以充分践行的我国现阶段，这种组织方式自然会对学生自由而全面的发展产生一定的影响。正如有的学者指出的，“由于我们的传统文化中很少有这种‘民主’成分，因此，我国的课堂活动中便很少能够自由讨论与发言，即使教师鼓励学生参与探讨，但由于教师在制度与文化上所享有的特权，使他成为课堂活动的绝对权威，学生在没有教师的许可之下，很少能讲出自己的真实意见，即便讲出来，如果没有教师的肯定，也很少敢于公开坚持自己的意见。所以，像填鸭式、一言堂的组织方式很容易在我国课堂活动中生根，而那种创造式、启发式、发现式学习活动便很难推广。现在理论界之所以大力推广、提倡启发式教学，便是由于这种组织方式难以推广之故。而实际上如果要真正得以推广，势必要求宏观社会的活动组织方式也有相应的改革，否则学校内部的微观改革是很难成功的”。[95]

在学校官僚体制受到批判的同时，学校组织自身的某些特点也受到质疑。一是对非自愿性的质疑。儿童对受教育的抵抗权说明，当儿童对学校组织产生不满时，有离开组织的权利。这是新的历史条件下对“应当入学接受义务教育”之法律规定提出的质疑。如果我们说义务教育是国家、父母对儿童的义务，对于儿童自身来说是权利本位、义务服从于权利的话，“应当入学”所表征的非自愿性是有条件的，即是在自愿条件之上的非自愿性。二是对垄断性的质疑。以美国20世纪80年代为例，公立学校竞争不明显导致的学校质量的下降，迫使学校教育也引入市场竞争机制，私立学校、特许学校的发展打破了公立学校的垄断地位，是对公立学校的一个挑战。在我国，随着市场经济的不断发展，市场开始介入学校领域。学校的市场化运作，改变了以往计划经济时代由政府举办学校的大一统局面。学校举办主体的多元化、办学形式的多样化，要求政府既要不断提高公立中小学的竞争性，又要创造条件促进和鼓励民办教育的发展，使学校真正建立在学生、家长的需求之上。

（二）“在家上学”挑战“被制度化了的学校”

对学校教育制度的批判以“学校消亡论”为典型代表。[85]118这种论点的建立，从原则上讲可以追溯到卢梭（J. J. Rousseau）的两种思想基础：一是教育和学校教育并不是一码事；二是学校教育的按部就班和强迫性质会压抑学生学习的积极性。在教育实践领域，对学校教育制度的质疑和挑战则以国外的在家上学的合法化和我国的“孟母堂事件”为代表。由于儿童个体间智力和体力等客观差异的存在，决定了要想使每个儿童获得充分的发展，必须从每个儿童的实际状况出发，提供个别化的教育。而现行的学校教育，从组织管理上的官僚特性到教学形式上的班级授课制，均与有差别的个别化教育要求相违背。因而，从纯粹的意义上说，规定儿童必须入学接受教育是与儿童受教育权的实质相违背的。

在家上学的合法化，既是保障每个儿童受教育权利的需求，也是教育自身的逻辑发展使然。教育原本是个人的私事，属于父母的私有权利。随着国家的产生，为使教育更多更好地为国家培养人才，国家便把属于家庭、属于社会的教育权收归国有，使教育在被人们称为“学校”的这样一种组织机构中进行，公共教育随之确立，强迫家长送子女入学的义务教育也应运而生，最终使得教育的公共性取代了教育的私事性而得到广泛的社会认同。[16]但这种“取代”并不意味着教育私事本质的消亡，反而注定了“公”、“私”之争将贯穿于教育发展之始终。如，教育目的上的社会本位与个人本位之争、教学组织方式上班级授课制与个别化教学之争等。随着工业化的不断发展和社会整体发展水平的提高，以及对“人”的关注与重视，义务教育观逐渐由国家利益本位向个人权利本位转变。当父母将其子女的受教育真正内化为父母个人的一种权利，并积极主动地为其子女受教育权利的实现选择他认为最适合的教育方式和方法，行使其作为监护人的优先选择权时，国家理所应当为其提供自由选择的权利，即在学校和非学校教育之间作出选择。实际上，这种自由选择权并非国家创造的，而只不过是把原本属于儿童或者说属于父母的权利在经过一定的发展阶段后，再归还给儿童或其父母，还教育私事性之原初本质。当然，这种逻辑发展的前提是必须基于一定的社会现实条件，并需要相应的制度、法律规范等加以保障。

在日本，近年来因在学校受到欺负或其他不适应学校生活等原因导致的“不登校儿童”不断增加。政府为保障这些儿童受到适当的教育，与社会及其监护人等共同采取对策，为这些儿童提供了诸如“养护学校”、“私塾”、学校内另设的叫“保健室”的特殊班乃至家庭教育等多种教育形式。在理论界，也对“必须入学接受教育”的命题提出质疑并展开讨论。特别是因在学校受到欺负而导致的儿童自杀事件的发生，作为被害者的儿童，为了免于受到伤害，是否应该拒绝上学的问题引起了广泛重视。在 1991 年福岛县磐城市著名的「いじめ自殺事件判決」（儿童因受到欺负而自杀事件的法院判决）中确立了两个非常重要的命题[97]98：一是儿童对来自学校内的欺负和体罚等伤害，在不能期待学校、教师予以保护时，为避免伤害，具有采取自我防卫的权利——拒绝上学。石川须美子将儿童的这种权利称为“抵抗权”。二是逻辑上赋予了儿童“抵抗权”优先于父母“就学义务”的法律地位。因为该自杀事件是在儿童不想上学的请求未获得父母和祖母允许的前提下儿童继续上学，随着学校教师的不理解和欺负的加剧，在该儿童无法忍受的情况下发生的。因而，相对于法律规定的父母负有让儿童就学的义务来说，儿童为防止来自学校的伤害，拒绝入学的抵抗权优先于父母的就学义务成为自明之理。[97]98 总之，无论从为了儿童将来的自由和福利，使其生活得更好而让儿童入学接受教育的“父权主义”出发，还是基于父母有教育儿童的优先选择权之国际法准则的考量，当儿童自身感到来自成人社会的强迫教育已威胁到其最基本的生存时，儿童理所应该具有拒绝接受此种强迫教育的权利。因为，相对于儿童的受教育权来说，其生命权是第一位的。

二、学校与学生的法律关系

（一）有关学校与学生法律关系的基本理论

学校与学生之间构成什么样的法律关系，或者说学校与学生构成的法律关系的性质，直接影响到学校对学生的管理方式、学生在学校生活中的权利与义务，也影响到学生及其父母参与学校运营和管理的程度，甚至决定了有关学生的处分、学生人身伤害事故等诉讼事件的诉讼可能性、司法审查的范围和解决方式等问题。对此，有关学者已作了较为充分的研究。

1. 公法上的特别权力关系论

这种理论主要是针对公立学校而言的。所谓公法上的特别权力关系是基于公法上的特别原因、特定目的，在必要的限度内，以一方支配相对方，相对方应该服从为内容的关系。[98]110 比较典型的有国家与公务员、医院与病人、监狱与在押犯人之间的关系。公立学校与学生之间的关系在日本明治宪法下乃至战后相当长的时间内也被认为是特别权力关系。这一理论意味着：（1）学校当局作为特别强的权力主体，对儿童、学生（包括其父母）具有总体上的支配权。在学校内以及和学校教育有直接、间接关系的生活领域，作为特别权力服从者的儿童、学生原则上不能主张其基本的人权，必须在广泛的范围内接受来自学校的多方控制。（2）在合理的界限内，学校当局作为特别权力机构，可以免去法治主义以及人权保障原理的拘束，即使没有法律上的根据，学校当局在必要情况下，也可以根据校规校纪等，命令或限制学生的特别权利。（3）对学生采取教育上的某些措施，如惩戒处分等，即使像停学、开除学籍等会给学生个人带来重大影响的、具有重大法律效果的处分，作为特别权力关系内部的规制行为，学校也具有广泛的自由裁量权，司法审查受到限制。换言之，不容许学生对学校当局提起诉讼，学生的权利受到损害得不到司法上的应有救济。这意味着儿童、学生进入公立学校后，便被编入“学校”这一绝对的权力领域，完全受学校当局的控制和支配。儿童及其父母在学校的特别权力关系面前几乎是无权利的客体。

由于这种理论是与权力至上、行政权优先的绝对主义君主统治相适应，它所具有的反法治主义、反民主主义的性质与以主权在民为基础、以尊重人权和法治主义原理为特征的现代民主国家的宪法体制极不相容，已渐渐失去存在的土壤。世界大多数国家在现行法制下，儿童在学校内是作为基本的权利主体而存在的。换言之，宪法上的人权保障条款原则上也直接适用于学校，学校当局也不具有来自宪法自由的豁免权。这意味着儿童、学生在对学校具有积极能动的权利作用的同时，也有防御学校对其权利和自由进行干涉的权利。“虽然学校当局在学校教育运营中，在一定的范围内具有决定的权能，但那已不是特别权力的总括性的支配权能，只不过是一种与私学的教育契约关系相同的教育关系权能，它在原理上是一种非权力关系的教育契约关系。”[99]402

2. 教育法上的教育契约关系论

在现代依法治教的法治主义原则下，学校与学生及其父母之间构成的关系已不再是公法上的特别权力关系，而是一种教育契约关系。“契约”本属于私法领域的行为，在私立学校中，说学生父母与学校举办者之间是基于平等、自由的原则，就子女的学习问题缔结教育契约是可以理解的。但把公立学校与学生之间的关系也理解为契约关系似乎难以接受。对此，日本学者兼子仁认为，在现行的教育法制下，公立学校与学生之间的关系和私立学校与学生之间的关系具有相同的本质，属于教育契约关系[99]405，原因在于四个方面。(1) 对学校与学生关系的根本方面加以制度性规定的教育法律——教育基本法和学校教育法，原则上适用于所有学校。(2) 现行的学校与学生关系是基于宪法原理，旨在保障儿童作为“人”的学习权的法律关系。基于此，在要求学校举办者对实施公共教育承担很强之义务的同时，学生及其父母的权利主体性也得到了提高。由此，学生和学校举办者之间应该是对等的权利义务关系。(3) 学校教育的目的主要是为了保障儿童学习权利的充分实现，并非是施教者的支配权能，包括惩戒权的行使，主要是作为“教育”的一环被采用，遵循教育的非权力性原理，而不是旧法制下的行使公权力的行为。（4）学校当局在一定范围内所具有的教育上的总括性决定权能和私学的契约关系一样，是基于学生及其监护人的基本合意的教育自治关系。因而，现行的公立学校与学生之间关系与作为公共教育机关的私学具有相同的本质，应当理解为教育法上的教育契约关系，而不是公法上的特别权力关系。

有必要指出，教育法上的这种契约关系既不是一般行政法上的公法契约，也不单单是一般私法上（民法）的契约关系，其主要契约内容是教育法构成的特殊契约关系。它不同于一般契约的独特性有几个方面。[98]121-130第一，由于教育契约处于教育主权的控制之下，因而，契约自由原则（包括缔约的自由、相对方选择的自由、契约内容的自由等）受到很大的限制。具体地说，父母被课以“使学龄儿童入学的义务”，学校也同样负有保障儿童受教育权利、提供教育服务的义务。不管哪一方，在法律上都被强制缔结教育契约，不存在“是否缔结教育契约的自由”。不过，在具体的情况下，契约当事者在广泛的范围内具有决定契约内容的自由，表现在学生、父母一方便是教育上的要求权、参加权等积极性权利的能动发挥。第二，教育契约具有“父母教育权的委托契约”的性质。儿童的教育本来属于父母的自然权利。在现代社会，通常情况下，单靠父母个人的力量难以充分保障儿童受教育权的实现，因而，为了儿童的福利，父母把一部分教育权委托给学校进行。这一法理意味着：国家、地方公共团体、学校等负有尊重父母教育权的义务。学校只要可能，必须在尊重多数父母意见的基础上运营。同时，父母作为教育委托契约的当事人一方，有权参与公共教育的运营和管理，有权对受委托者的校方提出教育上的希望和要求，行使教育契约上的诸种权利。第三，学校教育的本质决定了教育契约带有附合契约的特性。附合契约是指契约当事人一方就契约的内容事先已经规定了成型的款项，相对方只能无条件接受的契约。学校相对于儿童及其父母来说，在一定范围内具有概括性权能，在教育和管理方面具有优先形成契约内容的权利，比较典型的是制定校规校纪、对违反者实施教育上的惩戒等。

教育契约关系理论的确立，打破了以往由学校一方专制管理学校的局面，不仅为父母、学生参与学校运营、能动地实现儿童的受教育权提供了契机，也为解决学校内的诸种教育法律纠纷提供了新的思路。

（二）我国学生管理中的侵权行为：特别权力关系理论的现实表征

虽然我国的相关法律没有对学校与学生关系作出明确规定，实际上更多地体现为特别权力关系。因为，我国的学校特别是公立学校所实施的教育来自于国家的授权和父母、社会的委托，是代替国家履行教育义务，具有行政法上特别权力关系的特性。另外，从教育实践来看，在学生管理领域，无论是静态的学校规章制度，还是动态的对学生的管理和处分，均存在着大量的侵犯学生权利的情况，这些侵权行为的背后正是特别权力关系理论在起着某种支配性的作用，且广泛存在于中小学和大学的各个阶段。①

1. 静态的学校规章制度简析

无论特别权力关系理论还是教育契约关系理论，都认同校方具有制定校规校纪，以对学生进行管理的权利。但这并不意味着学校可以任意制定规章制度。因为，任何规章制度都不能与上位的法律、行政法规以及政府规章等相抵触。另外，规章制定本身是完全由校方决定的，还是经征求学生意见，基于学生的合意而形成的，也是非常重要的。仅就第一点而言，许多中小学都从加强学生管理、强调学校管理的秩序和效率的角度制定了校规。这些校规虽对学校管理起了很大作用，但一些校规条款却违反了《义务教育法》、《行政处罚法》等法律规定。违法的校规在某些学校不同程度地存在着，学校在不知不觉中侵犯了学生的合法权益。

（1）在中小学广泛存在着罚款的规定，许多学校罚款成风。如，某中学在《××中学有关维护校园秩序创建安全文明学校的几项管理规定》中规定："……二、有下列行为之一者给予5—100元罚款处理：1. 随地吐痰、泼污水乱倒垃圾、乱扔杂物者。2. 墙壁黑板厕所等公共场所胡刻乱画涂改等有伤风雅者。3. 抽烟、喝酒、打游戏机者。……"还有的规

① 为充分说明特别权力关系理论在我国教育实践领域的广泛影响和存在，在此涉及非义务教育阶段的高中和高校中的部分现状。

定旷课迟到罚款，甚至考试不及格的也要罚款。更有甚者，有的学校领导认为这是他们学校的特色，是在“依法治校”。

在某些校领导者看来，学校从本校的实际情况出发，制定一系列的规章制度，并通过这些规章制度管理学校就是依“法”治校。通过制定规章制度来加强对学校的管理，“对受教育者进行学籍管理，实施奖励或者处分”，这是《教育法》第二十八条赋予学校的权利。但如果学校制定的规章制度违反了法律、行政法规，则依此校规对学生进行的管理和处分也必然是违法的，是应当予以撤销的。① 违法的规章制度执行得越彻底，造成的危害就越大。由于罚款是行政处罚的一种，而“行政处罚由具有行政处罚权的行政机关在法定职权范围内实施”（《行政处罚法》第十五条），“公民、法人或者其他组织违反行政管理秩序的行为，应当给予行政处罚的，依照本法由法律、法规或者规章规定，并由行政机关依照本法规定的程序实施。没有法定依据或者不遵守法定程序的，行政处罚无效”（《行政处罚法》第三条）。学校既不是行政机关，也没有相关法律、法规的授权，无权对学生（包括教师）实施罚款，其实施的罚款行为是一种典型的违法行为。

（2）滥用奖惩制度，“开除学籍”或“勒令退学”的处分名目繁多。河北某中学在《××中学关于学生德育量化管理的实施办法》中规定：“对在校期间，连续三个学期被评为差生者，学校予以勒令退学处分。”到底什么是“差生”？谁有评定某位学生是差生的资格？如何评定？据全国少工委的一项统计，在我国现有的3亿学生中，被老师和家长列入“差生”行列的学生已高达5000万人。正如有的学者所说的，“传统的标准只是及格不及格，不及格为差；现在却多出了许多标准。如：按是否有利于学校、班级在分数排队中‘名列前茅’划分，‘拖后腿’者为差；按是否上重点、进名牌划分，考上一般学校者为差……真这么多差生，那是

---

① 位阶低的法律、法规或规范性文件不得与位阶高的法律、法规相抵触，是法律中的一项重要原则。1999年曾引起社会各界广泛关注的刘燕文诉北京大学侵犯其学位权案，一审判决刘燕文胜诉的主要理由就在于北京大学制定的《北京大学研究生学籍管理规定》与原国家教委制定的《研究生学籍管理规定》不符。参见：刘燕文诉北京大学拒绝颁发博士毕业证书纠纷案［北京市海淀区人民法院行政裁定，（2000）海行初字第158号］. http：//vip. chinalawinfo. com/Case/displaycontent. asp？Gid = 117625157&Keyword = ，北大法律信息网，2010 - 09 - 26 访问。

教育的失败；没有这么多而任凭乱加‘差生’帽子并加以歧视，那是一种混乱和侵权”。[100]

不管以什么为标准把某些学生认定为差生，认为他们是没有希望的“问题学生”，甚至予以勒令退学的处分，这种“评定”本身就是一种带有歧视性的差别对待行为，情节严重的话，构成对学生人格尊严的侵害。而“勒令退学”的处分则违反了《未成年人保护法》和《义务教育法》。《未成年人保护法》的第十八条规定：“学校应当尊重未成年学生受教育的权利，关心、爱护学生，对品行有缺点、学习有困难的学生，应当耐心教育、帮助，不得歧视，不得违反法律和国家规定开除未成年学生。”《义务教育法》的第二十七条规定：“对违反学校管理制度的学生，学校应当予以批评教育，不得开除。”该中学一部分学生是初中生，是必须接受九年义务教育的。而学校制定一系列所谓“科学的”可以量化的标准，逐项给学生打分，排在后面的学生自然成为差生，也就有可能被开除。这种做法显然是不科学的，更是违法的。因为无论怎么量化，只要是排序，必然有排在后面的学生。排在后面的学生，虽不能算做好学生，也许根本就不是“差生”。如果我们把学校的可能含义规定为“学生可以犯错误的地方”的话，那么，我们的学校只有不成功的、差的教师，不会有差的学生。

（3）有的规定不合时宜，明显地具有非人性的特征，与人固有的自然权利相违背。北京市某小学在《课堂常规》中有这样一条规定：“……9. 体育课按老师要求上，严禁上厕所、喝水、回教室，如有病要请假，并在操场见习。”河南三门峡某高中厕所高挂“尽快调整生理节律，彻底杜绝上课如厕”横幅，据说，挂此横幅是该校推行“高效课堂”教学法的一部分。① 口渴、肚子饿了，这都是可以忍受的，但“想上厕所”却不然，是人的自然需求。类似这样的规定同样在其他地区的学校也有所规定。如，大连市所属的某中学，在《量化管理细则》中规定：“……8. 课间不外出的一律在自己座位上坐着，如有下地走动、大声吵闹说笑扣 2—4 分。”海南海口某中学规定：“每天 6:45，快走或跑至操场，做健身体操 10 分钟，

① 中学挂横幅要求学生调整生理节律，杜绝上课如厕．http：//news. hnce. com. cn/c/2009－05－03/32326. shtml，2010－09－25 访问。

按时大便一次。晚上9:30，做柔软体操，大便一次，刷牙，想一想一日所做的事或写日记。”而上述学校在各自制订的教育目标中，又都会写着“贯彻素质教育的方针，培养学生全面发展”等语言。

（4）更多的规定，与学生的自由表达权存在一定的矛盾。如海口某中学校规规定：从2005年4月11日起，女生不许留披肩发，违反规定者责令限期改正，拒不改正将被“强制执行”。很多学校对学生头发的长短、发型、头发颜色、化妆、佩戴首饰、着装等都有规定。这些规定是否合法、合理，尚存争议。虽然从法理上讲，这些规定可能会与学生的自由表达权存在一定的矛盾。但基于教育法上的契约关系理论，这些规定又是合法理的，只是在规定的“度”上要充分关注学生的感受。最为理想的是通过民主的正当程序，建立在学生自愿的基础上，达成师生双方均能接受的条款。在校规的制定上，应遵循合情、合理与合法相统一的原则。

2. 动态的、学生管理中的侵权行为概览

学生与其他公民一样，都具有两大类权利。一类是实体性权利，如生命健康权、人格尊严权、隐私权、受教育权和通信自由与秘密权等。另一类是程序性权利，如申辩权、听证权、申诉权和起诉权等。

学校在管理活动中，对学生实体性权利的侵害问题，尤以体罚的形式表现出来。如教师在学生的脸上刻“贼”字、强迫学生吃苍蝇，教师不认为这是伤害学生的身体健康和人格尊严的违法行为，还认为是为了学生好；将学生的违纪行为，特别是一些会影响到学生名誉、人格的行为，指名道姓公开张贴于学校橱窗，或在全校大会上点名公布，不认为这种做法是侵犯学生隐私权，反倒认为可以借此达到教育犯错误学生及其他学生的目的。更有甚者，法院竟也支持了这种做法。① 学校管理中，对学生受教

① 1999年，湖南外语外贸学院6名因同寝过夜被学校按校规开除或勒令退学的男女新生以学校侵犯了他们的隐私权和名誉权为由，起诉校方侵权，并索赔36万元。尽管一审法院作出原告胜诉的判决，但二审法院却以“学院对六名学生的错误行为作出处分决定，……是依职权而进行的内部管理行为。因校方对学生作出的处理决定而提起的名誉权纠纷，不属于人民法院民事受案范围”为由，作出撤销一审判决，对原告的诉请不予支持的终审裁定。参见：湖南外语外贸学院在校大学生诉学校名誉侵权案．http：//www.zgfzs.com/ms_list.asp？id＝3，中国法制出版社网，2010－09－26访问。

育权的侵害名目之多、随意性之大，超过了我们的想象。多年以来，备受关注的剥夺所谓“差生”、受到纪律处分学生的公正评价权、正常升学权等状况依然存在。以至于有的省市在中考招生工作的有关规定中，明令学校不得阻止差生参加考试。“差生”成了政府规章的合法用语不说，一项事件引起政府发文来禁止，可见这一事件到了何等严重的程度。如，2006年3月，西安教育部门重申“各学校不得以任何理由阻止差生报名参加中考”。[①] 2007年4月，乌鲁木齐市中考招生工作会议公布了《2007年普通高中招生工作规定》，明令“严禁把学习问题生、学习困难生排除在中考外，各学校不得剥夺学生参加中考的权利”。[②] 2008年2月，湖北省某中学为高考升学率作准备，将考试成绩在300分以下的学生，“一刀切”地转到了美术班。大多数学生表示，自己丝毫没有美术特长基础，不愿去美术班，想回原先的班级，但学校坚决不同意。[③] 也许学者或公众认为，这些事件都发生在中西部，在经济、文化发达和法制建设走在全国前列的地方（如北京）就不会发生，这种想法可谓大错而特错。据报道，北京市大兴区某义务教育学校，2007年9月，在新生的年级家长会结束后，老师要求在场的近50名借读生家长留下，签署《××中学部借读生协议》。协议中注明：“借读生如果期末考试中年级排名倒数5名，或出现吸烟、斗殴、与老师发生冲突以及未按时缴纳借读费者，要立即转学。此外，借读生家长要与学校积极配合，保证随叫随到。”[④] 这份“转学”协议，特别是其中的“期末考试中年级排名倒数5名，下学期立即转学”引起了部分家长的强烈不满。因为，这里的“转学”具有“勒令退学”的意味。对此，大兴区教委相关负责人表示，中小学九年义务教育阶段，学校不得以任何理由强行要求学生退学或转学。该中学按分数排

---

① 参见：西安教育部门重申各学校不许阻止差生参加中考．http：//big5. china. com. cn/policy/txt/2006－03－14/content_6153529. htm，中国网，2010－09－26访问。

② 参见：学校不得剥夺学生中考权．http：//www. tianshannet. com/news/content/2007－04－17/content_1805402. htm，天山网，2010－09－26访问。

③ 参见：一得之言：强制“差生”转班是教育暴力．http：//www. ycwb. com/ycwb/2008－02－18/content_1793089. htm，金羊网，2010－09－26访问。

④ 参见：北京一学校要求借读生签“转学”协议引发争议．http：//news. 163. com/07/1115/10/3TB6GNBL000120GU. html，网易新闻，2010－09－26访问。

名，要求学生转学的协议是极不合理的。教委已责令该校不得强迫家长签此协议。

学生的程序性权利更容易受到学校的侵害。依法治教的原则之一是要求学校在作出涉及学生的根本利益或前途的决定、处分之前，必须听取相对方的意见，给予申辩的机会，保证相对方程序性权利的实现。典型的案例是“田永案”。学校在对田永作出退学的处分后，没有以书面形式告知他，更没有给他申辩和向学校有关部门进行申诉以实现救济的机会和权利，这其实已构成了对学生程序性权利的侵害。我们知道，如果没有正当程序的保障，一切法律上的实体性权利都会落空。同时，毕业证、学位证的获得与否直接关系到当事人的前途和命运，是学生完整地实现受教育权的表征。因而，学校没有向田永宣布处分决定和送达变更学籍通知，也未给田永办理退学手续，违背了程序正义的基本要求，不颁发毕业证等行为也必然是违法的。这正是原告胜诉的缘由所在。

由于我国在某种程度上存在着“重实体，轻程序”的倾向，“我国宪法关于公民基本权利的原则性规定与西方国家没有多大的差别，但这些权利义务根据什么标准和由谁来确定，对于侵权行为在什么场合以及按照什么方式进行追究等程序性前提的规定却一直残缺不全”。[101]因而，在学校教育中，如何使程序正义的原则得到最大程度的实现，给予处于不利地位一方当事人申辩、申诉的权利，使当事人受损的权利得到及时的补偿和救济是非常重要的问题，否则写在法律中的实体性权利无异于“画中之饼”。[102]

上述校规、校纪和教师所采用的种种惩罚手段，说明了在校规制定者和某些教师的思想意识中，没有把学生当做“人”来看待。尤其在中小学，教师享有绝对的权威，拥有至高无上的权力，学生处于无权利、无地位的状态，自然成了教师监管、辱骂甚至体罚的对象。孟德斯鸠早在260余年前就说过：“一切有权力的人都容易滥用权力，这是万古不易的一条经验。有权力的人们使用权力一直到遇有界限的地方才休止。”[103]毫无疑问，司法的介入是规制学校权利的最有力的手段。

三、学校应该怎样

尽管学校存在着这样那样的弊端，不断受到来自社会各方的批判，也尽管儿童有自由选择教育形式的权利，但学校仍然是有系统地传授知识、对儿童进行社会化的重要场所，具有任何其他教育组织形式不可替代的作用。学校如何对社会的变化和要求积极作出反应，有意识地对影响儿童身心发展的各种因素进行选择、组织，如何改革现存的组织上和制度上的弊端，从学生的受教育权利出发，构建一个最有力促进学生身心发展的环境，这些都是我们必须思考的问题。

“坚持以人为本、全面实施素质教育”是未来10年我国教育改革和发展的战略主题，“依法治教”则是教育领域“全面实施依法治国基本方略的要求”①，而特别权力关系理论所导致的无视学生权利主体地位的状态又是与这两点相违背的。如果不把学生作为有独立人格的主体看待，不尊重学生最基本的权利，是不可能培养出全面发展的、高素质的人才的。同样，忽视学校教育权的“父母委托契约”特性，忽视教育作为公共事业的本质，将学生及其父母排除在学校组织之外，更容易形成封闭、甚至僵化的管理体制，无益于学生受教育权的充分实现。教育行政机关、学校、教师如果不在合法的权限内按照合法的程序作出合法的行为，依法治教也只能是一句空话。我们在此不可能面面俱到地指出具体的做法，针对前文所谈到的某些弊端，我们认为最关键的是应该从改革学校制度入手，确立学生的权利主体地位，以改变现存的学校与学生间特别权力关系理论对学生权利的蔑视。

---

① 2010年7月29日发布的《国家中长期教育改革和发展规划纲要（2010－2020年）》的第二章“战略目标和战略主题”部分明确指出：“坚持以人为本、全面实施素质教育是教育改革发展的战略主题，是贯彻党的教育方针的时代要求，其核心是解决好培养什么人、怎样培养人的重大问题，重点是面向全体学生、促进学生全面发展，着力提高学生服务国家服务人民的社会责任感、勇于探索的创新精神和善于解决问题的实践能力。”第二十章“推进依法治教”部分指出：“按照全面实施依法治国基本方略的要求，加快教育法制建设进程，完善中国特色社会主义教育法律法规”，“大力推进依法治校。学校要建立完善符合法律规定、体现自身特色的学校章程和制度，……保障学生的受教育权，对学生实施的奖励与处分要符合公平、公正原则。健全符合法治原则的教育救济制度”。

（一）确立学生的权利主体地位，建立尊重学生权益的学校制度

在我个人所收集到的学校规章制度中，大都是有关学生的义务、违纪处理的规定，少有学生权利方面的规定。当问到中小学教师学生享有哪些权利时，有的教师也答不上来，甚至会说："学生有什么权利"。由于我们的时代是走向权利的时代，国家的功能在于维护公民各项权利的实现，学校教育的意义同样也是为了培养一个"权利人"。因而，必须确立学生的权利主体地位，建立尊重学生权益的学校制度。

所谓学生权益，不仅包括教育法上规定的学生作为"受教育者"所享有的权利，更包括学生作为一个普通公民所享有的宪法等法律所赋予的基本权利。用一个更宽泛的、国外通用的词就是学生的人权。人权是人之为人的基本权利，但人权并非是绝对的，通常又受到社会现实的诸种限制。学校作为一个专门履行教育教学职能的特殊的社会组织，人权观念是否适用于学校？学生是否享有人权？这些问题需要重新加以审视。对于该问题，台湾学者戴耀廷作了详细的论述。他认为，学校尽管是一个非常独特的地方，但不仅找不到任何可以支持其豁免于人权的理由，而且，"学生和所有其他人一样是享有人权的"，只不过，"基于学校的独特性，学校可以对学生的人权有更大的规限权力，但出发点仍是人权的享有者"。[104] 由此，在学校的经营管理、教育教学过程中，必须以学生为权利的主体，以保障学生的受教育权利为出发点和归宿，尊重学生的基本权益。不可否认，我国师道尊严的历史传统所沿袭的师生观念与人权概念本身会存在着某种冲突，但"即使两者真有冲突，在现代的社会和教育架构里，学生与老师的关系与在传统的中国社会里的关系是很不同的了。我们是否能接受老师拥有如传统社会里面的那种无上权威呢？在保留尊师重道的传统的同时，我们应以学生的权利为一首要考虑点"。[104]

尊重学生权益的学校制度，通常涉及的主要领域是有关校规问题。校规作为校方管理学生的主要工具，既是保障学生受教育权更好实现的必要手段，也是最容易侵犯学生权利的领地，现已成为国外学校法律诉讼案件的主要涉及方面。而在我国，随着学生权利意识的不断增强，特别是自2000年河北省某校制定的180条校规成为媒体关注的焦点和人们议论的话题以来[105]，对校规问题的研究也开始纳入研究者的视野，学界对校规

的本质、校规制定的原则、功能以及当前校规存在的问题进行了广泛的讨论。[①] 2005 年，河北省香河县的 100 多所中小学相继成立了法制处，着手对照法律、法规对原有的“违法”校规进行梳理、修改。对此举，香河四中有着 30 年教龄的老教师何义说：“这一做法是对传统‘师道尊严’的一种挑战，过去总觉得老师管学生天经地义，现在渐渐明白了建立教师与学生平等关系体现了以人为本思想，这是一种社会文明的进步。”[②] 在高等教育领域，随着 2005 年 3 月教育部《普通高等学校学生管理规定》（以下简称《规定》）的出台，根据其中第六十八条[③]的规定，要求高等学校根据本《规定》制定或修改学校的学生管理规定，由于《规定》本身较好地关注到高校学生的合法权益（包括学生合法婚育权的尊重、申诉等程序性权利的保障），因而基于本《规定》重新制定或修改校规，是国家最高教育行政机关发出的对高校校规进行合法性和合理性审查的强制要求，体现了依法治教的基本精神。

总之，校规制定过程本身、有关校规内容的一些原则性问题必须考虑到学生作为权利主体的本质。校规的改革其实只是学校内推行人权的其中

① 仅就中小学校规的研究，主要有下列文献：张新平．校规的反功能［J］．上海教育科研，2002（3）：43－44．/陈桂生．“校规”辨析［J］．江西教育科研，2002（7）：3－12．/刘小会．“校规”也应“温柔”［J］．教学与管理，2002（12）：18．/王辉．学校规则及其合法性管窥［M］//中国教育法制评论：第 2 辑．北京：教育科学出版社，2003．/高庆蓬．校规制定中的若干关系辨析［J］．教学与管理，2004（3）：3－5．/张学亮，王荫玲．中小学校规的观察与思考［J］．基础教育研究，2004（9）：18－20．/袁征．制定校规的基本原则［J］．教育评论，2005（1）：14－18．/解国祥．中小学校规功能简论［J］．教学与管理，2005（6）：3－5．/方铭琳．关于学校校规的思考［J］．教育科学研究，2005（6）：20－23．/解立军．校规与学生表达自由权之间的冲突［J］．中小学管理，2006（2）：40－41．/陈鑫．这样的校规，我为你伤心［J］．班主任，2006（6）：36．/张锐．浅议校规制定和执行过程中的“十忌”［J］．宁夏教育科研，2007（1）：38－39．/夜行者．荒唐校规，我拿什么拯救你？［J］．广东教育，2007（10）：62．/陈文祥．还有多少校规凌驾于法律之上［J］．语文新圃，2007（11）：1．/李利梅．高中校规的研究——以上海市高中为例［D］．上海：华东师范大学，2006.

② 参见：百余中小学对照法规改校规．http：//new. 060s. com/article/2005/08/13/12753. htm，小精灵儿童网站，2010－09－27 访问。

③《普通高等学校学生管理规定》第六十八条：“高等学校应当根据本规定制定或修改学校的学生管理规定，报主管教育行政部门备案（中央部委属校同时抄报所在地省级教育行政部门），并及时向学生公布。”

一个部分。如果我们承认整个中国社会都是尊重人权的，那么，我们实在没有什么理由说人权不适用于学校。“若要在学校推行人权，现在最关键的是学校内的每一分子包括校长、训导主任、老师和学生从根本的意识上接纳每一个人都平等地拥有人权并没有分别。在考虑到学校的独特情况和需要后，我们是可以建立一个尊重人权的学校制度的。”[104]

（二）扩大父母参与的权利，建立开放的学校体系

随着学校教育专业性的不断增强，学校这一稳定的教育场所很容易产生一种保守化的倾向。加上学校受到行政意味很强的权力观念的支配，学生及其父母的某种无权利状态，更容易形成封闭甚至僵化的管理体制。因而，借鉴国外有关教育参与计划的理论和实践，努力扩大父母、学生参与教育的权利，建立开放的学校体系是现代学校管理和运营中保障学生受教育权利不可缺少的重要环节。

何为教育参与计划？库诺夫（Kunove）曾提出过一个理想的定义，认为参与计划就是“为那些可能会受益于决策或被决策所影响的参与者们设计的一种程序。当然，参与者要在控制或影响决策的过程中，完全按规定直接发挥作用”。冯·莫尔特克（Von Moltke）的定义是，“对一持续的社会过程的组织活动，这一活动以组织中最低层次的人们愈来愈多地参与决策以及行动上愈来愈大的自主权为特征”。这些定义的基本思想，都是指与正式权力职位上的人从某种程度上分担决策权。所以，参与计划的目的是试图使教育管理过程民主化。[85]400这就需要打破学校的一切管理和决策均由校方控制的现状，赋予学生及其父母在学校教育中的管理和决策权，充分发挥他们作为教育契约一方应有的作用。

对于教育参与计划，也有人持怀疑的观点。认为假使我们笼统地把教育组织系统分为管理者、教师和家长三大角色，由于这三者分别要求实现自己相对立的价值观：诸如，管理者谋求程序的标准化，不希望权力下放、他人自主；教师谋求自主，主要是教学实践方面；家长维护自己的不同利益等，这些价值观会在教育参与计划中出现。由于一般的学校管理者和教师会认识到，采用开放的方法不会符合他们的利益，因而，参与计划难免会失败。[85]402上述论证所得出的结论固然没有错，但问题在于：采用开放的方法、扩大参与的目的何在？在上述三种不同的价值观之上是否存

在着更高的价值和利益？答案是肯定的，就是学生受教育权的实现问题。如果管理者和教师从学生的利益、而非自身的利益出发，超越自身狭隘的利益界限，使家长更多地参与到学校的组织管理和教育教学中来，那么，参与计划是完全可以实现的。

由于在我国当前的学校教育教学和管理运营中，大多数学校仅仅停留在开家长会的方式，父母的参与还远远谈不上是真正作为决策者的权利意义上的参与，因而，改革现存的教育官僚体制已成为普遍的呼声。有两种观点值得我们借鉴：一是美国学者罗威·玛丽·安（Roywid，Mary Ann）认为，扩大家长的选择权是把公立学校从官僚体制下解放出来的根本战略[106]130；二是康利·沙龙.C（Conley，Saron C）等人提出的扩大作为专家的教师参与实施、管理学校的权利，而非由校长一人决定。上述两点正是我国教育管理和教育实践领域比较缺乏的，因而也是值得加以借鉴的。当然，光有家长和教师的参与而无视学生的地位，同样会出现以成人的想法和观点代替学生的可能性。所以，让学生以主体的身份，参与学校规章制度的制定和对学校的管理，即建立父母、学生、教师共同参与学校运营的教育体制是从教育内部入手，把学校从官僚体制中解放出来的根本战略。

总之，从理论上重申父母的学校教育参加权，从观念上进而从教育决策、制度上确立父母在学校教育中的合法地位，并逐渐建立开放的学校体系，扩大父母、社会各界参与学校教育的权利，共同创设合理、合法的适合学生身心发展的学校环境，是我国学校教育改革必须关注的问题之一。

第二节　学校在保障儿童受教育权中的义务

一、学校教育权：渊源与内容

（一）公立学校教育权的渊源①

1. 公立学校教育权渊源之一：国家的授权

公立学校作为公共教育的重要组成部分，从其产生之初便是接受国家

① 民办学校的教育权，属于社会教育权的范畴，其来源和性质与公立学校教育权不同，在此暂不作讨论。

的授权，并以国家的名义通过实施具体的教育教学活动为国家培养下一代，学校及教师执行的是国家的公务。特别是义务教育阶段公立中小学都是全额拨款的事业单位，国家作为举办者，由其执行者——政府行使从举办到管理的一系列权力。从宏观的学校发展规模、速度、质量、经费保障一直到微观的校长任免、教师管理等，都纳入国家的行政系统之中，使得义务教育管理体现出一种典型的政府行为特性。公立学校的公务性要求学校必须严格执行国家的教育意志，按国家的教育计划和培养目标进行工作。正如《义务教育法》第三条所规定的那样："义务教育必须贯彻国家的教育方针，实施素质教育，提高教育质量，使适龄儿童、少年在品德、智力、体质等方面全面发展，为培养有理想、有道德、有文化、有纪律的社会主义建设者和接班人奠定基础。"

公立学校教育权源于国家的授权，在"田永案"中有很好的论证。北京市海淀区人民法院在该案判决书中明确指出："我国目前情况下，某些事业单位、社会团体，虽然不具有行政机关的资格，但是法律赋予它行使一定的行政管理职权。这些单位、团体与管理相对人之间不存在平等的民事关系，而是特殊的行政管理关系。他们之间因管理行为而发生的争议，不是民事诉讼，而是行政诉讼。……《中华人民共和国学位条例》第八条规定：'学士学位，由国务院授权的高等学校授予'。本案被告北京科技大学是从事高等教育事业的法人，原告田永诉请其颁发毕业证、学位证，正是由于其代表国家行使对受教育者颁发学业证书、学位证书的行政权力时引起的行政争议，可以适用行政诉讼法予以解决。"

2. 公立学校教育权渊源之二：父母的委托

源于国家教育权和社会教育权之间的继受性和委托性，学校教育权也内含着父母委托的特性，是从父母教育权那里继受而来的。这种父母委托特性在学校和未成年学生之间所构成的法律关系中表现得尤为突出。在美国，称为"代理父母地位说"①；在我国，可称为"委托监护说"。在实

① 代理父母地位说具有三个主要特点：（1）是对学生进行管教、控制和管理的权力；（2）是父权，如同家庭中的父权，它是州父权的直接委派；（3）是州、学校董事会和大学关于权力的合同委托。参见：李奇，洪成文．代理父母地位说：美国高校与学生法律关系的主导理论［J］．比较教育研究，2004（4）：37－41.

体法中，虽然我国现行的法律法规没有明确学校与未成年学生之间的法律关系是委托监护关系，但从相关法律法规和最高人民法院有关司法解释中是可以作出上述推论的。1986 年《中华人民共和国民法通则》（以下简称《民法通则》）第十六条规定，“未成年人的父母是未成年人的监护人”。监护人要履行的监护职责根据《最高人民法院关于贯彻执行〈中华人民共和国民法通则〉若干问题的意见（试行）》（以下简称《民通意见》）第 10 条的规定，主要包括：“保护被监护人的身体健康，照顾被监护人的生活，管理和保护被监护人的财产，代理被监护人进行民事活动，对被监护人进行管理和教育，在被监护人合法权益受到侵害或者与人发生争议时，代理其进行诉讼。”《民通意见》的第二十二条规定：“监护人可以将监护职责部分或者全部委托给他人。因被监护人的侵权行为需要承担民事责任，应当由监护人承担，但另有约定的除外；被委托人确有过错的，负连带责任。”2003 年 12 月 4 日，《最高人民法院关于审理人身损害赔偿案件适用法律若干问题的解释》的第七条首次明确指出：“对未成年人依法负有教育、管理、保护义务的学校、幼儿园或者其他教育机构，未尽职责范围内的相关义务致使未成年人遭受人身损害，或者未成年人致他人人身损害的，应当承担与其过错相应的赔偿责任。”

最高人民法院关于学校对未成年人依法负有“教育、管理、保护”义务的规定，实质上与监护人对其子女负有的“保护被监护人的身体健康，对被监护人进行管理和教育”职责是一致的。从法理上说，当未成年子女进到学校以后，对其监护的职责便自然发生转移，无须书面委托，其中由法定监护人行使的“保护、教育和管理”之监护职责便随着未成年学生的就学而委托给了学校代为行使。这既符合儿童的最大利益原则，也是学校本体功能之所在。学校与未成年学生形成的委托监护关系（教育、管理和保护关系）已经成为我国当前处理中小学生人身伤害事故的法理依据。

由于学校教育权来源于国家的授权和父母的委托，故其权利属于不可放弃的、具有职权的特性，准确的表述应是学校教育权利（权力），其权利行使必须基于法律法规的授权，遵循“法无规定则禁止”的原则。

（二）学校教育权的内容

根据《教育法》第二十八条的规定，学校及其他教育机构主要具有下列权利：（1）按照章程自主管理；（2）组织实施教育教学活动；（3）招收学生或者其他受教育者；（4）对受教育者进行学籍管理，实施奖励或者处分；（5）对受教育者颁发相应的学业证书；（6）聘任教师及其他职工，实施奖励或者处分；（7）管理、使用本单位的设施和经费；（8）拒绝任何组织和个人对教育教学活动的非法干涉；（9）法律、法规规定的其他权利。

学校具有的上述权利，每种权利的范围通常随着政府和学校之间关系的变化而发生变化。在计划经济这一“全能政府”的时代，政府包揽了招生、分配和教师任用等所有事项，学校没有什么“办学自主权”可言。自从1985年《中共中央关于教育体制改革的决定》中明确提出“实行简政放权，扩大学校的办学自主权”以来，在基础教育管理体制改革方面，实现了中央与地方、政府与学校之间有限的权力转移，开始了教育行政内部的放权运动。到1999年《中共中央、国务院关于深化教育改革全面推进素质教育的决定》的出台，在教育管理体制改革中第一次肯定了非政府组织和中介机构的作用，开始触及政府与具有自治性质的公民社会的关系，在义务教育办学方面出现了大量的转制学校。这些转制学校在招生、收费、教师聘任等领域享有较多的自主权。而当转制学校暴露出与义务教育应有的公平性、公益性与政府责任相违背时，转制学校必然会被叫停。在举办和管理基础教育的责任方面，权力转移的基本方向是由中央下放给地方，甚至一度下放给乡一级政府。当“以乡为主”的教育资源投入分配体制难以解决基础教育的资源短缺和资源配置严重不均衡的问题时，就开始实施“以县为主”的体制。直至2006年《义务教育法》的修订，又进一步提高了义务教育资源投入分配体制的重心，提出实施在中央政府领导下、省级政府统筹规划实施、以县为主管理的新的义务教育管理体制。[107]

以转制学校由存到废的发展历程为代表，办学权力下放给我们带来如下启示：一是发展义务教育是政府义不容辞的责任，义务教育的发展必须坚持教育公平的价值取向；二是权力下放越多，政府监管的力度越要加大。例如，当原本属于国家的招生录取权下放给学校以后，该项权利的性质到底属于一种什么性质的权利，当学生在招生录取过程中受教育权利受到侵害时，通过何种途径获得补偿和救济，是国家在放权的同时应当予以明确的，否则，在招生录取过程中很容易产生学生受教育权受到侵害而无法获得救济的情况①；三是学校在行使上述权利时，必须在法律法规规定的范围内行使。

二、学校的积极义务

学校除行使上述教育权利外，基于《教育法》、《义务教育法》、《未成年人保护法》和教育部出台的有关规定②，学校在保障学生受教育权方面，需履行的积极义务主要有以下几方面。

（一）依法治校

依法治校是依法治国之基本方略、依法治教之基本原则在学校教育和管理中的具体体现。实行依法治校，最为重要的就是要严格按照法律、法规，建立符合法律规定并体现自身特色的学校章程和制度，依法办学，建立依法决策、民主参与、自我管理、自主办学的工作机制和现代学校制度，实现学校管理与运行的制度化、科学化、民主化和规范化，保障学生的受教育权，对学生实施的奖励与处分要符合公平、公正原则，并最终保障学生、教师、举办者和学校自身的合法权益。③

（二）贯彻国家的教育方针，执行国家教育教学标准，保证教育教学质量④

学校的教育教学工作应当符合教育规律和学生身心发展特点，面向全

---

① 尤以1995年江津市3名小学生状告江津市教委侵犯其公正评价权案、1996年陈海云状告外交学院侵犯其受教育权案、2004年“苏力招博事件”（2004年，河海大学法律系讲师甘德怀报考北京大学法学院朱苏力教授的博士研究生，未被录取引发的被称为“德怀门”、“苏力招博事件”的风波）为代表。

② 主要有：2003年7月17日教育部发布的《关于加强依法治校工作的若干意见》、2006年8月24日教育部发布的《关于贯彻〈义务教育法〉进一步规范义务教育办学行为的若干意见》、2007年2月7日国务院办公厅转发教育部的《中小学公共安全教育指导纲要的通知》等政府规章。

③ 《国家中长期教育改革和发展规划纲要》第六十四条明确提出要“大力推进依法治校”。明确：“学校要建立完善符合法律规定、体现自身特色的学校章程和制度，依法办学，从严治校，认真履行教育教学和管理职责。尊重教师权利，加强教师管理。保障学生的受教育权，对学生实施的奖励与处分要符合公平、公正原则。健全符合法治原则的教育救济制度。”

④ 《教育法》第二十九条第一款第（二）项。

体学生；将德育、智育、体育、美育等有机统一在教育教学活动中，注重培养学生独立思考能力、创新能力和实践能力，促进学生全面发展；按照确定的教育教学内容和课程设置开展教育教学活动，并达到国家规定的基本质量要求。①

（三）维护学生的合法权益

义务教育阶段的中小学生，是指在国家法律认可的各级各类初、中等学校或其他教育机构中接受教育的有学籍的未成年公民，这一群体兼有公民、未成年人和受教育者三重身份。这意味着中小学生除了享有《教育法》第四十二条规定的作为受教育者享有的权利外，还享有宪法、民法、未成年人保护法等法律赋予公民的合法权利，诸如言论自由、宗教信仰自由等政治经济文化权利和人身权、财产权等广泛的实体性权利，以及申诉、提起诉讼等正当程序性权利。由于学生的人身权与受教育权存在密切联系，当生命健康权缺损时必然会对其受教育权带来不同程度的损害，因而必须把学生的受教育权利保护放在比较广阔的学生合法权利的框架内来思考。学校首先应把学生看成“人”，看成“公民”；其次再把学生看成受教育者。应摒弃“目中无人”的教育传统，践行“人是目的”的伟大信念。采取一切适当措施，切实维护学生的合法权益，确保学校执行纪律的方式符合儿童的人格尊严及《儿童权利公约》的规定。

（四）对学生负有“教育、管理和保护”的义务

学校的“教育”之义务不但指思想道德教育和知识技能的教育教学，更重要的是要“建立、健全安全制度和应急机制，对学生进行安全教育，加强管理，及时消除隐患，预防发生事故”（《义务教育法》第二十四条）。按照教育部2007年2月发布的《中小学公共安全教育指导纲要》的规定，应根据学校和学生的实际情况，有针对性地、分阶段、分模块循序渐进地设置具体教育内容，加强对中小学生的公共安全教育。内容主要包括预防和应对社会安全、公共卫生、意外伤害、网络、信息安全、自然灾害以及影响学生安全的其他事故或事件，培养中小学生的公共安全意识，提高其面临

① 《义务教育法》第三十四条、第三十五条第二款。

突发安全事件自救自护的应变能力。另外，学校在组织学生集体活动、劳动和实验之前，应当对学生进行必要的安全提示和说明。2006 年 6 月 30 日教育部会同公安部、建设部和交通部等 10 个部门联合发布了《中小学幼儿园安全管理办法》，其中专列第五章，就中小学幼儿园的安全教育作了详尽的规定。①

"管理"之义务是指学校应当建立健全安全制度，预防和消除教育教学环境中存在的安全隐患，尽到对教育教学设施、设备等的管理义务，以及对教师的管理和教育义务。如学校应当对校舍、场地及其他教育教学、生活设施进行管理，使其符合安全标准，保证学生在不危及其人身安全的、健康的校舍和其他设施、场所中进行教育教学活动；学校应当依法对教师进行管理，保证提供的师资符合国家要求，防止其在履行职责中出现违反工作要求、操作规程、职业道德乃至触犯刑律的行为。2006 年发生在贵州威宁的"教师胁迫未成年女学生卖淫"案件充分说明学校严格教师准入制度和加强教师管理的必要性。

"保护"之义务主要包括：一是要求学校在学生发生伤害后要采取及时的救护措施；二是加强对特殊体质儿童的特别照顾；三是对传染病童的及时隔离；四是当学校、幼儿园及其他教育机构或公共场所发生突发事件时，应当优先救护未成年人（《未成年人保护法》第四十条）。

这三项义务是相辅相成的，共同服务于保护学生安全的需要。

（五）以适当方式为受教育者及其监护人了解受教育者的学业成绩及其他有关情况提供便利②

这一义务是为保障学生及其父母的知情权而设立的。学生及其父母对

① 2010 年上半年，对于小学和幼儿园的孩子及其家长来说，是灰暗的甚至是充满恐慌的时期，仅仅 50 天内，就发生了 6 起校园惨案（3 月 23 日，福建南平实验小学杀童案，8 名小学生死亡；4 月 12 日，广西合浦某小学门前又发生了一起凶杀事件，2 人死亡、5 人受伤；4 月 28 日，广东省雷州市雷城第一小学血案，15 名学生和 1 名教师被砍伤，有 1 名学生逃跑中受伤；4 月 29 日，江苏省泰兴市一中心幼儿园凶杀事件，受伤的人员 32 人：学生 29 名，教师 2 名，保安 1 名；4 月 30 日，山东省潍坊市一男子强行闯入尚庄小学，用铁锤打伤 5 名学前班学生，然后点燃汽油自焚；5 月 12 日，陕西省南郑县圣水镇幼儿园发生凶杀案，7 名儿童和 2 名教师死亡，另有 11 名儿童受伤），校园安全升至国家高度。这些校园血案，让整个社会都在思考这样一个问题：我们到底能够做些什么来保护我们的孩子？

② 《教育法》第二十九条第一款第（四）项。

学生学业成绩、升学考试制度、奖励和惩罚等校规校纪，以及学校章程、教师的任用和管理等与学生根本利益密切相关的信息应享有充分的知情权，学校有义务满足学生及其父母有关资讯的要求，这是学生及其父母参与学校管理、实现优先选择权的前提。

除此之外，学校还应遵照国家有关规定收取费用并公开收费项目和收费标准，保障特殊儿童（残疾儿童、品行有缺点、学习有困难的学生）的受教育权，还应根据学生身心发展的特点，对他们进行社会生活指导、心理健康辅导和青春期教育。①

三、学校的消极义务：学校“不得”为之事项

第一，对违反学校管理制度的学生，学校应当予以批评教育，不得开除（《义务教育法》第二十七条）。

第二，学校不得聘用曾经因故意犯罪被依法剥夺政治权利或者其他不适合从事义务教育工作的人担任工作人员（《义务教育法》第二十四条第三款）。

第三，学校要均衡编班，均衡配置校内教育教学资源，不能以各种名义在校内分设重点班和非重点班。学校未经教育行政部门批准，不得擅自在学校举办实验班。确因教育教学改革需要举办的，开展实验所需经费由审批部门统筹解决，不得向学生加收费用。

第四，学校不得违反国家规定收取费用，不得以向学生推销或者变相推销商品、服务等方式谋取利益。特别是在义务教育经费保障机制建立之后，公办学校按照国家规定开展的教育教学活动和合理的办学支出要从公用经费中开支，不得自行以各种形式向学生和家长收费。学校不得以任何形式强迫学生订购教辅材料。

第五，学校不得改变或者变相改变义务教育阶段公办学校的性质，不

① 《未成年人保护法》第十八条：“学校应当尊重未成年学生受教育的权利，关心、爱护学生，对品行有缺点、学习有困难的学生，应当耐心教育、帮助，不得歧视，不得违反法律和国家规定开除未成年学生。”第十九条：“学校应当根据未成年学生身心发展的特点，对他们进行社会生活指导、心理健康辅导和青春期教育。”《义务教育法》第十九条第二款：“普通学校应当接收具有接受普通教育能力的残疾适龄儿童、少年随班就读，并为其学习、康复提供帮助。”

得将公办学校出售、转让。闲置的义务教育阶段公办学校资产，由县级以上教育行政部门统筹处置，并全部用于公共教育事业，重点用于义务教育和学前教育。

第六，学校要严格执行国家课程方案，不得随意增加考试科目的课时，也不得随意减少非考试科目的教学时间。要严格执行课程计划中关于开展文体活动和社会实践等方面的规定，确保学生每天锻炼一小时，保证小学生每学年参加社会实践活动的时间不少于 10 天，初中学生每学年不少于 20 天。学校和教师不得占用节假日和休息时间组织学生上课和集体补课，不得要求和统一组织学生参加各种学科辅导班和学科竞赛。依法坚持就近免试入学制度，不能采取各种形式的考试、考核、测试选拔学生，不能将各种竞赛成绩作为招生的依据。要严格控制学生在校考试次数，不得公布学生考试成绩，不得按考试成绩对学生进行排名。

第三节　教师教育权与学生受教育权保障

在教育实践中，教师与学生的学习和生活发生密切联系，教师教育权的实际享有和教育义务的履行情况在很大意义上决定了学生受教育权的实现程度。为使教师能够合理合法地行使教育权利，防止因教师滥用权利而导致损害学生学习权益的现象发生，有必要从法理上澄清教师教育权的法律性质、内容及其与学生受教育权的关系等问题。

一、教师教育权：渊源、性质与内容

（一）教师教育权的渊源

普通公民取得公立中小学校教师的身份后，作为教师在校内或虽在校外但却是学校组织的活动中所从事的教育教学行为通常都是接受学校的安排，代表学校履行公职的职务行为。因此，教师的教育权与学校教育权一样，来自于国家的授权。从表面上看，教师是代表学校履行公职，但实际上，由于义务教育的特性，决定了公立中小学教师的职业行为是代表国家在执行教育公务，其所承担的教育责任是一种国家责任，教师必须严格按照国家规定的教育标准和要求来实施教育教学活动。正因为如此，世界各国在建立公共教育体制时，都普遍地把公立中小学教师规定为公务员、公

职人员或政府雇员。我国现行的法律虽然没有把教师纳入公务员的范畴，但关于教师的工资、医疗等要求比照当地国家公务员的待遇执行。① 另外，1997 年新修订实施的《刑法》的第九十三条明确规定："本法所称国家工作人员，是指国家机关中从事公务的人员。国有公司、企业、事业单位、人民团体中从事公务的人员，以及其他依照法律从事公务的人员，以国家工作人员论"，根据这条规定，中小学教师的身份属于国家工作人员。我们理解，正是因为我国义务教育阶段公立中小学教师的教育权来源于国家的授权，才使其具有了"国家工作人员"的法律身份。

教师的教育权还源于父母、社会的委托。② 在日本，这一理论作为一条重要的法律原则是在著名的家永三郎教科书裁判——杉本良吉判决中确立的。该判决认为，"教育儿童和保证其学习权利的首要责任落在全民的身上，特别是落在父母的身上"。由于这些教育任务大部分是通过教师的工作实现的，所以父母就把教育任务委托给教师，由教师专门掌握，并对社会负责。据此，教师"关于儿童这一方面，负有充分发展其学习权利的公务责任；同时，向全民和家长方面，教师负有接受他们所托付的教育责任并据以从事给予儿童以教育"。[25]177－178 这种负有直接教育责任的权利性质决定了：当儿童的父母有充分的理由认为教师没有履行应有的教育义务，未能使其儿童获得应有的发展时，父母有权利要求教师承担相应的法律责任，这是近年来国外教育过失诉讼案件不断增加的法理依据之一。

（二）教师教育权的性质

教师教育权之"权利"性质与一般的可自由放弃的权利不同，它并

① 《教师法》第二十五条："教师的平均工资水平应当不低于或者高于国家公务员的平均工资水平，并逐步提高。"第二十九条："教师的医疗同当地国家公务员享受同等的待遇。"

② 我还清楚地记得，在我上小学一年级的第一天，母亲拉着我的手，见到老师后，母亲把我推到老师跟前，对董老师说："我把孩子交给你了，是打是骂由你来管，只要把她教育成人就行。"而在我做小学教师的一年时间里（1988.9—1989.6），也如同当年的老师从我母亲的手里接过我一样，从家长的手里接过了孩子，这是最原始、最自然的委托，也是父母对教师最朴素、最真切、最充满敬意的表达。我相信，在今天的中小学，依然会有这样的一幕发生。

非教师个人的权利，而是为了保障儿童的受教育权被确认的职务上必要的权利。“教师是在学校教育制度的框架内，在和儿童、家长、教师集团、学校举办者等关系中存在的。在这诸多关系中，教师是基于家长的直接委托（私立学校的情况下）、或受到家长的间接委托（公立学校的情况下），乃至受到一般公民抽象的委托，在学校举办者设立的教育机构中与儿童接触。教师的‘教育权’，只是在这种制度的制约下才确立。因而，与其说是权利，不如说是权限。”[108]417 可见，教师的教育权是带有义务性的权利。教师的“教育权利”是等同于“教育权力”、“教育权限”的。这决定了教师在履行权限范围内所规定的职责外，还必须注意防止权力滥用。

虽然教师的教育权是学校赋予的职权，但教师的教育权限所具有的权力性与国家机关工作人员所具有的权力性截然不同。原因在于：第一，教师并非国家权力机关的工作人员，学校也并非教育权力机构，教师对其权限行使的相对方——学生不具有完全强制的支配权能，二者之间的关系是非命令（服从）的特殊契约关系；第二，教师的教育权限旨在保障学生的受教育权利，在这一范围内，其教育权本身虽然不是教师个人的人权，但却具有保障学生受教育权利的“教育人权上的价值”，具有“自治的权限性和人权性并存的复合性质”。[109] 这种独特性决定了教师教育权的行使过程并非权力的支配、运作过程，而是主体间以保障学生的受教育权利为目的的“人”的活动过程。

教师教育权之复合特性是由教育的主体性决定的。教育活动是通过教师这一“人”的活动来培养学生的人格。很显然，服从于命令与支配的非主体性的教师是不可能培养出具有主体性的人的，这种教育充其量只是造就非主体性之人的“教化”而已。[99]274 因而，教师教育权之人权特性既要求排除教育行政上的不当指挥、命令等权力支配对其教育自由的侵害，也要求教师剔除独断专行的权力观念与行为方式，尊重学生的人权。

（三）教师教育权的主要内容

1. 教师教育权的主要内容：法理上的探讨

日本学者兼子仁把教师教育权分为教师个人的教育权和学校教师团体

行使的教育权两个方面。[99]416－453 教师个人行使的教育权主要包括：(1) 教学内容的编制权；(2) 教科书使用裁量权；(3) 辅助教材的选定权；(4) 教育评价权；(5) 生活指导权①；(6) 惩戒权。日本《学校教育法》第十一条明确规定，国立、公私立学校“校长及教员在认为教育上必要的情况下，可以对学生、儿童加以惩戒，但不得施以体罚”。现代教育上的惩戒更多的是基于学生本人的合意，含有反省指导的意义。因而，在实施惩戒时，以不能侵害儿童的人身自由权、学习权为前提。当然，各个教师行使的惩戒必须是事实上的惩戒，如罚站、劳动、言语呵斥等，与后述的学校进行的惩戒处分不同。

教师团体行使的教育权主要包括四个方面。(1) 学校职员会议的教育课程编制权。主要指各学校整个学年活动内容的决定权，或者年度教育计划制订权。(2) 教育校务分工的自治权。(3) 有关学生的学校教育措施决定权。包括学生的入学、转学、升学、休学、复学、毕业以及开除学籍等决定权。学校教育措施是建立在对学生所作的综合评价之上，由教师团体行使的教育自治权，这决定了学校在相当大的范围内具有教育裁量的自由。因而，对学生的不利益处分，如不准参加考试、留级等，由于其限制了学生的学习权，学生可依法对不利益处分提起诉讼。(4) 对学生的惩戒处分权。教师行使的惩戒处分权，从教育法性质上说既是一种“教育性处分”，也是一种“管理性处分”，即除了对本人具有教育意义外，也有协调和其他学生学习权与教职员权利的冲突以及维持教育秩序的作用。日本的《学校教育法实施规则》的第十三条明确规定惩戒处分有“退学、停学及训告”三种。其中，还规定对义务教育阶段的公立中小学在学的学龄儿童或学生不得使用退学处分。不过，管辖中小学的教育委员会认为，“品行不良，妨碍其他儿童、学生接受教育的儿童，可命令儿童的保护者不准儿童上学”（《学校教育法》

---

① 作为教育法用语的“学生指导”是指教师在广泛的学校生活中，为使学生更好地成长、发展，对学生进行的包含有教育功能的一种指导、劝告活动。中小学校班主任教师对班级学生的生活指导主要有：上课中的行动指导、课外活动指导、升学指导、个人生活指导等。生活指导是与教学活动同等重要的保障学生受教育权的学校教育活动。当然，由于生活指导与儿童的各种人权（如私生活的自由、思想表现的自由等）直接相关，因而，要求教师的指导、劝告必须尊重学生及其父母的意见，不能侵害儿童的人权。

第二十六、第四十条）。除此之外，《学校教育法实施规则》中还对学校惩戒处分的内容、惩戒处分的主体及程序等作了详细规定，即在赋予学校一定的教育裁量权的同时，“处分程序公正”的规定也为保障儿童的学习权利免受学校、教师团体的不当侵害，提供了可供辨明、申诉乃至诉讼的法律依据。

2. 我国教师的教育权：实体法上的规定

我国《教师法》的第七条明确规定：“教师享有下列权利：（一）进行教育教学活动，开展教育教学改革和实验；（二）从事科学研究、学术交流，参加专业的学术团体，在学术活动中充分发表意见；（三）指导学生的学习和发展，评定学生的品行和学业成绩；（四）按时获取工资报酬，享受国家规定的福利待遇以及寒暑假期的带薪休假；（五）对学校教育教学、管理工作和教育行政部门的工作提出意见和建议，通过教职工代表大会或者其他形式，参与学校的民主管理；（六）参加进修或者其他方式的培训。”我们可以将上述权利中与学生受教育权有关的第（一）项和第（三）项概括为：教学活动中的自由权[①]、对学生的指导权、对学生的评价权三种。针对上述教师权利的规定，可以发现现行的实体法规定存在着某些不足，主要表现在以下两个方面。

第一，缺乏对教师职业公务性、稳定性、神圣性的有效保护。这从有关教师的权利与公务员、法官的权利之比较中可窥一斑。自国家干部管理体制实行科学化、分类化和制度化管理以来，通过法律、法规对不同类型的国家工作人员进行了不同的规定，相继出台了《中华人民共和国法官法》（以下简称《法官法》）、《中华人民共和国检察官法》（以下简称《检察官法》）和《中华人民共和国公务员法》（以下简称《公务员法》）等。根据《刑法》中有关“国家工作人员”的规定，教师与法官、检察官和公务员一样都属于国家工作人员。尽管这些国家工作人员所具有的身份不尽相同，所享有的权利也各有差异，但与《教师法》中有关教师享有的权利不同，法官、检察官和公务员三者均有一个共同的权利就是：非因法定事由、非经法定程序，不被免职、降职、辞退或

① “教育活动中的自由权”，这种说法也许不是很妥当，但因找不到更恰当的称谓，故而暂且使用。这里的“自由”更多的是指教师教学活动中探求教学改革、实验的自主选择权等。

者处分。[①]“法定之事由、法定之程序”在各自“纪律”、“惩戒”、“辞职辞退”等相关的条款中已作了明确的规定。非因这些法定的事由、非经法定的程序，任何机关和个人都无权对公务员、法官和检察官实施免职、降职、辞退或者处分。这一规定对于维护国家工作人员职务的稳定性、神圣性和公共性是非常重要的。如《公务员法》第五十七条规定：“对公务员的处分，应当事实清楚、证据确凿、定性准确、处理恰当、程序合法、手续完备。公务员违纪的，应当由处分决定机关决定对公务员违纪的情况进行调查，并将调查认定的事实及拟给予处分的依据告知公务员本人。公务员有权进行陈述和申辩。处分决定机关认为对公务员应当给予处分的，应当在规定的期限内，按照管理权限和规定的程序作出处分决定。处分决定应当以书面形式通知公务员本人。”

相对于公务员、法官和检察官来说，尽管教师与他们一样同属于国家工作人员，但《教师法》中对教师权利的规定仅限于与其教育教学相关的几项，是非常狭窄的。特别是缺乏类似“非因法定事由、非经法定程序，不被免职、降职、辞退或者处分”的规定，这很容易导致处分教师于法无据的情况下发生。近几年来，随着教师聘任制的推行，中小学教师被解聘的现象屡见不鲜。有的是因为“情急之下，用手掐了学生的脸颊”而被解聘的；有的是因为在他的《入学教育课》上，强调“为自己读书”的观点而被解聘的；有的是因为节假日做家教而被解聘的。教师被解聘后，由于缺乏相应的法律救济途径，使得教师被侵害的合法权益难以得到补偿和救济。往重了说，教师权利没有保障的现状会给教师的工作状态、身心健康带来影响，教师缺乏幸福感、产生职业倦怠感、工作没有安全感的连锁反应，自然会给学生的受教育权带来负面的影响。正是基于上述考虑，从保障学生受教育权的意义上，当前教育界有一种强烈的声音，要求把义务教育阶段教师纳入到国家公务员管理范畴，即赋予

① 《法官法》第八条：“法官享有下列权利：……（三）非因法定事由、非经法定程序，不被免职、降职、辞退或者处分……”。《检察官法》第九条：“检察官享有下列权利：……（三）非因法定事由、非经法定程序，不被免职、降职、辞退或者处分……”《公务员法》第十三条：“公务员享有下列权利：……（二）非因法定事由、非经法定程序，不被免职、降职、辞退或者处分……”。

公立中小学教师公务员的身份①，或者赋予教师政府雇员的身份，[110]以便更好地保障中小学教师的合法权益。另外，我们建议在修订《教师法》时，借鉴《法官法》、《公务员法》等法律的经验，明确规定教师有“非因法定事由、非经法定程序，不被免职、降职、辞退或者处分”的权利，并将“法定事由、法定程序”明确细化，这既是保障中小学教师合法权益之根本，也是保障学生受教育权所必需。

第二，缺乏对教师惩戒权的规定。由于《义务教育法》及相关的法律均有“不得对学生实施体罚、变相体罚”（第二十九条）的规定，而又没有赋予教师“惩戒”的权利，所以，教师面对学生违规违纪的行为，容易采取两种极端态度：要么施以体罚，导致体罚的无度行使；要么教师放任不管。因为相关的法律法规并没有对教师的哪些行为是体罚，哪些行为是变相体罚作出说明和解释，使得教师误认为其在合理、合法的范围内对学生进行的言语训斥等管教行为也是体罚，故不敢越雷池半步，这是我国当前的教育实践领域普遍存在的现象。而这两种态度和做法最终受伤害的还是学生的合法权益。面对此种现状，教育部于2009年8月12日发布了《中小学班主任工作规定》，其中的第十六条明确指出：“班主任在日常教育教学管理中，有采取适当方式对学生进行批评教育的权利。”但这一规定似有不妥，甚至有些莫名其妙。很容易让教师产生误解，那就是只有班主任老师有批评教育学生的权利，而科任老师是不是就没有批评教育学生的权利了呢？另外，到底何种方式能称之为“适当”？由谁来判断哪种方式是适当的？尚不清楚。这样的规定，很难解决当前中小学实践中教师惩戒权缺失的问题。

“赋予教师以惩戒权”早已是学术界的共识。王辉认为[111]，惩戒权就是教师依法对学生进行惩戒的权力。惩戒是通过给学生身心施加某种影响，使其感到痛苦或羞耻，激发其悔改之意，从而达到矫正目的。“惩戒”中，“惩”即惩处、惩罚，是其手段；“戒”即戒除、防止，是其目

---

① 成有信．教师职业的公务员性质与当前我国师范院校的公费干部学校特征［J］．教育研究，1997（12）：39－42．/王全林．教师究竟是谁［J］．教师教育研究，2004（5）：27－31．/李晓强，陆若然．中小学教师的权利享有与义务履行：问题与建议［J］．江西教育科研，2006（1）：39－41．

的。学生的发展和进步是惩戒根本的出发点，使学生更好地社会化是惩戒活动的最终目标。惩戒与体罚不可同日而语。体罚是惩戒中较为极端的一种。在教育实践中，体罚往往与对学生的肆意打骂、伤害和虐待联系在一起，其所能起到的教育效果微乎其微，并因此一直受到有识之士的批评和谴责。“应该看到，人们反对的是体罚本身，并不完全指向惩戒，因为一定的罚戒手段在教育活动中还是必要的。”[15]376作为教师，在合理、合法、公正的范围内，为了达到教育上的目的，“有权对教育活动的整个过程施加某些影响和控制，有权做出职责范围内的专业性行为。这是教师的职业性权利之一，也是教育活动中教师必要的权力之一，是随着教师这一专业身份的获得而取得的”。[15]376由于以往的教师惩戒权在很大程度上指向体罚的权利，使人们往往将惩戒权混同于或等同于体罚权。其实，惩戒权不仅仅指体罚权，还包括用其他手段进行惩戒的权利。① 随着社会的发展与进步，教育民主、儿童人权的呼声日益高涨，教师惩戒权已越来越少地指向体罚。因而，必须赋予教师一定的惩戒权，改变已有法律对人们的误导，及由此给教育实践带来的负面影响。

明确教师享有一定的惩戒权，在新《义务教育法》实施之后显得尤为迫切。因为新《义务教育法》中明确规定，“不得体罚和变相体罚学生”、“学校不得开除学生”，但并未对什么样的行为属于体罚和变相体罚作出明确说明。这使得教师面对部分学生扰乱课堂秩序、影响其他学生受教育权利情况时，也不能对扰乱课堂秩序等学生采取隔离措施。因为这一看似合情合理的做法，要承担被学生状告老师体罚的风险，进而面临被解聘的后果。对某一位学生权益过分地、不恰当地保护，不仅对“这一个”学生的成长不利，更可能侵犯到其他多数学生的受教育权。到底如何既保障“这一个”学生的权益，又维护其他“每一个”学生的权益，需要法律法规作出回应。我们寄希望于正在修订的《教师法》。

① 在各国法律规定及实际运用中，较为常见的惩戒形式，一般包括以下几种：（1）言语责备；（2）隔离措施；（3）剥夺某种特权；（4）没收；（5）留校；（6）警告；（7）记入学生档案的处分；（8）停学和开除。体罚、停学和开除是有争议的惩戒形式。体罚因其常伴有损伤学生身体、侮辱学生人格，一直受到争议。停学和开除因其剥夺学生的受教育权利，同样争议非常大。参见：劳凯声．变革社会中的教育权与受教育权：教育法学基本问题研究［M］．北京：教育科学出版社，2003：400－407.

二、教师教育权与学生受教育权的冲突与协调

（一）教师教育权与学生受教育权孰先孰后

关于教师教育权与学生受教育权的关系问题，似乎不言自明的是教师教育权优先于学生的受教育权。因为自古以来教师都被认为是知识、能力的化身，在人生经验、思想等方面都远远优于未成熟的学生，是学生的引路人。尽管“教师是履行教育教学职责的专门人员，承担教书育人，培养社会主义建设者和接班人、提高民族素质的使命”（《教师法》第三条），但学校与学生契约成立之目的是为了实现学生的受教育权。从逻辑上说，学生的受教育权是教师教育权确立的基础。“教师的自由在逻辑上是从属于儿童的学习自由的”，“我们在说教师的教育自由时，并非单纯是教师的自由，而应从儿童受教育权利的观点来考虑”。[112]但这一逻辑常常被现实中教师知识技能上的权威地位掩盖了，颇有本末倒置的意味。我们必须清楚：在法理上，学生的受教育权是优先于教师的教育权而存在的，教师在行使教育权的过程中以不能侵害学生的受教育权为前提。

（二）教师教育权行使不当造成侵害学生受教育权的行为概览

如果我们从无差别的意义上理解学生在学校中的受教育权的话，根据《教育法》第四十二条的有关规定和常规教育教学活动所包含的主要内容，可以把学生在学校中的受教育权归纳为：听课权、上课中的发言权、参加课外活动的权利、做作业并得到教师批改的权利、参加考试并获得公正评价的权利以及正常升学的权利等。在教育实践中，学生的这些权利却常常因教师教育权的不当行使而受到损害。①

1. 教师教育评价权与学生受教育权

教师能否恰当地行使教育评价权，使学生的学业成绩和品行获得公正的评价，直接影响学生受教育权的实现程度。如果我们把教师的教育评价分为形成性评价和终结性评价两个方面的话，两种评价的适当与否会给学

---

① 这里说的教育权的“不当行使”，一方面是指其固有的含义，通常包括过度行使或没有行使教育职权两种。另一方面，在此也把不属于教师教育权限的权力滥用现象，如随意改变教学计划等划归为教育权不当行使之列加以探讨。

生的学习机会带来不同的影响。其中，形成性评价的合理实施是改善教、学过程的重要手段，它能够使教师的教建立在学生实际学和掌握的基础上，是充分保障每个学生受教育权实现的重要方面。终结性评价通常是在学期末对学生作的总体评价，尤其学年末的学业成绩和品行评定涉及学生的荣誉乃至升学中的某些鼓励性政策的享有等实质利益，因而，从功利的角度看，终结性评价对学生利益的影响不可小觑。正因为如此，有些教师受个人利益驱动，对某些学生的评定有失公正，使一些学生本应接受与其自身学习能力相适应的教育机会，却因教师的不公正评定而丧失，这必然对其受教育权的充分实现构成了侵害。有损中小学生公正评价权的教师行为主要有：（1）为升学、评奖之需，教师或学校有关人员帮某些中小学生私自涂改、伪造中小学生个人档案中的学年评语与操行评价等；（2）因教师的个人好恶、或因同家长的特殊关系弄虚作假等，如考试过程中营私舞弊，透露或泄露考试内容；在阅卷过程中改分数等。

2. 教师指导权与学生受教育权

教师具有指导学生的学习和发展的权利，但教师的“指导”必须遵循两个原则。一是“指导”必须有利于学生的学习和发展。如果我们把“指导”理解为引导、建议和劝告等意义的话，在教育活动中教师就学习方法、课外活动、升学问题等对学生所作的劝告、建议也属于指导的范畴。恰当的、适合学生特点和发展方向的指导有助于学生身心的良好发展。但现实中，有的教师出于各种原因，竟给予学生放弃其受教育权的“指导”，这不能不说是严重的侵权行为。比如“班主任要求有缺点的学生退学”①、重庆南岸区某中学老师劝说“差生”不参加高考②等事件便属于教师不当行使教育权的案例。二是在涉及升学等与学生个人的发展有

① ［案例］班主任要求有缺点的学生退学　某校初中二年级学生黄某平时纪律散漫，经常迟到，上课与邻座讲话，有时甚至旷课。经老师多次教育仍无改变。该生家长因忙于做生意，对儿子也疏于管教，极少过问儿子在校学习情况。班主任赵老师虽然多次与其父亲电话联系，但都没有找到其父母。赵老师认为，如果继续让黄某随班学习，会给其他同学造成影响。于是他三番五次找黄某谈话，要其自动退学。黄某在老师的压力下，加上其本身又有厌学心理，于1996年5月20日在未告诉家长的情况下就辍学回家。参见：褚宏启．学校法律问题分析［M］．北京：法律出版社，1998：104.

② 参见：教育时评：高三差生就没有参加高考的权利吗．http：//edu. sina. com. cn/gaokao/2007－11－27/1157109940. shtml，新浪网，2010－09－27访问。

重大相关的选择时，教师的指导与劝告必须建立在学生或其家长合意的基础上，尊重学生及其家长的意见。在劝告不被学生接受的情况下，如果教师擅自主张则构成侵权。程肯状告武汉大学附属中学侵害其受教育的选择权一案便说明了这一问题。

3. 教师惩戒权与学生受教育权

关于教师的惩戒权，虽然教师权利中未作明确规定，但从现行教育法律的某些规定中可以推论出教师是有惩戒权的。如《教育法》第二十八条规定学校及其他教育机构有对“受教育者进行学籍管理，实施奖励或处分”的权利。而且，教育实践中教育也无时不在行使对学生的惩戒，轻者言语呵斥、站墙脚、打扫卫生，重者赶出课堂、停学等。我们赞同出于教育和管理上的考虑，教师应该具有一定的惩戒权的观点，但教师惩戒权的行使不能侵害学生的受教育权利。在教育教学过程中，如果教师从保障学生受教育权利的终极目的出发，出于教育上的必要，短期地剥夺学生的受教育权，或者出于为了其他学生更好地接受教育的考虑，认为有必要牺牲被惩戒学生的受教育权时，教师或者学校必须从事实出发，在合情合理与合法的范围内行使，而且学生被停学后所落下的课业也都要完整补上。在我国当前的教育实践中，因教师的惩戒而导致学生受教育权受损的常见的、典型事例主要有如下几种情况。第一，对学业成绩不好的所谓“差生”受教育权的侵害，表现为教师怕“差生”的考试成绩差影响升学率或学校名誉，不让成绩差的学生参加考试，剥夺学生获得公正评价的权利。第二，学生非因故意行为而被剥夺听课权的情况。第三，对“品行有缺点”的学生施以停学、送工读学校等处分。“品行有缺点”其中的“缺点”作为正式的法律用语（见《未成年人保护法》第十八条）是否妥当姑且不论，到底什么样的行为算作“品行”有“缺点”法律也未明确规定，由此带来的问题是：由谁、通过怎样的程序对学生的品行进行判定？1994 年，上海市徐汇中学马某状告徐汇中学侵害其受教育权一案或多说少地说明了这一问题。[77]311－312 第四，学生因不堪教师体罚等教育方法而离校出走。① 儿童的失学和辍学是我国普及义务教育中的一大难题。

---

① 参见：京某校 11 名初中生不满体罚，集体翻墙出走. http：//news. sina. com. cn/c/edu/2007－04－04/091211564558s. shtml，新浪网，2010－09－27 访问。

在艾一平等人实施的“中国部分边疆民族地区辍学情况调查”中，其中“学生对兄妹辍学原因的回答”和“学生对其伙伴辍学原因的回答”中分别有1.5%和2.5%的学生认为是由于“教师歧视、打骂学生”造成辍学的。[113]如果把教师不许学生上课、参加考试等惩戒看成“显性的”侵害学生受教育权行为，那么因教师歧视、打骂等体罚和变相体罚而导致学生厌学、进而“主动”放弃受教育权（辍学）则是“隐性的”侵害学生受教育权的行为。对于这种行为，如果学生本人不肯说明个中缘由，教师也保持沉默的话，学生获得救济的可能性很小。

北京大学陈向明教授早在10多年前，采用定性研究的方法，对一个辍学学生所作的个案调查报告——“王小刚为什么不上学了？”[114]在某种程度上可以说明一些问题。作者在“讨论”部分阐述的一些问题至今依然值得我们所有教育相关人员作深入思考。特摘录如下：

“……综合以上收集到的资料，王小刚辍学的原因可能有两个：一是他学习成绩不好，对学习失去了信心。对这一点所有被采访的人都持相同意见。二是他因老师体罚而退学，这一点只有王小刚本人可以作证。他自述辍学的主要原因是老师体罚，而他的老师、校长和家长却认为主要是学习成绩不好。用我们目前仅有的材料很难判断哪个原因是真实的，或者说哪个原因是主要的。

即使学习成绩不好是王小刚辍学的原因之一，我们对这个原因的深层意义了解得还很不够，比如‘学习成绩不好’是什么意思？……‘学习成绩不好’有哪些表现？衡量‘好’与‘不好’的标准是什么？王小刚为什么会‘成绩不好’？为什么他恰恰在刘老师上的两门课上‘成绩不好’？学生的成绩和老师有什么关系？除了王小刚以外学校里是否还有其他‘学习成绩不好’的学生？他们为什么没有因此而辍学？此外，王小刚被刘老师、官校长、他母亲以及他自己定义为一个‘差生’，可是从掌握的有限材料中我们很难知道‘差生’的定义是什么？做一个‘差生’意味着什么？老师和同学是如何看待‘差生’的？王小刚怎么成为‘差生’的？他是不是和别人一样努力学习？如果不是，为什么不？别的‘差生’是不是也辍学了？他们除了辍学这条路以外，还有没有其他的选择？如果我们假设老师体罚学生的现象确实存在，‘差生’是否和体罚学生有一定的关系？别的‘差生’是否也被体罚过？他们是怎样看待体罚的？他们是否也因此而辍学了？‘成绩不好’‘差生’‘老师打人’和‘不读了’之间又有什么关系？……”

三、透过现象看本质：教师教育权行使之终极目的

除上文谈到的以外，部分学校滥用管理、指导学生的权限，侵犯学生受教育权的行为还有：随意占用学生的上课时间，指派学生参加一些与学生自身的学习无关的活动，如让学生停课参加商业庆典，甚至组织学生在正常上课时间参加影视剧的拍摄①，为学校和教师谋利的事件；随意更改教学计划，减少或中止与升学考试无关的课程等。综观上述现象，不难发现隐藏在这些行为背后的问题。

一是观念层面的问题。教师行使教育权的终极目的何在？需要我们重新反思。教育实践中出现的“把差生赶出教室”、“出租学生为家具城装饰门面”[115]110等事件，反映了个别教师没有把学生当成权利的主体，而是被随意管理、使用的物化的对象。教师追求的是教育方式方法上的简捷与便利，追求的是教学名次等个人的私利，而非从每个学生切身的学习利益出发，这一点对于学生的受教育权实现来说无疑是致命的侵害。因而，明确教师教育权的终极目的，同时建立尊重每“个”学生的可选择性教育制度是当前学校教育中必须确立的观念。

二是现实层面的问题。不可否认，教师侵权行为的发生也与客观存在的、非教师本身能解决的现实问题有关，如政府教育投入不足导致的教育条件不能保障教学要求，甚至出现拖欠教师工资的违法行为；学校因追求升学率，将教师的考核与评价以及职称评定等与学生的考试成绩挂钩，这种评价难免使一些教师为了自身的利益而不择手段，直至损害学生的利益。由此，以下问题需要我们的政府及其他教育利益相关者思考：如何探求更合理的基础教育评估标准和评价方式，改革现有的教育评价制度？教师如何在不损害学生利益的前提下，采取合理合法的手段保障自身的正当利益免受侵害？学生及其父母如何加强权利意识和法制意识，使自身的合法权益免受教师的侵害？

---

① 参见：中学组织百名学生演戏酿伤亡，校长曾收剧组报酬．http：//news. sina. com. cn/s/2010 - 01 - 20/050919503661. shtml，新浪网，2010 - 01 - 20 访问。

三是教育法律法规层面的问题。现有的有关教师权利的法律规定远远不能适应教育实践的要求，不能给教育实践中出现的问题以合理合法的解释。因而，如何结合教育实践中出现的诸多问题，结合“依法治教”国家的有益经验，切实完善教师权利保障的相关制度，同时建立健全对教师教育权利行使的监督和责任追究机制，以便既保障教师的教育权利在合法的范围内行使，也能给侵害学生受教育权的教师依法予以制裁。

第四节 确立以每“个”儿童为本的教育教学观

所谓以每“个”儿童为本的教育教学观，就是指教和学应建立在每“个”儿童作为具有独立人格的学习主体的基础上，并以一种民主的、尊重学生基本人权的教育方式，打破教师——学生这种物化的固定观念，从单个的“学”者——单个的“教”者的意义上确立的适合学生个人的、可选择的教育教学观。

一、确立以每“个”儿童为本的教育教学观的必要性

“从每个学生的实际出发，因材施教”是我们熟知的教学原则之一，尊重每“个”儿童的教学观似乎并非什么新的理论。但从每个儿童受教育权的实现之目的出发，必须将其由教学论中的一个教学原则上升为教育法实践中的重要教育教学观念，以渐次内化到每个教育实践者的教育思考和行动态势之中。之所以这样说，主要是基于以下几点考虑：一是权利本身的意义。权利是与个体的自由相关联的，离开了每“个”儿童这一前提，儿童受教育权的实现也是不可能的。二是教育公平理念的必然要求。如果我们无视每个儿童之间的个别差异，采用同一的教学方法来教授，这种平等是“非效率的恶的平等主义”。[116]建立在无差别对待基础之上的有差别的、可选择性教育才是真正意义上的公平的教育。“教育上的平等，……给每一个人平等的机会，并不是指名义上的平等，即对每一个人一视同仁，如目前许多人所认为的那样。机会平等是要肯定每一个人都能受到适当的教育，而且这种教育的进度和方法是适合个人的特点的。”[36]105 三是学校组织自身的弊端与教师教育实践中的不适当观念使然。学校组织的官僚主义特性所带来的专家统治、权力滥用、忽视单个教师和学生特点等

现存制度无不与每“个”儿童权利的实现相冲突。因而，有必要确立以每“个”儿童为本的教育教学观念。尽管理论与实践的隔阂与脱节是大家公认的事实，但“在实践中，不管实践者是否作出了反省性思考，总是包含着某种理论的。因为，在教育实践的过程中已经包含并反映了实践者本身对于教育的思考和行动态势的原理性东西”。[117]这种“实践的理论内在性”反过来要求我们阐明合理的教育教学观，以给教育实践者提供反省的契机，剔除不合理的观念。

二、以每“个”儿童为本的教育教学观实施的可能性

（一）确立以每“个”儿童为本的教育教学观念具有国际法和国内法依据

《世界人权宣言》中阐明了教育之目标“在于充分发展人格，加强对人权及基本自由之尊重”，《经济、社会、文化国际权利公约》的十三条重申了上述的教育目的；《儿童权利公约》指出：“最充分地发展儿童的个性、才智和身心能力，培养对人权和基本自由以及《联合国宪章》所载各项原则的尊重”，这些规定均包含着儿童的教育是要以每“个”儿童的最大利益为理念的。我国的有关法律虽然没有明确使用“充分发展儿童的人格，尊重儿童的人权、自由”等法律用语，而且教育法中规定教育的最终目的是培养“社会主义事业的建设者和接班人”，是一种“公民”教育，似乎与教育本身的旨在形成“人”的教育之本来价值目标相脱离，但这种“公民”是要“德、智、体等方面全面发展”的，就其实质而言与国际公约中的规定并非相背。而且，在具体的相关教育部门法中对差别性教育也作了明确的规定，如对品行有缺点的未成年人、残疾儿童、女性青少年教育等都作了分别的规定。同时法律还规定学校教师要进行无歧视教育。① 这些有关无歧视性、差别教育的规定正是基于儿童“个”体身心特点的不同作出的。如果儿童本人或其父母认为学校教育没有使其获得应有的发展，且有足够的理由证明，则可以以“教育过失”

① 有关无歧视教育的规定，如《教师法》第八条：“关心、爱护全体学生，尊重学生人格，促进学生在品德、智力、体质等方面全面发展”；《义务教育法》第二十九条：“教师在教育教学中应当平等对待学生，关注学生的个体差异，因材施教，促进学生的充分发展”等。

为由起诉学校，迫使学校教师承担一定的法律责任，以便使教师切实地履行教育义务。①

（二）心理学、教育学的理论支持

心理学的相关研究，如皮亚杰的认知同化理论、布鲁纳的结构主义理论、布卢姆的掌握学习策略，特别是近些年对教育教学实践产生广泛影响的多元智力理论和成功智力理论等，均从理论上甚至实践上为班级授课制前提下的“个”别化教学提供了支持。②

（三）教育改革实验的验证

“面向全体学生，全面提高教育质量”是当前学校教育追求的目标。这其中是包含着以每“个”儿童为本的思想和理念的。近些年，在教育实践领域还出现了某些较为成功的教育改革实践，如主体教育实验（由北京师范大学教育系和河南安阳人民大道小学共同进行）、教师指导下学生自主学习教学模式实验（江苏省吴江市南麻中学）等。特别值得一提的是，北京市海淀区巨山学校的教育改革实践③，在一定意义上实现了让

---

① 由于学生学业成绩和发展状况之好坏受制于学校、家庭和社会环境等诸多因素的影响，很难有充分的理由证明学生发展欠佳是由于学校责任所致，加之法院基于公共利益的考虑，担心将教育儿童的责任强加在教师和学校的头上会增加诉讼案件的数量，加重公众纳税的额外经济压力，故美国、英国和澳大利亚的教育系统虽然有若干起教育过失诉讼案件，但学生胜诉的案例为数很少。尽管胜诉的案件很少，但“事实上，教育过失的案件正在教育界蔓延”。参见：[澳] Reeta · Verma. 教育过失 [J]. 王斌华，译. 外国教育资料，1997 (5)：58 - 63，57.

② 有关这部分理论解释与实践应用相结合的文章，参见：尹力. 同化教学理论的构建与思考 [J]. 教育评论，1995 (2)：17 - 19. /冯茁. 掌握学习策略在当前素质教育背景下的适用性 [J]. 中国教育学刊，1998 (4)：46 - 49. 等。

③ 海淀区巨山小学坐落于四季青乡，10% 的学生是四季青乡的农民子女，90% 的学生是来自全国25个省市自治区的务工农民子女。他们渴求知识，希望接受平等正规的教育，做事有一定的责任感，独立自主性强，但这些学生知识水平参差不齐，生活习惯、行为习惯不尽相同……这些特殊复杂的生源状况给学校教育教学工作带来了巨大的挑战。在几年的研究实践中，学校从培养学生“自己对自己负责”的责任心做起，不断探索着“我负责、我能行、我快乐”的独立健康人格培养之路。做到了“同在蓝天下，同享优质教育资源”。正是基于“我”这一理念，才实现了巨山今天的成功。这一模式为海淀区、乃至全国探索城市化进程时期，适合农民工随迁子女教育的实践模式提供了成功的典范。

每个打工子弟孩子都成功的梦想，成为公办打工子弟学校乃至所有普通公立学校中的一朵奇葩。这些成功的改革实验充分证明了保障每“个”学生身心充分发展的教育教学是可行的。

三、学生应当受到怎样的教育

学生在学校教育中接受适合其身心发展的、充分的教育是我们基于教育公平的理念而确立的学校教育的目标。如果从操作层面上将之具体化，以“在学校教育中，学生应当受到××的教育”的语言表达形式来阐述学生在学校教育中受教育权利的具体内容，可以归纳为如下几点。

第一，学生应当受到公平的教育。这里的“公平”是指充分而适当的意义，也即日本教育基本法中规定的“按能力接受教育”和本文指出的确立以每“个”儿童为本的教育教学观、实施有差别的无歧视教育。尤其对于那些智力属于非常态的儿童或残疾儿童更是公平的教育应该关照的对象。

第二，学生应当受到尊重的教育。这是儿童作为有独立人格的“人”对教育提出的要求。表现为学校教育中要建立尊重人权的教育制度，确立学生作为学习权利主体的地位。

第三，学生应当受到安全的教育。这是学校、教师受父母的委托，对儿童履行教育、管理和保护职责，保证儿童在校期间人身安全的必然要求。儿童的安全、健康是其受教育权利实现的前提和基础，如果儿童的生命权这一最基本的人权得不到保障，受教育权则无从谈起。

第四，学生应当受到与其成长阶段相适应的教育。如果我们从更微观的教学领域探讨学生受教育权保障问题，使学生不仅进得来，还能学得好，就必须深入到教学内部，从教学原则、教学模式等方面创造出与学生成长阶段相适应的教育。

总之，在学校教育内部围绕着学生受教育权利的问题非常多。仅就教师而言，教师到底应具有什么样的职业伦理观、能力水平也是与之密切关联的。本文碍难穷尽所有问题，姑且引用由雅克·德洛尔（Jacques Delors）任主席的国际21世纪教育委员会向联合国教科文组织提交的报告中的关于“教师的质量”的一段话结束本章：“我们无论怎样强调教学质量亦即教师质量的重要性都不会过分。学生的学习态度以及对自己的想象，在基础教育的早期阶段即基本形成。在此阶段，教师起着决定性的作用。学生要克服的障碍——贫穷，困难的社会环境，身体残疾——愈是繁重，对教师的要求就愈多。教师要有效对付这一切，只能展示极为多样的教学才能以及表现出不仅是权威的，而且也是情感同化、耐心和谦虚等人文品质。如果一个儿童或成年人遇到的第一位教师是位未经过充分培训而且缺乏积极性的老师，那么他们未来进行学习的基础本身就缺少坚固性。委员会认为，各国政府应努力重新确认基础教育师资的重要性并提高他们的资格。每个国家应根据自己国家的特定情况，确定应采取何种措施以在最有积极性的大学生中招聘未来的教师，改进他们的培训工作，并鼓励他们当中最优秀者去最艰苦的岗位上工作。此种措施的采取是绝对必要的，否则，不可能希望看到在最需要改善的地方教学质量能有重大的改善。”[118]

第五章　父母与儿童受教育权利

> 除了人民自己外，我不知道有什么社会最终权力的可靠受托人；如果我们认为人民尚未有教养得足以完全自决地行使他们的支配权的话，补救的办法不是从他们手中拿走支配权，而是告诉他们如何自决。
>
> ——杰弗逊

父母[①]是儿童受教育权利实现中必不可少的、也是不可替代的重要主体之一。我国《宪法》明确规定："父母有抚养教育未成年子女的义务。"(第四十九条)《教育法》第四十九条进一步指出："未成年人的父母或者其他监护人应当为其未成年子女或者其他被监护人受教育提供必要条件。未成年人的父母或者其他监护人应当配合学校及其他教育机构，对其未成年子女或者其他被监护人进行教育。" 在这些原则性规定中，提出了两个非常重要的问题：一是父母需要为未成年子女的接受教育提供哪些必要条

① 父母，准确的表述应是"父母或者其他监护人"，本文为行文方便，将其简略为"父母"。另外，在学校教育实践中，经常使用"家长"一词，根据习惯，本文有时是在同一意义上使用二者。

件？二是未成年人的父母应当如何配合学校及其他教育机构？这两个问题又与父母在儿童受教育权利实现中到底具有哪些权利有关。因为，任何主体法律义务的履行通常是以其所具有的权利为前提的。所以，在探讨父母如何配合学校、如何提供必要条件以履行法定的教育未成年子女的义务时，不能忽略对父母教育权的性质、父母在学校教育中具有的实体性权利等基本理论问题的讨论。特别是在我国现有的法律尚未对父母所具有的教育“权利”之具体内容作出明确规定的前提下，需要我们遵循“理念先行”[119]6的原则，阐明公共教育制度的确立与父母教育权的演变，并在借鉴国际法和其他国家有关父母教育权利之法律规定的基础上探讨我国父母的教育权利。①

第一节　父母与儿童及其他教育权主体间的关系

一、公共教育制度的确立与父母教育权的演变

父母的教育权，从狭义上可以理解为，父母基于一定的信念、价值观，教育子女的权利；从广义上理解，是指“父母就子女的教育，或者说有关子女的教育所具有的权利与义务的总称”[98]85。在前工业化时期的欧洲，大家庭作为社会组织的基本单位，对子女享有绝对的权威和负有完全的责任。正如古罗马的查士丁尼在其《法学总论》第九篇《家长权》开篇即规定的，“在我们合法婚姻关系中出生的子女，都处在我们的权力之下”。“我们对子女所享有的权力是罗马公民特有的，任何其他民族都没有像我们这种对子女的权力”（第二条）[120]。在这种绝对权力中是包含着对子女教育的权利的，而这种教育权利主要表现为是否让其子女接受教育以及接受什么样教育的自由。换言之，私教育的自由表现为父母对子女有“家庭教育的权利”和“自由选择教师的权利”（选择学校的自由）[109]73。当然，不仅仅是欧洲，在我国漫长的以父权主义为代表的封建社会，贯穿于时兴时衰的私学之始终的同样是基于父母对子女具有教育上的

① 相对于我国多讲父母义务的现状，本文主要侧重于从父母教育权利的角度阐述父母在儿童受教育权利中的作用。

自由和权利这一基本前提的。

19 世纪末，随着教育的国家化和义务教育的普及，原本父母对子女具有的绝对意义上的教育自由也发生了相应的变化。首先，在子女是否接受教育的问题上，父母必须送适龄子女入学接受教育，这是实施义务教育之始国家对父母课以的法定义务。其次，在接受什么样的学校教育（包括学校选择、课程选择等）方面，也非完全是父母的自由。教育中立性原则决定了国家要求儿童接受的教育与基于宗教信仰自由之父母的教育自由之间必然会发生某种冲突。这样，围绕着儿童接受什么样教育的“教育自由与选择的权利”问题，父母教育权与国家教育权之间便存在着“经常性的对抗和紧张的关系”[121]。再次，父母的教育权利多了私事教育制度下所没有的积极要求权。基于公共教育的教育机会均等原则，父母有权要求国家和政府为其子女接受教育提供充分的条件，有权要求参加学校的有关教育活动，有权对学校教育教学和管理等各方面工作进行监督，并提出相应的意见和建议等。公共教育制度的确立还使父母教育权发生了更为根本的变化，即把父母教育权利中的一部分转移到学校教育中，由教师代替行使。这种“父母替代”的法理或“直接委托论”在原本没有实质关联的父母和教师之间产生了密切联系，使得父母和学校（教师）成为教育法律关系中一对非常重要的法律关系。这必然带来父母教育权与教师教育权之间的种种关系问题。

欧美的教育制度在 19 世纪末至 20 世纪初，由私事向公共教育制度转变的过程中表现为两种不同的类型。第一种类型是以英国为典型代表，教育的社会化、制度化的形成过程是为了克服私人教育自由的任意性而将其控制在一定的范围内，是自下而上运动的结果；第二种类型是以普鲁士为代表，在私人具有相对教育自由的前提下，采取与近代化、工业化相适应的形式，自上而下由国家强行推行义务教育。[108]369－370 以上两种类型，尽管推行方式不同，但父母教育权并未因公共教育制度的确立而丧失。如普鲁士在国家推行义务教育的同时，并没有否认私人具有教育自由，没有剥夺父母的教育权利，且从侧面对私人教育进行援助。“教育权和家长的选择自由是通行于所有西方国家的宪法原则。”[85]166

我国的义务教育采取的是自上而下的、由国家强制推行的模式。但与普鲁士国家不同，新中国成立之初，伴随着社会主义公有制的确立，一切与“私”相关联的东西都要连根除掉，这种思想表现在教育领域便是禁止私人办学，原有的私立学校或教会学校也都由社会主义国家接管，父母的教育自由和教育权利也连同私人教育自由一起销声匿迹了。自20世纪80年代以来，我国政府也开始认识到单靠国家举办和实施教育（即“穷国办大教育”）既是不现实的，也与公民多样化的教育需求之满足间存在矛盾，由此，“鼓励社会力量办学”的政策法律相继出台，以“择校”、“在家上学”为代表，在广泛的范围内，把从父母和社会组织与公民个人手里收回的教育权又还给了父母，还父母教育权的原初本质。

二、父母与儿童及其他教育（权）主体间的关系

围绕着儿童受教育权利的实现问题，以父母为基轴，涉及父母与未成年子女、父母与学校（教师）、父母与国家（政府及其教育行政机关）等不同主体间的关系。

（一）父母与未成年子女

从实体法的意义上说，父母与未成年子女构成的是抚养与被抚养、教育与被教育的关系。但父母所具有的抚养教育权利必须以儿童的利益为最终目的，不得滥用亲权，更不能怠慢教育义务的履行。

（二）父母与学校（教师）

父母与学校（教师）的关系是源于儿童的在学关系而产生的。我国的实体法上鲜有关于父母与学校（教师）关系的明确规定，但在西方判例法上，19世纪确立的“父母替代原则”揭示了二者法律关系的实质[119]224，即学校教师接受父母的委托行使对其子女的教育权后，二者并非泾渭分明、互不干涉。换言之，父母与学校（教师）之间的关系看似间接，实为直接。虽然教师基于其专业人员的身份对有关教育的内在事项有优先决定权，但并不排斥父母对学校教育工作的参与。“父母只是无能的干涉者的古老印象已被作为儿童教育援助者、学校教育的重要伙伴所取代。”[119]278而父母对学校教育的参与或多或少会带来父母与教师之间关系的紧张与对抗，且这种“紧张关系”最终也很难消解。[122]365我们从理论上假设教师和父母双方都从最大限度地保障儿童学习权的非利己观点出

发，基于相互的信赖和尊重，教师和父母之间的“紧张关系”也能够保持一种合适的张力，发挥积极作用。我们必须承认，“父母在学校教育中的失败，必然带来学校教育的变质”。[123]正如父母对子女的完全支配权必然会导致亲权的滥用一样，学校教育权完全由教师行使也必然会导致教师教育权的滥用，最终受到损害的还是儿童的学习权益。因此，父母对学校教育的监督与参与必不可少。

（三）父母与国家（政府及其教育行政机关）

父母与国家、政府及其教育行政机关的关系主要表现为以下两点。一是父母教育权的自然权特性可以排除来自国家的不当干涉，即在不损害其子女利益的前提下，对其子女的教育享有教育自由权。二是父母作为儿童的法定代理人，有权要求国家提供必要的条件，以使其子女接受最适合其身心发展的教育，尤其是弱势儿童的父母，有权依法要求国家为其子女接受教育提供特别而必要的条件，如贫困家庭的父母有权要求政府为其子女免费提供教科书并补助寄宿生生活费（《义务教育法》第四十四条）；残疾儿童的父母有权根据其残疾子女的残疾类别和接受能力，要求国家、学校提供适合其身心特性和需要的课程、教育方法、教育方式（《残疾人保障法》第十九条）等。当然，父母的教育权利也是其必须履行的责任，必须在合法合理的范围内行使，并接受来自地方教育行政机关的监督。

除以上三大关系外，还存在着父母与其他社会组织和公民个人的关系。由于我国父母教育权还受民法和婚姻法调整，具有私权的效力，因而社会组织和公民个人一般负有消极不作为义务，不得干涉父母的教育权，父母也有权要求排除来自第三者的不正当干涉。反过来，社会组织和公民个人也具有监督父母教育权利行使的正当性和教育义务履行情况的权利。

（四）父母的教育义务与国家的给付责任和学校（教师）的委托监护之间孰先孰后

《三字经》中早就有“养不教，父之过”之语，这充分说明了父母对其子女的抚养和教育责任。而在实施义务教育的今天，“养不教”就不仅仅是“父之过”了。倘若儿童其父母因种种原因无力承担上学的诸种费用，那就不是“父之过”，而可能是“国之过”，或“政府之过”了。儿童接受义务教育之权利的特殊性质，决定了在父母的教育义务与国家的给付责任和学校（教师）的委托监护之间，以国家履行给付责任在先。对此，郑贤君的论述可谓精辟而深刻，特引证在此，不再赘述。“作为宪法权利，受教育权区别于传统的消极宪法权利；作为义务，受教育义务区别于传统的强制性义务。具体表现为：作为一项宪法权利，如果国家不给，这项权利就不能实现；如果公民不受，这项权利亦不能完成。作为一项义务，如果国家不给，则义务就不能成立；如果公民不受，则义务就无法履行。所以，受教育义务以国家给付责任的履行为成立前提。……受教育义务的强制性在这一责任之后，表现为法律上规定父母或者监护人‘必须’将孩子送到学校上学。即只有国家（教育主管部门、地方政府）、学校履行了积极责任之后，公民才可将适龄儿童送进学校。除极少数情况之外，实践中大多数不履行受教育义务的公民多是家庭贫困，在国家不实行免费教育的情况下，家庭无力承担学童的受教育费用。所以，父母固然‘必须’将孩子送入学校，但其前提是国家须履行给付责任在先；在国家未履行给付责任或者未完全履行给付责任特别是不实行免费教育的前提下，父母之‘必须’作为责任就不能成立。……因而，如果国家只规定受教育权利和义务，却不确立教学制度、课程设置、审定教科书、设置学校，特别是不免收学费、设立助学金；或者法律虽然规定了国家责任，却在实际上不事先予以履行或履行不完全，则国家就无权强迫公民在生活困窘的情况让孩子入学。否则，国家与公民之间的行为就缺乏对等性，不符合权利义务关系的法律原理。国家强制性不仅不合情理，反而成为一种专制行为。毕竟，受教育义务的义务性质是‘接受性’的，与维护一国秩序与安全所必需的纳税和服兵役的‘付出性’不同。当国家不履行责任或者履行不完全在先的情况下，对原本属于私人领域的自主决定事务施以司法强制，是既违反自治原则，又不履行承诺的表现，无异于始乱终弃，雪上加霜。”①

① 文中作者论述道：“受教育义务的强制性在这一责任之后，表现为法律上规定父母或者监护人‘必须’将孩子送到学校上学。”有必要指出，我国新《义务教育法》第十一条对适龄儿童“入学”的规定，是“应当”而非“必须”。参见：郑贤君．公民受教育义务之宪法属性[J]．华东政法学院学报，2006（2）：123－127.

第二节 父母教育权：性质与内容

一、父母教育权的性质

（一）父母教育权的性质

从比较教育法制史的角度，借鉴已有的研究成果①，可以发现，父母教育权利具有多重性质。

1. 父母教育权是一种自然权利

父母对子女的教育权是基于家庭婚姻上的自然血缘关系而产生的。由于家庭是与人类同时存在的、先于国家的社会基础单位，因而，这种权利一般被认为是“固有的、原始的、前国家的、不可让与的人的权利”，属于一种自然法上的权利，即“自然权”[98]57。在法律上明确规定父母教育权是“自然法之权利”者，首推德国魏玛宪法。“抚养子女，使其身心健全，并能适应社会，为父母之最高义务，亦为其自然权利，国家及社会应督其实行”（第一百二十条）。德国基本法第六条第二款继受其精神，规定“抚养与教育子女为父母之自然权利，亦为其至高义务，国家应监督其行为”[83]。尽管父母具有的自然权之教育权说可以从天主教自然法的立场上得到解释，推论出父母的教育权是“由神赋予的自然权”，是超实体法的、不受任何世俗力量支配与侵害的无上权利，但在现代立宪制国家，并未认可父母教育权的绝对排他性。即使宪法上使用了“自然权”一词，这一术语只不过表明父母教育权的源起或由来而已，即来源于自然共同体的家族、亲子关系的本质。这种权利在国家法律所规定的范围内保留其私事教育、家庭教育的自由以及参与公共教育运营等权利，而并非是超越法治的绝对自由。

既然父母的教育权不能超越法律的限制，那为什么要强调其“自然权”的性质呢？这种性质可以带来怎样的法律效果？可以预想，既然说是“自然权”，必然意味它有着与通常的权利不同的特别重要的意味，其

① 这部分内容参见：結城忠．学校教育における親の権利［M］．日本：海鳴社，1994：56－78.

积极的意义主要表现在以下几方面。[98]69-78第一，阐明父母对儿童的教育具有首要的权利和责任。这正如《世界人权宣言》① 和《儿童权利公约》② 中所规定的那样，儿童基于血统，与父母有着原始的、亲密的联系，而从那里产生的父母对子女的权利和责任优先于或者说强于其他的教育主体。如果说父母的教育权是第一义的、“始源的教育权”，则国家、公共团体、学校（教师）的教育权相对于父母来说，便是第二义的、“副次的教育权”。这种权利性质决定了国家、学校、其他社会组织和个人负有尊重父母教育权的义务；要求学校的运营和管理在可能的范围内，尽可能地反映多数学生家长的意思；一些有关学生个人的重要教育事项的决定权，如升学、退学、重大惩戒处分等，必须征求父母的意见，保证父母的参与，甚至由父母保留决定权。第二，父母的教育权是优先于国家的始源性的权利，即使在实体法上没有明文规定的情况下，也可以从法理上推导出父母的教育权是“作为父母的自明的权利”，是受法理保障的。第三，自然权的实质包含着一种法价值和法理念，这种价值和理念对实体法具有某种限制作用，从而使父母教育权具有某种防御的功能。这种防御权在消极的意义上，可以排除公权力或第三者对父母教育权的不当介入和干涉；在积极的意义上，具有排除妨碍的请求权。第四，由于父母教育权与自然法上的家族制度相关联，因而，只要父母不滥用或懈怠教育权利，国家不仅不可以剥夺之，负有不可破坏性地介入其实质内容的义务，而且负有对父母的养育责任提供适当援助的积极义务。如《儿童权利公约》第十八条规定，“缔约国应尽其最大努力，确保父母双方对儿童的养育和发展负有共同责任的原则得到确认”。

父母教育权的自然权说也许会被我国的某些学者指责为唯心论的、“抹杀教育的社会性”[124]等，但不能否认，这种自然权说对我国教育立法和教育实践中存在的无视父母教育权利的现状有很大的指导意义。可以从法理上使我们的立法者、学校教师及父母本人认识到：父母的教育权利是一种自明的权利，即使在没有明确法律规定的前提下，父母也可以依此行使其包括学校选择权在内的自由权，排除来自国家和第三者的不当干预；

---

① 《世界人权宣言》第二十六条：“父母对其子女所应受之教育，有优先选择之权。”

② 《儿童权利公约》第十八条：“父母对儿童的养育和发展负有首要责任。”

主动要求参与学校的教育教学和运营管理，对校方采取的不合理对待提出异议等，进而可以使立法者从实体法上明确父母到底具有哪些教育权利。

2. 父母教育权是一种基本权利

父母的教育权属于宪法上不可侵犯的基本权利，如德国、荷兰等不少国家宪法上就明确规定父母的教育权是一种基本权利。不只如此，父母教育权更由《世界人权宣言》所规定，是受国际法保护的基本权利。父母的教育权在基本人权的范畴之中，与单纯的自由权、参政权等基本权不同，是具有多重性质的特殊的基本权，其特殊性主要表现在以下方面。第一，这种基本权是父母个人作为教育主体、且只对自己的子女实施的教育上的自由权，具有身份专属性，且优先于其他主体，可根据自己的意志自由地实施教育。第二，父母的教育自由权与一般的自由权不同。一般的自由权是在相对于公权力的关系上，保障权利主体的自我决定权，即具有人格自律性，而父母的教育权之“自由”并非父母自我实现的自由，而是“为了实现儿童的利益、福利的自由”。换言之，父母的教育权其本质并非是保障父母自身利益的“谋求自我利益的基本权”，而是面向儿童利益的“为他者谋求利益的基本权”。这一特性为防止亲权滥用，或者当父母的教育自由明显危及到儿童的最大利益时，为依法剥夺之提供了法理依据。第三，父母教育权是具有社会权性质的基本权。由于父母的教育权最终是为了儿童身心的健全发展，特别是义务教育阶段儿童受教育权本身就是作为一种社会权存在的，故父母教育权必然具有社会权的特性。这一特性为父母积极要求权的行使提供了法理依据。第四，从父母教育权的内容来说，父母对儿童的教育权是一种总括的、全面的教育基本权，它涉及儿童成长发展的所有事项。相对于学校教师的教育权来说，父母的教育权源于亲子关系，父母对子女的教育有权进行全面整体的规划，而学校教育只不过占了其中的一部分而已。

3. 父母教育权利的义务性

父母教育权还有一个重要特性，它是一种不可放弃的、必须履行的权利，因此，父母的教育权利同时也就是父母的教育义务。“随着人权思想的彻底化，儿童权利被确认之时，作为自然权的亲权理所当然向强调其义务性转移”[122]200，这种义务性（或曰责任）也是贯穿于儿童权利公约的基本精神[125]。我国是非常明显地体现父母教育权利之义务性的国家，在我国宪法、民法、教育法、未成年人保护法中都有明确的规定。父母教育权之义务性的首要意义在于防止亲权的滥用。父母除了应当送适龄子女上学以外，还要求其必须为子女接受教育提供一切必要的条件。

（二）我国父母教育权的性质

从现有的法律规定来看，可以推定出我国父母教育权同样具有自然权和宪法上基本权的性质。之所以说是“推定”，是因为我国现有的法律并没有类似“父母教育权是父母的自然权利”的规定。我国《宪法》第四十九条第三款规定：“父母有抚养教育未成年子女的义务。”从字面来看，这一条款是把“教育子女”规定为父母的“义务”，而不是其“权利”。但从《宪法》把公民的受教育权作为权利义务复合规范的特性来看，父母的教育义务是含有权利性的。因而，可以推定出我国的父母对子女的教育具有宪法上基本权的性质。况且这一条款又是在《宪法》的第二章——“公民的基本权利和义务”部分加以规范的。

父母的教育权利与义务不仅是宪法调整的对象，也是民法调整的对象。在2001年4月修正并通过的新的《中华人民共和国婚姻法》（以下简称《婚姻法》）第三章“家庭关系”中，有两条对父母与子女的教育法律关系作出了规定：一是“父母对子女有抚养教育的义务；子女对父母有赡养扶助的义务”（第二十一条）；二是“父母有保护和教育未成年子女的权利和义务。在未成年子女对国家、集体或他人造成损害时，父母有承担民事责任的义务”（第二十三条）。由于《婚姻法》是“婚姻家庭关系的基本准则”（第一条），其所调整的父母对子女具有的教育权利是基于父母与子女构成的自然共同体的家族、亲子关系的本质，而这种本质是先于法律规定而存在的。正因为父母对子女的教育权利由婚姻法调整，所以，我们在制定法律以前已经先验地把父母对子女的教育权利当做自然权来对待了。另外，《民法通则》中规定，“未成年人的父母是未成年人的监护人”（第十六条第一款），“监护人应当履行监护职责，保护被监护人的人身、财产及其他合法权益，除为被监护人的利益外，不得处理被监护人的财产。监护人依法履行监护的权利，受法律保护”（第十八条）。我们认为“其他合法权益”是包含教育权益的。

从法律条文的直接规定来看，义务性是我国父母教育权最典型的特性。之所以我国宪法只规定父母具有教育义务，而没有明确其作为权利的一面，原因可能在于：公民对教育意义的理解尚未达到一种自觉行为，部分父母尚不能理解教育对其未成年子女的价值，而且国家对义务教育尚未提供完全意义上的免费教育。在需要父母支付一定的教育费用，而这种经济支付的结果难以即时获得回报、甚至反而会影响其基本的生存时，父母是很可能不去做这种近似于无回报的投资的，放弃其子女的受教育权利便成为必然之事。因而，为了强调父母教育权利之不可放弃性，“父母有抚养教育未成年子女的义务”的宪法规定便应运而生。不过这种单一的义务性规定也是有其局限性的。如果我们不去“推定”，则很容易让人产生父母在教育子女的问题上，只有义务而没有权利的倾向，甚至有抹杀了其作为自然权、基本权利之本质的嫌疑。表现在学校教育领域，不仅父母很难以与教师对等的权利主体的身份参与到学校的运营和管理中，而且，学校和教师也容易忽视父母的教育权利，父母在学校教育中的合法地位难以确立。这种父母与教师的相对分离状态是无益于儿童受教育权利的实现的。鉴于此，随着父母对其子女教育的日益关注和自身教育权利意识的不断增强，“父母有抚养和教育未成年子女的义务”的宪法规定也应作相应的修改，应改为“父母有抚养和教育未成年子女的权利和义务”。因为宪法作为国家的根本大法，是一切其他基本法律、法规的法律渊源。如果宪法中只有父母对子女应有义务的规定，而未对父母在子女教育方面享有的权利作出规定，则《婚姻法》第二十三条中的“权利”之来源也就缺乏宪法渊源，这是不符合立法原则的。我们期待着父母教育权利的宪法确认早日实现。

二、父母在学校教育中享有的权利

父母所具有的教育权涉及子女教育的全部领域，包括纵向（时间序列）和横向（空间序列）两大领域。从纵向来看，父母的教育贯穿儿童成长与发展的全过程；从横向来看，涉及家庭、学校和社会的不同场所。由于每个家庭，父母的生活背景、受教育状况、教育理念和对子女的教育期望各不相同，由此决定的对其子女的教育内容、教育方法和教育诉求方面也会有很大差别。具体到时间序列上，对子女未成年时期和成年以后的教育各不相同；在空间序列上，在家庭教育、学校教育和社会（职场）

教育中的权利行使的内容和方式也会各不相同。特别是家庭教育中的权利行使，因其最能体现父母教育权的自然和自由本质，只要父母对子女的教育不违反相关法律法规的规定，遵循“法不禁止则自由”的原则，则具有总括而全能性的支配权能，国家、学校和社会组织与公民履行消极不干涉义务。鉴于这种差异性的客观存在，加之义务教育所决定的父母与学校教育之间的必然联系，我们对有关父母教育权内容的讨论只限定在学校教育中或与学校教育相关的领域，对父母在家庭教育中享有的权利内容不予探讨。

（一）父母教育权的内容：法理上的探讨

既然父母教育权是一种自然权利，那么父母在学校教育中到底应当享有哪些权利？日本学者兼子仁从保障儿童学习权的意义上阐明父母的教育自由以及儿童学习权对父母教育权的限制，指出父母有学校教育选择的自由和父母个人特别是父母集团对学校、教师的教育要求权与学校教育参加权。① 而結城忠则从比较教育法制史的视角将父母在学校教育中的教育权主要概括为基础性权利、积极性权利、消极性权利和能动性权利四大类，共36项[99]86-89，具体内容如下：（1）在学校教育中父母（儿童）的基础性、概括性权利。包括：① 儿童、父母作为个人被尊重的权利；② 受到教育上的平等对待的权利；③ 隐私权；④ 人格自律权或自己决定权；⑤ 知情权或教育（行政）情报的获知权；⑥ 适当的程序性权利（获得告知、征询意见的机会的权利）。（2）学校教育中的消极性权利。主要有：① 父母教育上的自由权。包括：a. 家庭教育的自由；b. 宗教教育的自由；c. 思想及良心的自由；d. 表现的自由；e. 私立学校的设置、经营的自由；f. 集会、结社的自由；② 父母的教育选择权与评价权。包括：a. 学校选择权；b. 教员选择权；c. 评价学校的权利；d. 评价教员的权利；e. 学校教育内容的选择权；f. 拒绝部分学校教育内容的权利。（3）学校教育中的积极性权利。主要有：① 关于教育机会均等的请求权；② 要求中立的学校教育的权利；③ 障碍儿童有要求按照障碍的类型、程

① 学校教育选择的自由包括选择私立学校的自由和学校教育内容选择中的自由。参见：兼子仁．教育法（新版）［M］．东京：有斐閣，1978：204－210，300－306．

度的不同接受特别教育的权利，以及对障碍儿童教育学校、障碍儿童班级指定的控诉权；④ 对儿童生命、身体安全、健康的要求权（接受安全的学校教育的权利，拒绝危险的学校教育的权利）；⑤ 对教育行政机关、学校（教员）的教育（行政）措施要求权及要求取消、变更的权利；⑥ 关于学校教育内容的要求权；⑦ 教育条件整备要求权；⑧ 关于教职员人事的要求权；⑨ 接受（教育建议、咨询等）教育上的援助的权利；⑩ 追究学校教育过失责任的权利；⑪ 对教育行政机关、学校措施、决定不服的申诉权以及获得司法救济的权利；⑫ 对国家或公共团体的赔偿请求权；⑬ 结成、参加父母组织的权利；⑭ 有权要求教育行政机关、学校（教员）就学校教育事项加以协商；⑮ 有罢课或拒绝登校的权利。（4）学校教育中的能动性权利。包括：① 对公共教育运营的参加权、学校教育的共同形成权（对教育政策、教育立法、教育行政、学校的管理运营过程以及学校的教育过程的参加权）；② 对国家、地方公共团体的（教育行政）机关的请愿权；③ PTA 的参加权。

上述这些权利是結城忠根据父母教育权的性质与法理演绎出的认为父母“应该”具有的权利，即他自己所说的“预设”的权利。这些权利在多大程度上、在何种范围内受到现行实体法的认可，同样因不同国家法律制度的不同而不同。

（二）父母教育权的内容：实体法上的规定

在美国，从实体法的意义上规定父母教育权内容的有二：一是 1989 年“国民委员会”采纳并通过的《亲权卡》（Parent Rights Card，1989 年）；二是宾夕法尼亚州公立学校父母同盟采纳并通过的《父母权利法案》（Parent's Bill Of Rights，1985 年）。从这两个法律规范中，可以捕捉到父母权利要求运动的重点乃至动向。[①] 特别是《亲权卡》中有关父母教育权的内容，涵盖了有关学生的惩戒、教育和记录等诸多领域，且在广泛的范围内受到州政府的认可，由此可以看到美国的父母在学校教育中享有的法律权利，这对我国相关的立法无疑具有重大的借鉴意义。《亲权卡》

① 这部分内容参见：結城忠．学校教育における親の権利［M］．日本：海鳴社，1994：90－96.

中规定的父母在学校教育中享有的权利主要包括以下四个方面。

1. 关于学生的惩戒

（1）当儿童受到过度的、或者是不合理的物理上的强制性惩戒时，有对教职员采取法律行动的权利（全国）[①]；

（2）对儿童的停学处分具有上诉权（47 州）；

（3）对校长作出的指定让儿童就学于情绪性障碍儿童班级的决定，有上诉的权利（40 州）；

（4）抗议体罚的权利（10 州）。

2. 关于学生的教育

（1）有权阅读在关系到是否获得联邦教育省之资金提供的研究计划中使用的教材（全国）；

（2）有权要求向残疾儿童提供适当的公立学校计划。在给残疾儿童指定学校（班级）时，需得到父母的书面同意（全国）；

（3）对校长作出的禁止女生参加男生体育运动的决定有上诉权（38 州）；

（4）在向学校提出申请的基础上，有访问子女教室的权利（22 州）；

（5）和班主任一起出席会议的权利（15 州）；

（6）在具备州所规定的条件、基准的基础上，有在家中教育儿童的权利（43 州）；

（7）基于宗教、道德或其他合理的理由，有权要求儿童免去学习某一特定学科（24 州）；

（8）基于宗教、道德或其他合理的理由，有权要求儿童免去阅读指定的书籍（22 州）；

（9）基于宗教、道德或其他合理的理由，有权要求儿童免去参加学校的课外活动（30 州）。

3. 关于学生记录和其他记录

（1）有权查阅儿童在学校的记录。在认为其内容虚假或不当时，有提出异议、申诉的权利，并要求教职员必须在合理的期限内予以答复。对答复尚存不满的情况下，有听证权（全国）；

---

① 每项权利后面括号内的数字，表示该项权利在法律上被认可的州的数量。

（2）有权查阅正式的、官方公认的学校政策（全国）；

（3）有权查阅研究或计划报告等其他非正式的学校记录（不包括人事记录）（29 州）。

4. 其他权利

（1）对妨碍发表争议性见解的学校政策、决定，有上诉的权利。但不得涉及猥亵、中伤或损坏名誉，以及引起严重分裂的行为（40 州）；

（2）有在公开的地方教育委员会会议上发言的权利（10 州）；

（3）有权出席地方教育委员会的所有会议（审议人事和财产事项的除外），有权出现在对学区有影响的教育委员会的决定进行投票的现场（全国）；

（4）对地方委员会的决定，有权向上级州当局（法院除外）上诉（30 州）；

（5）虽有争论的余地，但有权对妨碍儿童参加合法的俱乐部活动等的政策、决定进行上诉（32 州）；

（6）有权成为父母、市民团体的一员，且其团体有权得到教职员的认可，并享有听证权（27 州）；

（7）对允许教职员工对儿童自身及其财产施以不合理检查的政策、决定，有权进行上诉。根据 1985 年 1 月联邦最高法院的判决，教职员工在检查儿童之前，必须确信儿童有违反校规、法律的嫌疑，而且检查的方法必须与目的存在合理的关系（全国）；

（8）有权对教职员工根据个人好恶将书带出学校图书馆的行为进行抗议（全国）。

（三）父母的学校选择权和学校教育参加权[①]

如果对上述若干项权利予以归纳，可以发现主要涉及两个重要方面：一是父母的教育自由权，主要是选择学校的自由（我们简称为父母的“学校选择权”）；二是父母的教育要求权，主要是参与学校运营、管理的

---

① “学校选择权”，准确的表达应是选择学校的权利。“学校参加权”或者“学校教育参加权”，准确的表达应是“参加学校教育的权利”。只为方便起见，使用“学校选择权”和“学校教育参加权”。

权利（我们简称为“学校教育参加权”）。

1. 父母的学校选择权

父母根据自己的意愿为子女选择合适的学校是父母教育自由的重要组成部分。如果我们把义务教育学校分为私立学校和公立学校两大类的话，则父母选择学校的自由则表现为选择私立学校的自由和公立学校中的自由选择权利。父母对私立学校的自由选择权，在当今世界已是无须论证的、带有“自明”意味的权利。尤其是有着悠久的私学教育自由、宗教教育自由之历史传统的国家，私学教育以教育中的多元价值为前提，是宗教、政治多元主义社会保障市民思想自由和信仰多元性的重要方面。父母对公立学校的自由选择权相对较为复杂。如果我们否认父母对公立学校的自由选择权，让父母无怨言地将子女送到政府指定的公立学校，或把选择机会交给命运——由电脑派位，让儿童接受被规定的教育，则必须基于这样一个基本前提，即任何学区、任何学校、任何班级，包括教师能力、工作态度、教育活动的种类、质量以及学校设施、设备等所有教育、学习条件是完全平等、无差别的。而这一前提在现实中，是任何国家和地区都难以做到的。由此，基于学校间教育条件的差异、儿童个体差异的存在和父母教育要求的多样化，限制父母对公立学校自由选择的“学区制”（我国是就近入学），必然受到来自父母教育选择自由要求的挑战乃至走向瓦解。由于“可选择性教育”是使每个儿童受教育权利得到充分实现的必然要求，因而，父母对公立学校的自由选择近年来在一些国家已经得到政策或法律制度的确认，成为该国父母享有的现实权利，如美国、英国等。

20 世纪 60 年代以来，美国公共教育发展史上，在教育管理与运营方面，经历了由以学区为中心的地方自治到以联邦政府及州政府以补助金等方式积极参与教育运营与管理的转变；在教育政策方面，经历了从追求效率到追求公正（20 世纪 60—70 年代），进而到追求质量的提高和学校选择的自由（20 世纪 80—90 年代）的转变。而追求选择（或者说自由）、效率、公正与质量的基本价值的统一是美国 21 世纪教育政策的重要课题。[106]56-75 20 世纪 80 年代以来，“选择”这一价值与市场原理相结合，强调每个父母的学校选择之自由，并由此推行“择校制度”的改革与实验，如教育券计划等。在布什总统签发的《美国 2000 年教育战略》中，一项重要政策就是鼓励家长选择，主张不仅是富裕家庭，即使是下层家庭都可以选择入学。2002 年 3 月，美国联邦教育部发布了《2002—2007 年美国教育战略规划》，指出“为学生家长提供更多的信息及更多选择”[126]，择校已成为近年来美国公立学校制度的主旋律。①

在英国，20 世纪 70 年代以来，父母的教育权问题同样成为教育改革的重要一环。自 1944 年《教育法》第七十六条“作为一般原则”规定的“学生应当按照父母的希望接受教育，国家和地方教育当局应当尊重之”以来，尽管“父母的希望”并非完全是指公立学校的选择，但自由地让子女进入其所希望的学校是其应有之义。1980 年的教育法对此项条款作了较大的改动。在第六条明确了关于父母希望的“学校选择”的规定。指出，“只要不给‘提供有效的教育和有效地使用财源’带来障碍，地方教育当局（或学校理事会）有义务接受（父母的）希望”。这种对父母的希望由应当“尊重”到明确为“义务”的内容变化，可以说是 1944 年以来，围绕着父母教育权，特别是学校选择权的政策、判例以及父母教育要求运动的结果。[119]62在英国，尽管不同的执政党有着不同的政治思想和主张，且也必然把各自的主张贯彻到教育政策之中，但外显的扩大父母的学校选择之自由的政策主张却是一致的。扩大父母学校选择的自由和学校参加的权利贯穿于英国近年来教育改革之始终。②

在我国，随着父母作为教育消费者意识的觉醒，对子女“上好学”的要求不断增加。加之学校间差距的存在，优质教育资源的匮乏，任何父母都想为子女选择好的学校。强势群体通常通过权、钱来择校，这种现象有目共睹；没钱也没权的父母，要想让孩子进入重点学校，只能仰赖于孩子的特长或突出的学业成绩，特别是小学升初中阶段的择校更甚。有一个手机段子，能从一定意义上揭示出择校的惨烈：“几投简历皆茫茫，直彷徨，犯思量。电话不响，无处问端详。纵使咱娃很优秀，无消息，心也

---

① 有关美国父母自由选择学校的问题，在我国已有很多的研究。如，曾晓杰. 择校制度与美国基础教育改革［D］. 北京：北京师范大学，1996. 论文中还对我国的“择校就学”问题进行了分析，并提出了诸多政策性建议。另外，还有钟启泉. 美国的“自选教育”：寻求高中特色化［J］. 外国教育资料，1998（3）：35－42. 在此不多作论述。

② 日本学者窪田真二在其《父母の教育権研究——イギリスの父母の学校選択と学校参加》一书中，围绕着父母的学校选择和学校参加，对英国 20 世纪 60 年代至 80 年代末的父母教育权是如何由政策上升为明确的法律权利，进而成为父母具体享有的现实权利，作了详细的研究。

慌。夜来幽梦榜在墙，咱娃娃，在榜上。拥娃入怀，相对泪四行。风风雨雨十二载，小升初，最心伤。”相对于拥有城市户籍的儿童来说，进城务工农民及其随迁子女则是非常弱势的群体。这一群体是否也有择校的愿望呢？2006 年发生在北京市海淀区的“取缔未经批准流动人员自办学校”风波中，政府部门官员曾指责：农民工宁愿让孩子上教学质量和安全无保障的打工子弟学校，也不愿意上条件好的免费的公立学校。这种指责似乎表明：农民工在子女受教育问题上是不加选择的。但 2007 年我们参与的“教育部基础教育司—世界银行”所进行的“促进农民工随迁子女义务教育项目”研究表明，近半数的私立学校家长在选择学校时曾考虑过公立学校。调查结果显示，影响家长作出选择的因素一般都是比较多元的，他们并非不作任何选择，而是综合各种因素后得出的结果。可见，择校是强势群体和弱势群体的共同需求。影响农民工家长择校的主要因素排在前五位的依次是：学校离家近、学校的教育质量好、有熟人介绍、不收借读费、学杂费比较低，具体影响因素如表 8 所示。

表 8 影响农民工家长择校的主要因素

影响择校的因素	百分比（%）
学校离家近	55.2
学校的教育质量好	33.0
有熟人介绍	24.8
不收借读费	24.7
学费、杂费等比较低	17.1
学校的入学手续简单	17.0
学校使人有亲切感	13.1
学校的口碑好	13.0
没有其他选择	6.5
其他	2.6

尽管政府采取就近入学、电脑派位等政策限制择校，但这些政策却在客观上使“以权择校”、“以钱择校”等不正当“择校”现象呈愈演愈烈之势，弱势群体的择校能力受到极大的限制，而这又人为地加剧了教育乃

至社会领域的不公平现象，这似乎已成为义务教育中的痼疾。①

扩大父母对公立学校的选择权利是必然之势。特别是我国加入 WTO 以后，教育被看成一种服务业，一种可以交易的服务产品，在“学校、教师与学生或其家长之间形成了一种全新的权利与义务关系：作为消费者一方，学习者或其家长有权根据自己的需要和满意度来选择某类学校、某类教育内容、甚至选择某位教师。与之相对，学校和教师作为这项服务贸易的提供者，有义务按照国家的教育标准和自己对学习者的承诺，来提供合格的教育服务。因此，在不久的将来，让学习者或其家长自己来规划真正适合和有利于自己个性发展的教育目标和教育形式，精心选择适合自己的教育消费类别、水平和品位，从而获得自己真正需要而且有效的教育服务，这可能是每个家庭在进行教育投资时都会反复考虑的事情”。[15]33 因而，如何提高教育的服务质量和品位，满足消费者的需要，是包括政府在内的教育提供者必须思考的问题。当然，并不是因为我国加入了 WTO，有了市场对教育的介入，学生或其父母才有了选择学校的权利和自由。只不过是 WTO 给我们提供了一个契机，使父母天然具有的选择学校的权利得以尽早实现而已。更何况，“父母选择也是从根本上改变公立学校官僚主义性质的一种战略”。[106]130

2. 父母的学校教育参加权

父母的学校教育参加权，或者说父母参与学校教育的权利，在英、美、德等国已是明确的法律权利和现实权利。关于父母参与学校教育的研究，在我国也已受到很多学者的关注，对其中有关家长参与学校教育的必要性、积极意义以及具体的参与活动类型、参与现状、参与的合法性等问题作了广泛的探讨。② 但这些研究大多是以教育学的视角进行的，少有把

① 主要参考：文东茅．我国城市义务教育阶段的择校及其对弱势群体的影响［J］．北京大学教育评论，2006（2）：12－23./何征．什么样的家庭倾向于利用择校机会?［D］．北京：北京大学，2006.

② 有关家长参与学校教育的文献主要有：刘力．家长参与学校教育的功能及方式［J］．教育研究与实验，1992（1）：62－66./张希希．美国“家长参与教育”研究［J］．外国教育研究，1996（5）：33－37./范秀双．论学生家长参与学校教育的权利［J］．教学与管理，2000（8）：3－5./王俊．家长参与学校教育：澳大利亚的经验及启示［J］．基础教育参考，2004（7）：26－27./马忠虎．试论家长参与学校教育［D］．北京：北京师范大学，1997./张旺．“家长参与子女教育”的现状及策略研究——重庆市主城区的几个个案研究［D］．重庆：西南师范大学，2001./凌晓靖．父母参与学校教育的合法性分析［D］．西安：陕西师范大学，2007. 等。

父母参与学校教育作为父母的一项权利，从教育法学的视角对其进行研究。因而，我们主要从“权利”的视角对父母该项权利的内容、行使的方式等方面加以简要的探讨。

从父母与学校、教师构成的委托契约的实质来看，父母作为契约的一方有权参加学校的有关活动。而且，这种“参加”不仅是父母作为个人享有的权利，也是父母集团共同行使的权利之一，是父母教育权中积极、能动权利的重要体现。結城忠认为，父母的教育参加权主要包括以下三种。[98]279-281 一是知情权，即了解学校有关信息的权利。如了解学校的教育理念、教育目标与发展定位、子女所学各科目的教学计划、教学内容、教师的教学方法、成绩评价标准与方法、学籍管理规定，以及与此相关联的访问、参观学校的权利、进课堂听教师上课的权利等。教育行政机关、学校有义务为父母提供其所必要的信息，包括阅读学生个人档案的记录等。① 实际上，父母在学校教育中的知情权在我国已经得到了法律上的认可。《教育法》的第二十九条“学校及其他教育机构应当履行的义务”中，非常明确地规定，学校应当“以适当方式为受教育者及其监护人了解受教育者的学业成绩及其他有关情况提供便利”。我们认为，“其他有关情况”是包含学校的教学计划、成绩评价标准和方法以及有关学生档案的。知情权可以说是父母参与学校运营、管理乃至决策的基础性权利。不了解学校及学生的基本情况，是不可能有真正意义上的“发言权”的，更谈不上参与决策了。二是提案发言权。这项权利意味着教育行政当局和学校在作出某项决定、措施之前，不仅从程序上要向父母说明该项决定和措施的内容，阐明理由，而且父母有权对该项措施提出意见和建议。三是

① 我们记录着学生的学习成绩、思想品行评定、奖励和惩罚事项的学生档案，对学生是保密的，学生本人是不能看的，更不用说学生家长了。为什么不让学生及其家长看？很多校长和老师也说不上来，他们唯一的理由就是“一直都是这样的”。到底从什么时候开始、又是基于什么样的缘由不许学生本人看自己的档案，我们不得而知。这么一个“一直以来的做法”应该结束了。原因在于：从档案本身来看，如果校方记录的事项都是学生在校的真实表现，品行评价也公正合理，大可不必遮遮掩掩；如果校方对学生作了不实的记录，学生的公正评价权受到侵害，这恰恰需要学生自身提出质疑，要求校方修改。在学生档案的真实性上，学生自己是最强有力的监督者。更何况，《教育法》的第二十九条已经给学校提出了这样的要求，“以适当方式为受教育者及其监护人了解受教育者的学业成绩及其他有关情况提供便利”，这是学校及其他教育机构应当履行的法定义务。

共同决定权。这是更强有力的参加权形态，是指父母与教育行政当局和学校处于平权的立场上，保障父母共同参与和决定的权利。这意味着，教育行政当局或学校有关教育上的措施和决定必须征得父母的同意，如果父母不同意，则该项措施和决定便不能生效。故该项权利也被称为否决权。

上述三种权利形态，以知情权为基础和前提，权利领域、权利强度逐渐增强。共同决定权是父母学校教育参加权的最强有力的、最本质意义的权利形态。只有知情权和提案发言权，而没有共同决定权，那么，所提之案、所发之言是否被采纳、在多大的意义上起作用都值得怀疑，也许议一议、论一论就完结了，难以保证父母真正享有学校教育参加权。当然，这只是理论上的一种笼统划分，实际上父母参加学校教育的权利也属于立法、政策上的重要课题，尤其共同决定权的保障更需要得到法律的认可。我国的立法已迈出了第一步，保障父母的知情权，但后两种更重要的权利形态尚缺乏有效的法律支持。这在一定程度上必将阻碍父母学校教育参加权的实际享有。

父母的学校教育参加权，尤其是父母对教育行政当局与学校措施的共同参与和决定权，通常是由父母集团的代表行使。在法律上承认父母教育参加权的国家，有关的措施和决定，大多是由有父母代表、校长、教员和学生，甚至社区居民、教育行政人员参加的组织共同决定的。这种组织在不同国家有不同的名称：德国称为学校会议（schulkon ferenz），美国通常称为学校委员会（local school council），英国称为学校理事会（governing body）等。尽管名称不同，但其宗旨（或曰基本精神）却是一样的，即强调父母、学生对学校教育乃至公共教育运营和管理的参加权。在此以德国为例，对父母集团学校教育参加权的法制化和具体行使方式作一简要介绍。

德国在20世纪60年代后半期至70年代中期，进行了大规模的教育改革，内容之一是父母和学生参加学校运营和管理的法制化。1973年，德国教育审议会的教育委员会发表了一项劝告——《关于教育制度组织与管理的改革，第一步是强化学校的自律性和教员、学生、父母的参加》，这份劝告显示了20世纪70年代，学生、父母参加学校运营、管理法制化的基本理念。[97]214 正是基于这种理念，各州才使父母和学生的参与真正走上法制化，并切实加以实施的轨道。比如，北莱茵—威斯特伐利亚州制定了一项新的有关参与学校运营、管理的法律，即《关于参加学校制度之法律》（简称《学校参加法》），对参加权限和参加组织作了具体的规定。[97]216-217 如图1所示，由教员、学生、父母组成的班级、学年和学校等不同层次会议的同时，还规定必须有与“教员会议”相并列的“最高意愿决定机关”——学校会议。

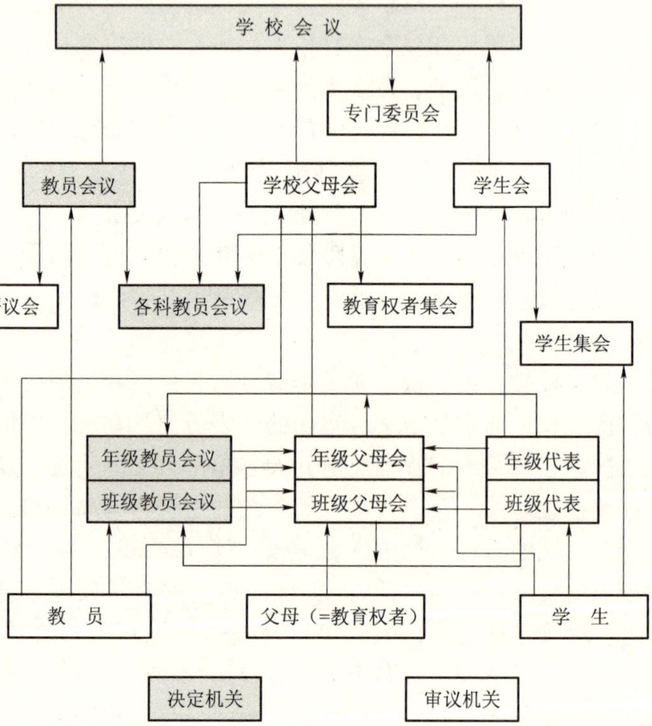

图1　参加组织的构造（北莱茵—威斯特伐利亚州）

学校会议由教员、学生和父母代表组成，主要审议下列事项：关于教学内容形成及教学方法适用之原则、教学安排及课程设置之原则、关于成绩评价和考试升级等规定统一适用之原则、关于校规的制定等20余项。学校教育法实施5年后，基于该法对不同主体的参加情况进行了评价，并提出了报告。报告书指出，尽管在信息方面存在着质量不充分等问题，以及并未充分灵活地利用参加的机会，但从总体上看，有八成的父母和学生回答表示“满意”，有六成以上的教员、八成以上的校长分别表示“对合作的期待是能够实现的”，显示了肯定性评价的倾向。

第三节 我国父母教育权与儿童受教育权保障的相关问题

一、父母在保障儿童受教育权中的义务

从实体法规定来看，我国父母在保障子女受教育权方面的义务主要有以下几个方面。

第一，依法送适龄儿童入学接受教育，若适龄儿童因身体状况需要延缓入学或者休学的，则应向当地乡镇人民政府或者县级人民政府教育行政部门提出申请。①

第二，为儿童受教育提供必要条件。这些条件既包括物质上的（如缴纳教科书费、课本费及其他学习费用和活动费用），也包括保证儿童学习所必要的空间和时间上的条件。

第三，学习家庭教育知识，在以健康的思想、良好的品行和适当的方法教育和影响儿童的同时，“配合”学校和教师的工作，对儿童进行健康而有意义的教育。②

第四，父母在作出与儿童受教育权有关的决定时必须告知其本人，并

① 《义务教育法》第五条第二款：“适龄儿童、少年的父母或者其他法定监护人应当依法保证其按时入学接受并完成义务教育。”第十一条第二款：“适龄儿童、少年因身体状况需要延缓入学或者休学的，其父母或者其他法定监护人应当提出申请，由当地乡镇人民政府或者县级人民政府教育行政部门批准。”

② 《教育法》第四十九条：“未成年人的父母或者其他监护人应当为其未成年子女或者其他被监护人受教育提供必要条件。未成年人的父母或者其他监护人应当配合学校及其他教育机构，对其未成年子女或者其他被监护人进行教育。学校、教师可以对学生家长提供家庭教育指导。”《未成年人保护法》第十一条：“父母或者其他监护人应当关注未成年人的生理、心理状况和行为习惯，以健康的思想、良好的品行和适当的方法教育和影响未成年人，引导未成年人进行有益身心健康的活动，预防和制止未成年人吸烟、酗酒、流浪、沉迷网络以及赌博、吸毒、卖淫等行为。”《未成年人保护法》第十二条：“父母或者其他监护人应当学习家庭教育知识，正确履行监护职责，抚养教育未成年人。”

听取他们的意见。①

第五，对不在身边的留守儿童，父母不能履行对其监护职责时，必须委托给有监护能力的其他成年人代为监护，同时必须履行相应的教育义务。② 与随迁农民工子女教育问题一样，留守儿童的受教育权保障是我国当前义务教育中迫切需要解决的现实问题之一。

第六，不直接抚养非婚生子女的生父母，以及离婚后不和儿童一起生活的父母，同样应当负担未成年子女的教育费，直至子女能独立生活为止。③

第七，不得使接受义务教育的未成年人辍学，不得歧视女童和有残疾的儿童。④

二、我国父母教育权的现状、问题与对策

（一）父母——被遗忘的要素

1. 教育法律法规的欠缺

尽管我们可以推定或演绎出我国父母教育权具有基本权利的性质，但难免会使我们产生这样的感觉：我国父母教育权与其说是权利，不如说是义务更恰当。因为，从现有的法律文本来看，直至2001年4月新《婚姻法》的出台，才第一次在法律上明确了“父母有教育未成年子女的权利”。除此之外，无论是宪法还是有关的教育法律都只是规定父母对子女的教育负有义务，不见有权利方面的规定。只是在旧《婚姻法》的第十

① 《未成年人保护法》第十四条：“父母或者其他监护人应当根据未成年人的年龄和智力发展状况，在作出与未成年人权益有关的决定时告知其本人，并听取他们的意见。”

② 《未成年人保护法》第十六条：“父母因外出务工或者其他原因不能履行对未成年人监护职责的，应当委托有监护能力的其他成年人代为监护。”

③ 《婚姻法》第二十五条：“非婚生子女享有与婚生子女同等的权利，任何人不得加以危害和歧视。不直接抚养非婚生子女的生父或生母，应当负担子女的生活费和教育费，直至子女能独立生活为止。”第三十六条：“父母与子女间的关系，不因父母离婚而消除。离婚后，子女无论由父或母直接抚养，仍是父母双方的子女。离婚后，父母对于子女仍有抚养和教育的权利和义务。”

④ 《未成年人保护法》第十三条：“父母或者其他监护人应当尊重未成年人受教育的权利，必须使适龄未成年人依法入学接受并完成义务教育，不得使接受义务教育的未成年人辍学。”第十条第二款：“禁止对未成年人实施家庭暴力，禁止虐待、遗弃未成年人，禁止溺婴和其他残害婴儿的行为，不得歧视女性未成年人或者有残疾的未成年人。”

七条中有“权利”二字，即“父母有管教和保护未成年子女的权利和义务”。我们姑且认为“管教”包含“教育”的意思，推定出父母有教育未成年子女的权利和义务。但实际上，“管教”与“教育”又不尽相同。我们且不从下定义的角度阐明二者的意义差别，仅从日常的使用来看，如“你好好管教管教你的孩子”，或者说“我的孩子没管教好，没有教养，不懂礼节”等。这其中“管教”常常与某种不尽理想或非积极的行为与结果相联系，带有矫正或惩戒的意味。而“教育”却不尽然。广义的教育是包括学校、家庭、社会在内的、指向儿童身心全面发展的活动，并不一定与消极的意义使用相联系。这种法律规定与教育现实中经常出现的类似情况，即当学生犯“错误”时，教师动辄以“回家把你父母叫来”、“你父母是怎么管教你的”等言语威胁与斥责有不谋而合之处。从这点来看，在我们的教育立法者的意识中依然存在着“儿童行为习惯、教养的养成由家庭教育负责，知识技能等由学校教育来承担”这样泾渭分明的观念。体现在学校教育中，通常在思想品德教育中强调父母的“配合”作用，而有关智育和学校管理等则属于教师的神圣领地，家长无权参与和干涉，这在相关法律规定中可窥一斑。如《教育法》第四十九条规定：“未成年人的父母或者其他监护人应当为其未成年子女或者其他被监护人受教育提供必要条件。未成年人的父母或者其他监护人应当配合学校及其他教育机构，对其未成年子女或者其他被监护人进行教育。学校、教师可以对学生家长提供家庭教育指导。”《未成年人保护法》第十二条规定：“父母或者其他监护人应当学习家庭教育知识，正确履行监护职责，抚养教育未成年人。”《义务教育法》第三十六条指出：“学校应当把德育放在首位，寓德育于教育教学之中，开展与学生年龄相适应的社会实践活动，形成学校、家庭、社会相互配合的思想道德教育体系，促进学生养成良好的思想品德和行为习惯。”“配合学校”、“家庭教育”、“良好的思想品德和行为习惯”成了相关法律中的关键词。实际上，这种二分状态早已因其违背父母教育权的本质和不利于儿童受教育权利的充分实现而被强调父母教育权利的国家扔进历史的垃圾箱里了。英国、美国和德国等国家父母对学校教育的广泛参与便是明证。

尽管新《婚姻法》将父母的教育权由一种自然权利上升为法定权利，但婚姻法毕竟是调整婚姻家庭关系的基本准则，不能期待在婚姻法中对父母教育权利的具体内容作出规定。父母在学校教育中到底具有哪些权利，这不是婚姻法调整的范畴，应当由教育法律加以规范，而这在现行的教育法律中恰恰是个空白。

公共教育制度的形成，使得教育儿童的责任由家庭承担发展为主要由学校教育负责，随着社会条件的不断发展，人们对自由、民主和权利等价值追求的不断增强，必然决定和要求家庭与学校共同承担教育儿童的责任。[①] 这种螺旋式上升的趋势要求我们从观念上打破或抛弃家庭教育与学校教育相分离的观念，从政策、进而从法律制度上明确父母在学校教育中的地位和权利。值得一提的是，1999 年 6 月，由中共中央国务院发布的《关于深化教育改革全面推行素质教育的决定》（以下简称《决定》）的第二部分有两点规定：一是“在保证适龄儿童、少年均能就近进入公办小学和初中的前提下，可允许设立少数民办小学和初中，在这个范围内提供择校机会，但不搞‘一校两制’”（第十二条）；二是“建立符合素质教育要求的对学校、教师和学生的评价机制……鼓励社会各界、家长和学生以适当方式参与对学校工作的评价”（第十三条）。前者实际上暗含着父母有选择民办小学和初中的自由权利；后者第一次阐明了家长也有权参与对学校教育、教师的评价，即具有教育评价权。家长参与教育质量评价在《国家中长期教育改革和发展规划纲要（2010—2020）》（以下简称《纲要》）中得到更为明确的规定。在《纲要》第三部分“体制改革”中的第十一章“人才培养体制改革”部分，其中的第三十三条明确指出：“改革教育质量评价和人才评价制度。改进教育教学评价。根据培养目标和人才理念，建立科学、多样的评价标准。开展由政府、学校、家长及社会各方面参与的教育质量评价活动。做好学生成长记录，完善综合素质评价。”可见，我国已从教育政策层面上确认了父母具有一定的参与学校教育的权利。如何从政策上升到法律制度的高度，实现父母教育权利的复归，这既需要立法者、政府的努力，也需要包括父母在内的各方主体权利意识的觉醒和践行。换言之，单方面的自上而下的赋权是不够的，还需要

---

① 民间有句话说得好，大致表述为：“小学看家长，中学看学校（同伴的影响），高中看老师，大学看自己。”在一定意义上表达了在不同的学习阶段，不同教育权主体所起作用的不同。同时，也阐明不同主体相互之间配合的重要性。

自下而上的权利要求运动，这也是教育赋予我国不断生成的市民社会的神圣使命。

2. 教育实践中家长的地位

学生家长参与学校教育的现状，从我们收集的或了解的有关中小学的情况来看，一般中小学在年度学校工作计划或者教学工作常规、班主任职责以及师德要求等项目中都有关于教师要“与家长取得联系”、“开好家长会”、“办好家长学校”等方面的规定。“与家长取得联系”一般属于对教师师德的要求，也有的家长工作是由学校德育处管理，就连对班主任的要求也是与规章纪律有关。如，北京市某小学《师德规范细则》中规定：“尊重家长，认真听取意见和建议，不得训斥、指责家长，主动与家长取得联系，班主任假期家访应达到本班人数的1/3”；北京市某中学将家长工作、校外工作规定为“德育处”的岗位职责。该校的《班主任职责》中规定：“努力贯彻各项规章制度，对本班学生各方面的情况做到及时了解，及时教育，与年级班长、德育处、家长及时取得联系，要及时总结班级管理经验并同各位班主任交流。”这反映了固有的家庭教育与学校教育二分状态的意识。

另外，根据张旺对重庆市主城区几个学校所作的“家长参与子女教育”现状的调查研究①，学校开办家长学校，“通常都是由班主任在家长学校开办前叫学生口头带信；许多学校都陆续成立了家长委员会，但组成成员很少，而且成员中的家长代表一律由学校单方面指定，而未经家长民主推选，不能反映广大家长的普遍意愿；学校的校务委员会根本没有家长代表，学校也很少将教师同家长的联系与合作纳入对教师的工作考核”。而关于家长会，几乎所有家长都反映一学期中参加两次家长会，一般都是在学校的期中期末考试后不久，在绝大多数学校，召开家长会是学校与家长进行联系的主要途径。但家长会从某种程度上说，被开成了“告状会”、变成了学校向家长汇报孩子在校表现和考试成绩的“新闻发布会”，

① 参见：张旺．“家长参与子女教育”的现状及策略研究——重庆市主城区的几个个案研究［D］．重庆：西南师范大学，2001．/凌晓靖．父母参与学校教育的合法性分析［D］．西安：陕西师范大学，2007．/吕晓娟，江荣国．当前中小学家长会现状分析及对策［J］．中国教师，2006（6）：37－38．

家长主要听老师训话，自己没有什么发言权；关于家长学校，约60%的家长反映他们一年中未参加过家长学校，其余的则反映其参加的次数为一至两次，且普遍认为家长学校基本上是流于形式，没起到多少积极作用。这一结果与我们的访谈结果是一致的。当我们问及家长在学校教育中有哪些权利？家长会怎么开？是否听过老师的课等问题时，回答情况虽不一，但存在着某些极端的情况，即被采访的家长本人从没有与孩子一道听老师上课，该学校既不允许，家长也从未想过可以听课以及自己要去听课；家长会就是以比老师低三等的身份听教师汇报自己孩子不好的地方，与孩子一道挨老师训斥等。

现在有不少的学校出于学生安全等诸方面考虑，家长是不得随便进校园的，更不用说进课堂了。原本学校、教师的教育权来源于父母的委托，而现在却把父母拒之于学校大门之外，不让父母参与，颇有本末倒置的味道。有很多家长表示，如果给他们机会，他们是非常想参与学校管理的，特别是关系到孩子切身利益的事情，往小了说，诸如校服、饮用水、营养餐和作息时间等问题；往大了说，学校的办学理念、校规校纪、教科书的选用、教师的教学方法以及家庭作业和课外活动等方方面面，家长都非常关心，并想参与。我们做了个很有意思的调查，当问及一位老师："您作为家长时，愿意参与到学校的教育教学和管理吗？"回答大多是肯定的"当然愿意"；而问到："您作为老师的身份时，愿意让学生家长来课堂听课，参与到您的教育教学和班级管理吗？"大多数教师都是持否定态度，即"不愿意"，原因主要是觉得"麻烦，家长添乱"。特别是随着学校办学自主权的不断扩大，更应该赋予家长参与学校运营管理的权利，以防止学校滥用权力。

通过调查，可以把我国父母教育权的现状归纳为以下几点。第一，即使在比较注重家长作用、与家长取得联系的学校，也只限于对学校教育活动，包括听课、参加运动会等具体活动的直接参与，而非意思决定意义上的权利参与。第二，这些学校使课堂走向社会，让家长参与，大多是对教师师德的一种要求。从家长的角度看，大多数父母认为，能得到学校的许可听课、提出意见，无异于学校和教师对自己的一种恩赐，而并未觉得是自己应有的权利。第三，学校召开家长会、开办家长学校固然是件益事，但其宗旨一般是让家长了解儿童的身心发展特点，了解自己孩子的学习情况，旨在提高家长家庭教育的能力，而非通过家长会、家长学校的形式让父母行使参与学校管理和决策的权利。因而，我国的“家长会”与德国的“家长会”虽然名称相同，但内涵和实质却大相径庭。第四，在不关心与家长联系的学校，理所当然家长是无权利的主体，学校、教师具有无上的权威。父母相对于学校来说，一直是“配合”、“服从”与“听话”的角色，甚至要求家长无条件地维护教师的权威。这种规定本身决定了父母与教师权利的不对等性。

（二）“儿童人质论”对父母权利主体意识的抑制

我国父母在学校教育中的无权利状态，既与现有的法律、法规缺乏对父母教育权利的具体规定有关，也与一定的历史传统有关。如，老百姓作为臣民，本来就是被管理的、一味服从的无权利者。在教育领域，教师处于与君主相提并论的地位，教师又是专业人员，家长、特别是那些文化程度不高的家长更不敢奢望与教师处于同等的地位。除此之外，阻碍父母权利主体意识发挥的因素，不敢提要求、不敢对学校教师不合理对待或行为提出质疑或对抗，多采取被动的、唯教师之命是从的卑躬屈膝态度的一个重要原因在于：自己的孩子在教师的手里，如果强调自身的权利和主张，对教师不合理的行为提出异议、发表意见，担心教师会给自己的孩子气受，导致自己的孩子在教育上的处境更加不利。在日本，父母这种对教师想说也不能说的意识，被称为“儿童人质论”[99]32-33。

父母存在的“儿童人质论”的想法可以说是正常的，说明其本身对孩子教育的重视，担心提意见后教师会对自己孩子不好。因为，中小学生本身尚未形成一定的自学能力，罗森塔尔效应又证明教师的期望与行为对学生学业成绩等方面会带来重大影响，加之部分教师职业道德低下，难免会使那些不善于听取家长和他人意见的教师作出相应的带有报复意味的行为。何况，我们的大多数父母既没有能力自己在家中或请教师在家中教育子女（法律是否允许姑且不论），也没有相应的经济能力让子女进贵族式私立学校就读，现有的教育制度又不允许儿童随便转学校、换班级。可见，这些现实状况不能不使父母从“儿童人质论”的意义上考虑问题。因而，倘若不从法律上赋予父母在学校教育中的权利，形成父母集团，并建立相应的申诉渠道，使父母转变“儿童人质论”的观念，则家长的

“配合与参与”也只能是表面的、带有形式主义的意味。而当家长觉得实在没有办法，又没有正规、合法的渠道发表意见时，家长只能采取不理性的“炒教师”的方式行使自己的权利。① 教育界发出的关于“家长该不该炒教师”的讨论[127]，正是对实践领域父母教育权合法地位的呼唤。缺乏家长的真正意义上的参与和监督，就不可能从根本上改变我国学校教育中某些官僚主义的弊端，学校乱收费、教师滥用权力体罚辱骂学生以及对学生实施冷暴力等行为随时都会发生。

（三）建立父母组织：父母教育权利行使之关键

我国当前各地区、各学校教育条件差别的客观存在，决定了短时间内像欧美国家那样从法律上明确父母各项教育自由权利是不现实的。比如说，现在立即取消就近入学制度，赋予父母自由选择公立中小学校的权利是不符合大多数儿童利益的，有违基本的教育公平原则。当然，我们也不能因为父母缺乏权利意识，或者因为一部分父母因自身文化素养的有限性尚不足以自主地行使自己的权利，而无视父母的权利主体地位。我们将杰弗逊的名言——“除了人民自己外，我不知道有什么社会最终权力的可靠受托人；如果我们认为人民尚未有教养得足以完全自决地行使他们的支配权的话，补救的办法不是从他们手中拿走支配权，而是告诉他们如何自决”——运用到父母教育权利问题上，便转化为两个重要的命题。

命题 1. 我们应该如何告诉他们自决？
命题 2. 他们如何自决？

最现实的、也具有必要性的关键之点是：应以法律制度的形式（即第一个“如何”），建立由学生亲权者组成的父母组织（我们姑且称之为“父母会”，或称“家长教师联合会”），让父母通过“父母会”这一合法的组织行使其对学校教育的参与和决策权利（即解决第二个“如何”的问题）。建立父母组织的必要性和可行性在于以下几个方面。

第一，“儿童人质论”的观念决定了“单个”的父母教育权利极其弱小。而谋求父母的社会组织化，结成一定的父母集团，就其共同关心的问

① 参见：老师训斥顽皮学生，家长发威炒老师“鱿鱼”. http://news.enorth.com.cn/system/2003/04/17/000546262.shtml，北方网，2010－09－27 访问。

题共同协商、行使权利是比较合理的。最起码可以排除“儿童人质论”对父母权利行使的抑制。

第二，学校、家庭的沟通、配合，以往仅仅停留在开家长会、搞家访的由每个学校自主进行的非制度化层次。这些方式和做法既不能使父母教育权得到实质性地贯彻，也不能满足儿童受教育权充分发展的需要。因而，必须上升到制度化的高度，并以法律规范的方式加以明确，规定父母会的宗旨、组织性质、具体的权利义务、行使方式等。可喜的是，《纲要》的第十三章“建设现代学校制度”部分的第四十一条明确指出：“完善中小学学校管理制度。完善普通中小学和中等职业学校校长负责制。完善校长任职条件和任用办法。实行校务会议等管理制度，建立健全教职工代表大会制度，不断完善科学民主决策机制。扩大中等职业学校专业设置自主权。建立中小学家长委员会。引导社区和有关专业人士参与学校管理和监督。”明确提出中小学要建立“中小学家长委员会”，但这一委员会的性质、功能、人员组成及其权利义务尚未细化，有待相关的教育行政部门或学校进一步明确。只有通过组织化的父母集团行为，才能渐次唤起父母教育权利意识的觉醒并使其积极参与到学校运营与管理之中。

第三，我国的某些教育传统和现状有助于父母与教师之间关系的协调。父母对学校教育的依存，包含着对教师和学校的信赖，如常有家长对教师说，“我把这个孩子交给你了，你替我好好管教管教”等话。这种建立在基本信赖关系之上的父母与教师间的正向关系，决定了父母、教师双方以儿童的最大利益为同一目标，是有实现对话之可能的。

第四，从借鉴他国的经验来看，德国为确保父母对学校教育的影响力和发言权，在1920年的学校自治法中设立了家长会。发展至今已形成了由最基层的各班级家长会、学年家长会、学校家长会、郡（市）家长会、联邦家长会等各层次家长会形成的系统的法律制度，保障父母对学校教育积极参与权的充分实现。我国宪法中明确规定公民在不损害国家的、社会的、集体的利益和其他公民的合法的自由和权利的前提下，有结社的自由权利。而在我国结社之自由尚未成为普遍的公民行为的背景下，换言之，自下而上的权利要求运动尚缺乏现实条件的情况下，更需要自上而下的、由政府明确制定有关制度，从法律层面上建立真正决策意义上的父母会。扩大父母对学校教育的选择权和参加权，这既是确立父母权利主体地位的关键，也是改革学校官僚主义特性，保障学生受教育权利充分实现的必要条件。

当然，建立父母组织并不排斥按照现实发展的需要，制定有关父母“个人”教育权利的单行法律法规，或在现有的教育法律中增加相应的条款，对父母在学校中享有的教育权利加以明确规定，使父母教育权利由自然权利走向法律权利，进而成为父母真正享有的现实权利。在1994年召开的“世界特殊教育需要大会”上通过的《特殊需要教育行动纲领》——“国家一级行动的指导方针”中，就“家长的合作”阐明了这样几条有益的经验。我们认为，这些经验不仅仅适用于特殊需要教育，对普通儿童的教育也具有指导意义，特摘录如下：

“60. 就儿童的特殊教育需要而言，他们的父母是最佳的合作伙伴。而且在可能的情况下，应该让这些父母选择他们希望其子女得到的教育类别。”

“61. 应该在学校管理人员、教师和家长之间建立一种合作的支持性的伙伴关系，而且家长应被看作是决策过程的积极伙伴。应该鼓励家长参与家庭和学校的各种教育活动（从中他们可以观察到有效的技术并学会如何组织课外活动），并监督和支持其子女的学习。”

“62. 各国政府应该通过有关家长权利的政策规定和立法，在促进家长的合作关系方面起带头作用。应推进各家长协会的发展，并让协会的代表参与设计和实施旨在改善其子女的教育计划……”[13]148

第六章 社会与儿童受教育权利

如果说以往对中国现代化的研究始终局限于自上而下的路径乃是一种遗憾的话，那么在改革开放生机勃勃的今天，我们依旧囿于这一思维定式，对自下而上地推动现代化进程的社会劳动者行动的意义和作用缺乏关照，就不仅只是一种遗憾，而且还是一种大失误。

——邓正来

第一节 市民社会理论：分析儿童受教育权利的新视角

一、现行法律条款中的“社会”

“社会”在保障适龄儿童接受义务教育方面与国家、学校、家庭是处于同等重要地位的。“社会”究竟是什么？它与“企业事业组织、社会团体及其他社会组织和个人”有何内在的联系？二者在儿童受教育权利实现中各有什么作用？关于我国《教育法》中“社会”的含义，在原国家教育委员会师范教育司组编的《教育法导读》中作了这样的解释，即

“这里我们所提及的社会的概念主要是与教育的概念相比较而言的，它包括各类国家机关、武装力量、政党、社会团体、企业事业组织、城乡基层群众性自治组织、未成年人的监护人和其他成年公民”。[128]我们认为，这一解释只是阐明了社会所包括的不同主体，并没有说明“社会”本身是什么。另外，《教育法导读》一书在分析“教育与社会”的关系时，也同样谈的是“教育与社会的物质生产水平、政治经济制度”间的关系；在解释“全社会应当支持教育事业的发展”一条时，又把社会理解为“社会环境”，在某种意义上将该条款转化为“社会各界都应为学生身心的健康成长创造良好的社会环境”。上述的解释虽不为错，但这并不是对“社会”的解释，而是对社会内容和社会环境等的解释。因而，有必要回到法律条款本身，找寻“社会”之原意。有关“社会”的法律条文试举以下若干条款：

《宪法》第十九条第三款：“国家鼓励集体经济组织、国家企业事业组织和其他社会力量依照法律规定举办各种教育事业。”第四十五条第三款：“国家和社会帮助安排盲、聋、哑和其他有残疾的公民的劳动、生活和教育。”

《教育法》的第四条第二款：“全社会应当关心和支持教育事业的发展。”第四十五条：“国家机关、军队、企业事业组织、社会团体及其他社会组织和个人，应当依法为儿童、少年、青年学生的身心健康成长创造良好的社会环境。”第四十六条第二款：“企业事业组织、社会团体及其他社会组织和个人，可以通过适当形式，支持学校的建设，参与学校的管理。”

《义务教育法》第五条第四款：“社会组织和个人应当为适龄儿童、少年接受义务教育创造良好的环境。”

从上述法律条款的表述中，可以发现这样两个问题：第一，我们通常所说的“社会”，在法律文本中，有时使用的是“社会”，有时使用的是“企业事业组织、社会团体及其他社会组织和个人”；第二，与“社会”对等的并非“教育”，而是“国家”。或者说“社会”的概念并不应该与“教育”的概念相比较，而是应该与“国家”相比较以获得新的意义解释（《宪法》第四十五条第三款）。

法律中的“社会”处于与“国家”对等的地位，这在一定意义上表明我们是以“国家——社会的二元结构”为基础的。如果我们承认了这一前提，则现代“社会”所指称的是与政治国家相对的“市民社会”。因而，在探讨现代社会中儿童的受教育权利问题时，就不能不超越以往对“社会”意义的理解，而在“市民社会”的意义上加以重新诠释。同时，若将“社会”理解为“市民社会”的话，则“企业事业组织、社会团体及其他社会组织和个人”是“社会”的主体。社会在儿童受教育权利中的作用需要通过具体的企业事业组织、社会团体及其他社会组织和个人等法律主体的权利行使和义务履行来实现。因而，欲探讨社会在儿童受教育权利实现中的作用，便需要从一般市民社会的独特意义和具体的法律主体的权利义务两个维度加以研究。

二、“市民社会——政治国家”框架中的“社会”

如果从国家与社会的关系的意义上理解社会，遵循历史与逻辑相统一的原则，将视角转向近代国家与社会的生成和发展过程本身，可以发现，国家与社会的关系确切地说应是政治国家与市民社会的关系，即国家指的是政治国家，而社会指的是市民社会。关于市民社会的含义①，进一步说，我国市民社会的含义，从理论上我们同意这样的观点，即“中国的

---

① 市民社会的有关问题，本文主要参考了：邓正来．国家与社会——中国市民社会研究［M］．成都：四川人民出版社，1997.／邓正来，J. C. 亚历山大．国家与市民社会——一种社会理论的研究路径［M］．北京：中央编译出版社，1999.／徐友渔．市民社会理论研究［J］．社会科学论坛，2005（2）：142－144.／伍俊斌．国家与社会关系视野中的中国市民社会建构［J］．福建论坛：人文社会科学版，2006（1）：50－55.／邓正来．关于“国家与市民社会”框架的反思与批判［J］．吉林大学社会科学学报，2006（3）：5－9.／王循聪．当代中国政治发展：市民社会与政治国家的良性互动［D］．曲阜：曲阜师范大学，2007. 等。

在我国学术界，与市民社会相关联、甚至获致相同意义的概念还有公民社会、第三部门和民间社会等。其中，公民社会与第三部门是相通的概念，它们指涉的均是以志愿性、非营利性、公共性、组织性、非官办性为特征的社会组织结构，也有的学者用它来表达社会主义政治民主化进程中公民政治参与的诉求。民间社会是在研究中国近代民间组织时使用的一个概念，多侧重于社会学意义，带有较强的“民反官”的传统气息，在某些情况下也可与公民社会或第三部门交换使用。尽管上述三种提法都具有重要的学术价值，但它们均是对整体社会某些特殊层面的概括，而将经济系统和文化价值系统排除在外，缺乏普遍性和合理性，相比较而言，“市民社会”的提法似乎更加贴切。参见：王循聪．当代中国政治发展：市民社会与政治国家的良性互动［D］．曲阜：曲阜师范大学，2007.

市民社会乃是指社会成员按照契约性规则，以自愿为前提和以自治为基础进行经济活动、社会活动的私域，以及进行议政参政活动的非官方领域”。[129]6我们知道，教育是一种重要的社会公共事务，与社会成员的利益息息相关，“在新的社会条件下，教育必然获致一种第三部门的性质”。[15]8换言之，对教育的参与也必然成为市民社会中社会成员活动的重要领域。根据市民社会的含义可知，市民社会成员对教育的参与一般是以“按照契约性规则，以自愿和自治为基础”结成的类似于“社团”或“协会”的方式进行的，其参与行为与政府履行职能的行为不同，是属于非官方领域的，其成员是由独立自主的个人、群体、社团和利益集团构成的，在儿童受教育保障方面发挥着独特的作用。

三、市民社会之于儿童受教育权利的意义

——以2006年夏北京海淀区取缔“未经批准流动人员自办学校”事件为个案

（一）一般意义上市民社会之成员的教育作用

市民社会对国家的作用主要表现在两个方面：“从消极意义上说，市民社会具有制衡国家的力量，亦即市民社会在维护其独立自主性时力争自由并捍卫自由，使自己免受国家的超常干预和侵犯。正是在这个意义上，我们说市民社会是保障自由和防止权威倒退至集权政治的最后屏障。从积极意义上看，市民社会的发展培育了多元利益集团，这些在经济和其他领域中成长起来的利益集团发展到一定的阶段，便会以各种不同方式要求在政治上表达他们的利益，这种欲望和活动乃是建立民主政治的强大动力。”[129]13因此，当市民社会尚不具备足够的能力，不具备与国家对等的身份、均衡的力量参与和管理教育事业时，就要求市民社会的成员在以下三方面发挥作用。

第一，要积极地依靠国家的政策和制度，通过自愿团体、结社等各种自治组织建构自己的市民社会，发挥对教育的作用。这一作用表现在与儿童受教育权利实现相关的问题上，要求教师通过结社等方式，形成既捍卫自身的合法权益免受侵害，又能自主行使对儿童教育权利的独立的教师集团；未成年人的父母应该成立家长联合会等组织，集团性地行使自己在学

校教育中的参与和管理权利，使儿童的教育免受可能来自国家、教师等的不法侵害。这也是本文多次提到的“自上而下的赋权是不够的，更需要自下而上的权利要求运动”之主旨所在。

第二，随着市民社会的不断生成，多元利益主体获致合法性后，不同利益主体的个人和社会组织的自主性也将不断增强，寻求自身生存和发展的机会和领域必将日益增大，这迫使国家不得不关注并倾听他们的利益诉求。当公众的诉求大到足以摧毁一项教育决策时，政府除了要收拾政策无效、不能被执行的残局外，还不得不对教育决策领域长期存在的“受益人缺席”状态进行反思。过去单纯自上而下的决策机制和精英主义的决策模式也必然要进行适当的修正，吸纳公民和社会组织参与义务教育决策是市民社会的必然要求。为了让各类教育利益相关者自由表达他们的利益诉求，除了重大教育决策实施教育行政听证制度和咨询制度以外，应在各级教育决策系统特别是学校管理的决策活动中建立教育行政听证制度、咨询制度和监督制度，保证教师、父母、学生、社会组织和公民个人等能够参与教育的公共管理，并对公共教育权力的行使进行监督。[130]比如小升初政策、进城务工人员随迁子女教育政策、清退代课教师政策、取缔未经批准流动人员自办学校政策等。在当今利益多元的社会，如果我们的决策部门对利益相关者依然采取“看不见、听不见”的态度，那么政策或措施执行的后果除了“自己打自己的嘴巴”之外，别无其他。所以，有必要承认、尊重并充分发挥市民社会及其成员的力量，保证民众参与公共教育决策，这不仅是市民社会的必然要求，也是《宪法》赋予每一个公民的权利。因为《宪法》第二条第二款早有规定，即“中华人民共和国的一切权力属于人民，人民依照法律规定，通过各种途径和形式，管理国家事务，管理经济和文化事业，管理社会事务”。

第三，当国家及其各级政府尚不能自觉履行对儿童接受教育应负的义务时，如不能依法保障教育经费及其他教育条件的投入，导致儿童的受教育权利缺损等，市民社会及其成员——特别是公共知识分子和大众传媒应很好地结合，发出强有力的声音，以起到应有的监督作用，促进政治权力运行合法化、理性化。

（二）案例解析：以取缔“未经批准流动人员自办学校”事件为个案

2006年夏发生在北京市海淀区的取缔“未经批准流动人员自办学校”事件（以下简称“取缔事件”）在中国市民社会进程中是具有标本意义的教育事件。尽管到目前为止，未经批准流动人员自办学校的问题尚未得到彻底解决，但从这个事件当中，我们清楚地看到市民社会力量在维护儿童受教育权利的过程中所起到的作用。不管这个作用对一个孩子来说到底能不能算是“好”，但个中利益诉求、政府权力行使、社会团体和公共知识分子的使命、媒体的监督作用等，呈现给我们的是一个刚刚脱胎于国家的、且敢与政府抗衡的中国市民社会的雏形。

取缔“未经批准流动人员自办学校”事件始末

2006年3月9日，北京市海淀区教委、区综合治理办公室等12个部门对辖区内的39所打工子弟学校进行了以办学条件和安全为重点的拉网式检查。检查结果显示，这些学校在校舍、消防和卫生等方面存在较多的安全隐患。

4月26日、27日，海淀区教委向37所未经批准的打工子弟学校发放了整改通知。

7月4日，海淀区教育主管部门向37所经过整改仍未达到办学标准的学校下发了《行政处理决定书》，责令其停止办学（即取缔），并要求家长于7月11日之前带齐各种相关证明到街道办事处或乡镇政府办理“在京借读证明”，然后到附近公办学校报到。[131]

7月12日，北京市人民政府办公厅下发了《关于进一步加强未经批准流动人员自办学校安全工作的通知》（以下简称《通知》）。《通知》要求，按照“分流一批、规范一批、取缔一批”的工作思路，尽快清理整顿未经批准流动人员自办学校。根据规定，被停办打工子弟学校的学生，需要办理五证（家长或监护人暂住证、在京实际住所居住证明、在京务工就业证明、户口所在地出具的在当地无监护条件证明、全家户口簿），在暂住地的街道办事处申请“在京借读批准书”后，自行到公立学校报名。具体落实到海淀区的情况则为：两所民办打工子弟学校通过审批，其他的自办学校因为不符合《北京市中小学办学条件标准》而遭到区政府的取缔。[132]

8月9日，区教委郑重承诺“各公立学校无条件接收学生”，“争取1.5万余名在校生一个都不能少”，但最后仅分流了4000余名，仍有大部分学生没有分流成功。这次行动甚至造成“地下学校”的出现。

8月下旬，开学前夕，由于前期分流工作没有做好，很多学生仍旧返回原来学校要求入学。同时报纸与电视等媒体纷纷报道流动儿童分流遭遇的问题。

8月30日，北京市教委召开新闻通报会，提出全市将加强未经批准自办学校的安全工作，具体实施由有关区县从本地实际出发，不搞一刀切，要因地制宜、因校制宜。

9月4日，海淀区将取缔改为“整改”，取缔暂缓。

到目前为止，当初被教委“取缔”的、被称为社会“不定时炸弹”的未经批准流动人员自办学校仍正常运营。

“取缔事件”引起了媒体、公众和学者的广泛关注。

媒体在整个事件的发展中扮演了很重要的角色，显示出绝对的强势。《中国新闻周刊》对海淀区叫停37所打工子弟学校的事件进行了披露，认为应当“安顿好孩子再关闭学校”。应当尽力保证打工子弟不失学，国家应投入资金改造打工子弟学校。[133]新华社也发表题为“简单取缔打工子弟学校不是好办法”的新华时评，认为海淀区关闭30余所打工子弟学校，尽管理由充分但是这种不顾农民工子女教育需求的做法有待商榷，对于不达标的打工子弟学校，不能苛求其硬件而是需要政府进行扶持。[134]《中国教育报》对打工子弟学校停与开进行了反思，并采访相关学者以期对本个案进行更为专业的思考。学者们认为，应兼顾各方的利益，消除打工子弟对政策的疑虑，以更加开放的态度，采取柔性的措施来解决这一问题。[135]

网民对取缔事件也给予了极大的关注。我们以“取缔打工子弟学校”用百度搜索（时间是2008年3月8日下午19:03），找到相关网页约45500篇；以“海淀区取缔打工子弟学校”用百度搜索，找到相关网页约7320篇；以“海淀区取缔未经批准流动人员自办学校”用百度搜索，也找到相关网页约776篇。网友就此事展开了热烈的讨论。网民们普遍认为，未经批准打工子弟学校问题，涉及千千万万个进城务工人员随迁子女的受教育权，更关涉到千千万万个社会最底层的家庭，确实是摆在政府面前的一大难题，需要政府拿出大智慧来予以解决，政府应积极回应民众的合理诉求，先引导规范，而不是一味地取缔。

学者（或者称公共知识分子）也对这一事件给予了关注。2006 年 9 月 15 日，北京理工大学经济学教授胡星斗和北京瑞风律师事务所律师李方平联名向北京市人民政府发出了《关于慎重处理打工子弟学校问题的公民建议书》，指出："因为清理整顿流动人员自办学校专项行动事出突然，又涉及几万个社会低层最脆弱的家庭，还关系到政府重大教育决策的可预测性、稳定性、合理性、可行性、长远性以及后继处理等诸多问题。认为此次全市范围的清理整顿流动人员自办学校的专项行动确有相当多的不足之处，值得有关政府部门去总结、反思和检讨，更需要有前瞻性的规划去加以落实，并对遗留问题尽快研究善后补救方法。"① 建言中详细而深刻地指出了"取缔"所涉及的九大问题：（1）财力和预算问题；（2）新移民集中居住区的公办中小学接纳量问题；（3）打工子弟学校审批和规范化管理问题；（4）在公办中小学求学费用增加的问题；（5）公办中小学的管理性障碍；（6）上公办中小学的法规性障碍；（7）对打工子弟学校举办者和老师的合理补偿问题；（8）新的流动少年儿童将如何入学的问题；（9）北京全市校方责任险未能覆盖打工子弟学校的问题。还有学者从宪法学角度对此进行研究，通过考察政府是否有权关闭打工子弟学校、父母是否有权为未成年子女选择学校、城市公立学校是否有权拒收农民工子女、国家对义务教育承担怎样的义务四方面，认为关闭不达标的打工子弟学校的事件，涉及国家、学生父母、学校的教育权的配置和定性，涉及进城务工人员随迁子女的平等受教育权的享有。进城务工人员随迁子女的平等受教育权的实现，国家应负最终责任。国家加大对义务教育的投入，完善相关配套制度和措施是解决问题的关键。[136]

尽管政府"取缔"的初衷是为了孩子好，即为了让农民工子弟享受与北京市儿童同等的优质教育资源，在安全、高质量的学校就学，但在作出"取缔"决定的过程中，因没有利益相关者（包括未经批准流动人员

① 参见：关于慎重处理打工子弟学校问题的公民建议书 . http：//www. mingong123. com/news/71/200902/d8450d8b7d04289f. html，民工网，2010 - 10 - 08 访问

自办学校举办者、在自办学校就读的儿童及其父母、公众、接收进城务工人员随迁子女的公办学校等）的参与，也没有就相关事项事先向媒体通报，最终使媒体、非政府组织发生了一边倒的倾向，就连新华每日电讯也对此事件进行了负面的评价。这一事件让我们清楚地发现：（1）我国教育决策存在的“受益人缺席”问题以及自上而下决策机制的弊端；（2）在国家和市场之外，已经形成了第三方力量，而且第三方力量对教育发展、决策乃至政策的执行日益起着广泛的作用，其力量之强大，足以将一个“良好”的教育决策付诸东流；（3）媒体的广泛监督对于保障儿童的受教育权起着重要作用。

不管我们的学术界对市民社会概念、理论和在我国的现实可能性存在多大的分歧[137]，我们都不能回避的是：与国家相对等的市民社会在我国已显端倪，并发挥着不可低估的重要作用。随着社会的不断发展，当市民社会在我国渐次形成，即获致相对于国家的独立身份以外，又争得正面的参与身份时，必然会影响国家的教育决策，使国家的政策、法律真正维护包括受教育权利在内的公民各项基本权利的实现。这既是现代意义上的积极国家的功能所在，也是市民社会积极意义所在。

第二节　社会教育权与儿童受教育权利

一、社会教育权：性质与内容

（一）社会教育权的自然权特性

广义的社会教育权，是由包括政府、父母及其他社会组织和个人在内的、作为社会整体的全体社会成员所享有的教育权利，其权利主体是社会全体成员。狭义的社会教育权，是指分解出国家教育权和父母教育权之后，由其他社会组织和公民个人（即社会力量）作为权利主体所直接行使的教育权利。[17]在我国，狭义的社会教育权已经成为与国家教育权、学校教育权和父母教育权对等的、由法律确认和保障的教育权型态。我们基于“社会先于国家”的理论，认为社会教育权是属于一种最原初的、自然法上的权利，即自然权。我们之所以强调社会教育权之“自然权”特性，源于这种权利有着与国家教育权不同的重要意义，主要表现在以下两方面。第一，社会教育权作为优先于国家的最原初的权利，即使在没有明确的法律规定的前提下，也可以从法理上推导出社会教育权是“作为社会组织和公民个人的自明的权利”，是受法理保障的。第二，自然权的实质所包含的法价值和法理念对实体法具有某种限制作用，从而使社会教育权具有某种防御的功能，可以排除公权力或第三者的不当介入和干涉。犹如《经济、社会、文化国际公约》第十三条所明确的：“不得干涉个人或团体设立和管理教育机构的自由。”在积极的意义上，具有排除妨碍的请求权。

狭义的社会教育权虽然与国家教育权、学校教育权和家庭教育权处于同一法律地位，但其主体——社会组织和公民个人与政府、学校教师、父母等所具有的法律地位却不尽相同。就其在保障儿童受教育权利实现中所构成的权利义务关系来看，概括地说，后三者以不可放弃、积极的权利义务复合规范为基本特征，即国家、地方各级人民政府在义务教育中具有的教育权是必须行使的教育权力；教师的教育权利同样具有职权的性质；教育子女是父母必须履行的教育义务。而社会组织和个人的教育权利是不含有任何职权性质的，属于社会组织和个人的自愿行为，是可以放弃的自由权利。

（二）我国社会教育权的主要内容：实体法层面

1. 依法举办学校的权利

我国《宪法》第十九条第三款规定：“国家鼓励集体经济组织、国家企业事业组织和其他社会力量依照法律规定举办各种教育事业。”这一规定确立了国家鼓励各种社会力量兴办教育的宪法原则，赋予了除国家以外的各社会主体举办各种教育事业的权利。《教育法》又进一步重申：“国家鼓励企业事业组织、社会团体、其他社会组织及公民个人依法举办学校及其他教育机构。”（第二十五条）最能体现这一权利的还是《民办教育促进法》。该法共分十章六十八条，对民办学校的设立、学校的组织与活动、教师与受教育者、学校资产与财务管理、扶持与奖励、变更与终止等方面作了详细的规定。如第五条：“民办学校与公办学校具有同等的法律地位，国家保障民办学校的办学自主权。国家保障民办学校举办者、校长、教职工和受教育者的合法权益”；第二十七条：“民办学校的教师、受教育者与公办学校的教师、受教育者具有同等的法律地位”；第三十二条：“民办学校依法保障受教育者的合法权益。民办学校按照国家规定建立学籍管理制度，对受教育者实施奖励或者处分”；第三十三条：“民办学校的受教育者在升学、就业、社会优待以及参加先进评选等方面享有与同级同类公办学校的受教育者同等权利”。这些规定从法律上明确了社会组织和个人举办包括实施义务教育学校在内的所有类型学校和其他教育机构的权利，其教师、受教育者的合法权益受到同等保障。民办学校的合法存在为教育选择权的实现提供了可能。

2. 参与学校管理的权利

《教育法》第四十二条第二款规定：“企业事业组织、社会团体及其他社会组织和个人，可以通过适当形式，支持学校的建设，参与学校的管理。”充分发挥社区在儿童教育方面的作用，从本地区的实际出发，组织、协调社会组织和个人的力量，积极参与本地实施义务教育学校的管理，监督本地教育行政机关、学校教师乃至父母等义务教育履行情况，也是保障本地儿童受教育权利实现的非常重要的中坚力量。

3. 进行校外教育的权利

“国家鼓励社会团体、社会文化机构及其他社会组织和个人开展有益于受教育者身心健康的社会文化教育活动。”（《教育法》第五十二条）社会组织和个人可以对儿童进行有助于其身心发展的校外教育，帮助儿童自主地将闲暇时间用于自我发展上，以满足儿童的多种学习需求，社会教育具有家庭教育和学校教育不可替代的作用。当下全国各地蓬勃发展的校外各种层次和类别的教育培训机构就是明证。

4. 捐资助学的权利

《教育法》第六十条规定：“国家鼓励境内、境外社会组织和个人捐资助学。”《义务教育法》第四十八条更为明确地指出：“国家鼓励社会组织和个人向义务教育捐赠，鼓励按照国家有关基金会管理的规定设立义务教育基金。”尽管发展基础教育的责任应该由政府负责，政府有义务提供充足的教育经费，而且单靠政府的力量普及义务教育并非没有可能，但合理地利用社会各界力量参与发展基础教育，鼓励社会组织和个人自愿捐资助学，共同保障儿童受教育权利的实现，不仅符合社会主义人道主义的基本原则，也是社会教育权的重要表现形式。

5. 监督的权利

就违反义务教育法的行为向有关国家机关提出检举或者控告的权利，这是《义务教育法》第九条赋予每个社会组织和公民个人的权利。

二、社会组织和个人[①]在儿童受教育权利实现中的积极作用

（一）社会组织和个人的积极义务

在保障儿童受教育权方面，社会组织和个人需履行的积极作为义务，概括起来，主要表现在以下几方面。（1）为儿童的身心健康成长创造良好的社会环境（《教育法》第四十五条）；（2）社会公共文化体育设施应当为受教育者接受教育提供便利[②]；（3）居民委员会和村民委员会协助政府做好工作，督促适龄儿童、少年入学（《义务教育法》第十三条第二款）。

（二）社会组织和个人的积极作用

——以希望工程为例

尽管社会组织和公民个人的教育权，其性质是可以放弃的自由权利，但不可否认，在我国现阶段“穷国办大教育”的特殊背景下，社会组织和个人教育权利的积极行使对儿童受教育权利实现有着不可估量的作用，“希望工程”便是其典型代表。“我们这个社会，我们每一个人，都有责任让每一个孩子受到最基本的教育，不当文盲是每一个孩子的基本权利……生在陕北的孩子就是‘陕北娃’，生在北京的孩子就是‘小皇帝’，人的命运是多么的不公平啊！……我们的教育应当起到填平这种不平等鸿

① 由于社会的主体在法律文本中一般是指企业事业组织、社会团体及其他社会组织和个人，为行文方便，本文使用“社会组织和个人”的说法。实际上，“社会组织和公民个人”的提法比“社会组织和个人”更准确，考虑到法律文本的提法，二者同时使用。

② 《教育法》第五十条：“图书馆、博物馆、科技馆、文化馆、美术馆、体育馆（场）等社会公共文化体育设施，以及历史文化古迹和革命纪念馆（地），应当对教师、学生实行优惠优待，为受教育者接受教育提供便利。广播、电视台（站）应当开设教育节目，促进受教育者思想品德、文化和科学技术素质的提高。”《未成年人保护法》第三十条：“爱国主义教育基地、图书馆、青少年宫、儿童活动中心应当对未成年人免费开放；博物馆、纪念馆、科技馆、展览馆、美术馆、文化馆以及影剧院、体育场馆、动物园、公园等场所，应当按照有关规定对未成年人免费或者优惠开放。”

沟的作用，而不是相反去进一步扩大这种不平等。而我们现在的教育却是在拉大这种不平等，越是贫困地区，教育越落后。因此，我们支持贫困地区的教育事业，既是在捍卫那里儿童的权利，也是向这种不公正的社会现实挑战。”[138]94－95 “希望工程”正是基于这样一种人道主义的考虑而产生的。

希望工程是由中国青少年发展基金会（简称中国青基会）于1989年发起并组织实施的一项社会公益事业。① 资助贫困学生与援建希望小学是希望工程实施的两大主要公益项目。其中，学生资助包括捐助小学初中生、高中生、大学生、希望工程职教助学计划、百年职校和牵手行动等项目，希望小学建设包括希望小学、希望工程电脑教室、希望小学教师培训、希望工程图书室、希望工程快乐体育行动等项目。18年来，希望工程募集资金逾35亿元人民币，资助贫困学生290多万名，援建希望小学13000多所，捐赠希望书库、希望图书室13000多套，培训乡村教师逾35000名。2007年5月20日，中国青基会对外宣布希望工程全面升级，将对学生的“救助”模式拓展为“救助—发展”模式。根据受助对象的需求，学生资助方面在动员社会力量，继续为家庭经济困难学生提供助学金，让莘莘学子圆上学梦的同时，更加关注贫困学生的自我发展能力的提高，不仅“授人以鱼”，更要“授人以渔”，通过物质、精神多方面的持续扶持，帮助受助学生学会自助和助人。希望工程在原有助学金等经济资助项目的基础上，面向所有受助学生设计开发了勤工俭学、社会实践等能力资助项目；同时增加了优秀大学毕业生到希望小学担任希望教师的志愿服务项目，为大学生及社会爱心人士参与公益活动提供了新的平台。有关“捐助高中生”项目，是这样介绍的：

高中，通往大学校门的必由之路，莘莘学子都在为了实现心中的梦想而努力拼搏。然而，因为家庭贫困，许多高中生面临辍学，被迫提前放弃大学梦想……

希望工程为来自农村贫困家庭品学兼优的学生提供资助，帮助他们完成高中学业，为他们接受高等教育创造可能。高中阶段学校不享有政府对

① 有关希望工程内容，参见：中国青少年发展基金会网站（http://www.cydf.org.cn/sub.asp），“希望工程—学生资助项目介绍”部分。

农村义务教育经费保障的优惠措施。对于许多农村贫困家庭来说，孩子高中阶段的学习生活费用已成为一笔难以承担的开支。

中国青基会《两免一补与希望工程需求调研报告》显示，在高中学生“交费是否困难”的调查中，需要借钱上学的家庭占45.3%，有困难连借都难的家庭占21.0%。生活困难问题在农村贫困高中生中也十分普遍。许多学生交完学杂费后，生活费用往往被压低到极限，一些学生甚至每天仅在食堂买些白饭或馒头充饥，几乎从不买菜，长期处于营养不良状态。

近十年来，我国政府特别关注家庭经济困难学生的就学问题，出台了一系列政策，如义务教育阶段的“两免一补”政策、“中小学贫困学生助学金制度”、非义务教育阶段的“国家助学贷款政策”、“普通本科院校、高等职业学校和中等职业学校家庭经济困难学生资助政策体系的建立”等，旨在保障家庭经济困难学生的受教育权。但在整个资助体系中，对高中阶段家庭贫困学生的资助相对较弱，希望工程的“资助高中生”项目可谓雪中送炭，在一定程度上弥补了国家助学政策的疲弱。

希望工程这样一个非政府行为的公益事业对当今中国社会发展的第一位作用是保障儿童的受教育权，这已得到社会各界的普遍认同。[138]39 当然，我们必须认识到：社会组织和个人的资助行动是基于人道主义的考虑，并非什么法定义务。尽管希望工程使大批因贫困而失学的儿童重返校园，但从筹资和救助的规模来看，它对我国基础教育事业的发展只是一种辅助和补充，其作用是很有限的。特别是现在有组织的劝募行动基本结束，捐资相对减少，依然存在的因贫困而失学儿童的教育问题怎么解决？这并非希望工程本身能够解决的问题。希望工程所救助的众多失学儿童的现实意义和作为横跨于扶贫和教育两项事业的“工程”本身给我们的政府提出了极其重要而深刻的课题，那就是需要国家采取坚定的措施，通过立法的形式，在现代教育福利的高度上解决贫困家庭儿童的教育问题。

三、不作为义务：对社会组织和个人的基本要求

社会组织和个人在儿童受教育权中的义务，就其性质来说，虽有积极的作为义务，但消极不作为义务是其主要特征，尤以《未成年人保护法》的第四章“社会保护”为表征，主要体现在以下几方面。第一，任何组织或者个人不得招用未满十六周岁的未成年人（《未成年人保护法》第三

十八条）。第二，禁止任何组织、个人制作或者向未成年人出售、出租或者以其他方式传播淫秽、暴力、凶杀、恐怖、赌博等毒害未成年人的图书、报刊、音像制品、电子出版物以及网络信息等（《未成年人保护法》第三十四条）。第三，中小学校园周边不得设置营业性歌舞娱乐场所、互联网上网服务营业场所等不适宜未成年人活动的场所（《未成年人保护法》第三十六条）。第四，任何人不得在中小学校、幼儿园、托儿所的教室、寝室、活动室和其他未成年人集中活动的场所吸烟、饮酒（《未成年人保护法》第三十七条第二款）。第五，任何组织或者个人不得披露未成年人的个人隐私。对未成年人的信件、日记、电子邮件，任何组织或者个人不得隐匿、毁弃；除因追查犯罪的需要，由公安机关或者人民检察院依法进行检查，或者对无行为能力的未成年人的信件、日记、电子邮件由其父母或者其他监护人代为开拆、查阅外，任何组织或者个人不得开拆、查阅（《未成年人保护法》第三十九条）。第六，任何组织或者个人不得扰乱教学秩序，不得侵占、破坏学校、幼儿园、托儿所的场地、房屋和设施（《未成年人保护法》第四十二条第二款）。第七，任何组织和个人不得侵占、挪用义务教育经费，不得向学校非法收取或者摊派费用（《义务教育法》第四十九条）。

这种以不作为义务为基本要求的特性，决定了除在法律上明确规定何种行为不得作为外，还要制定违反上述规定应受到的具体而明确的惩罚措施，并能依法对违法主体予以制裁。而这一点，恰恰是我国教育立法亟待加强的。

第三节 社区与儿童受教育权利

社区，最初是人类学的一个重要概念，与“社会”相对应[139]，后来由德国社会学家腾尼斯引进社会学，而成为社会学的一个基本概念。有关社区的定义，尽管多达百余种，但丁志铭认为，从定义的出发点来看，基本上可分为两类。(1) 功能的观点和群众的观点，认为社区是由具有共同的目标和共同的利益的人组成的社会共同体。(2) 地域的观点，认为社区是在一定的地区内共生的有组织的人群。其实，两种观点并无本质的区别，只是分别侧重强调社区的功能性与地域性。事实上，社区作为社会生活的基本单位，不但具有一定的组织结构性和功能性特点，而且具有一定的地域性特点。如果用定义来表述的话，社区就是一个具备相对完整的社会功能，能够满足社区居民基本生活需要的地域社会。在这样的地域社会中，由于人们共享同一的生活环境和社区服务，加上不同程度的血缘、地缘和业缘关系的联结，居民形成了共同的社区意识与心理认同感。[139] 在我国，社区建设正受到广泛关注，尤其自法律明确规定居民委员会、村民委员会作为自治性群众组织以来，城市的街道组织、居民委员会和农村的各村也正朝着社区的方向发展，原有的行政、或类行政运行机制、职能逐渐转变，社区自治的职能将增大，进而发展成由本社区的居民基于协商、合意的基础上，积极参与本社区的经济、教育和文化建设，为本社区的居民谋福利的图景。

“社区”作为一个法律用语，在我国始见于2006年12月29日修订通过的《未成年人保护法》（简称新《未成年人保护法》）。新《未成年人保护法》第三十一条规定：“县级以上人民政府及其教育行政部门应当采取措施，鼓励和支持中小学校在节假日期间将文化体育设施对未成年人免费或者优惠开放。社区中的公益性互联网上网服务设施，应当对未成年人免费或者优惠开放，为未成年人提供安全、健康的上网服务。”其后，2007年8月30日第十届全国人民代表大会常务委员会通过的《中华人民共和国就业促进法》等法律中也多次使用了“社区”这一概念。另外，2007年党的十七大报告中指出：“要健全基层党组织领导的充满活力的基层群众自治机制，扩大基层群众自治范围，完善民主管理制度，把城乡社区建设成为管理有序、服务完善、文明祥和的社会生活共同体。”并具体谈到要“加强社区和乡村文化设施建设”、“城市社区卫生服务体系建设”和“加强城乡社区警务工作”等。可见，随着社会主义市场经济的不断发展，伴随着以科学发展观为指导的“以人为本”和“可持续发展”的崭新社会发展阶段的到来，社区发展或者说发展社区、加强社区建设已受到我国政府的关注。社区作为一个“社会生活共同体”，在保障这一生活共同体内的居民的文化、教育、医疗、就业等基本生存和发展权利方面所起的作用也必将加强。

“基本形成学习型社会”是我国2020年教育改革和发展的战略目标之一。而积极发展社区教育，加强城乡社区教育机构和网络建设，开发社区教育资源，建立区域内普通教育、职业教育和继续教育之间的沟通机制，进而建立终身学习网络和服务平台，是构建全民学习、终身学习的学习型社会的重要条件。在我国，尽管真正意义上的社区尚处于形成之中，但在社区建设或社区教育进行得比较好的地区，如上海、北京、青岛等地，以中小学教育为中心，通过建立跨系统、跨行业的群众教育组织——社区教育委员会，把社区与家庭、学校联系起来，实现“社区、学校、家庭一体化”，在一定程度上体现了社区教育“教育社会化和社会教育化相统一”的实质。[140]从总体上说，社区在儿童受教育权利中的作用，就是以社区为依托，建立起学校、家庭和社会三结合的教育网络，打破三者原有的互相分离的状态，形成整体育人的新格局，使教育影响一体化，进而形成教育合力，使社会、家庭、学校更有利于儿童的发展。社区在保护儿童受教育权利中的作用，主要通过以下途径和方式来进行。

一、加强家庭与社会间的整合

通过社区，开办家长学校，定期请教育、心理学专家召开有关儿童心理、教育方面的讲座等，提高家长的教育能力，帮助家长解决在儿童教育中遇到的问题。另外，社区也应该动员社会力量帮助家庭经济困难儿童解决课本费等经济方面的问题，加强对单亲家庭儿童以及其他弱势家庭儿童的特别关注。努力帮助本社区内的每个儿童接受规定年限的义务教育。近年来，随着进城务工人员随迁子女和留守儿童这些特殊群体的出现，处于身心发展和社会地位双重弱势的进城务工人员随迁子女和留守儿童应成为社区教育的重要目标群体。如何通过建立进城务工人员随迁子女社区教育中心、留守儿童教育中心，保障这些儿童的教育和生活，以弥补其家庭教育（或学校教育）的不足，促进其融入社区乃至社会，是摆在政府和社区面前的重要课题。①

---

① 人民网2007年9月27日发表的《留守儿童面临的问题》一文，以简短的篇幅揭示了当前留守儿童存在的普遍问题。据2000年第五次全国人口普查资料显示，我国农村留守儿童近2000万人。有专家推算和保守估计，近年14岁以下的农村留守儿童至少在4390万以上。因人口流动引发的农村留守儿童问题已经成为不可忽视的社会问题：一是监护不力，九年义务教育难以保证；二是缺乏抚慰，身心健康令人担忧；三是疏于照顾，人身安全得不到保障。参见：http：//acwf. people. com. cn/GB/99061/102368/102532/6319884. html，人民网，2010 - 10 - 08访问。

二、加强与学校的联系

通过社区，打破原有的学校与社会之间的封闭状态，建立学校与社区间开放、参与、互动和协调的学校教育体系。一方面，社区要积极开展各种公益活动，加强社区的各种文化设施建设，如图书馆、博物馆、青少年宫等，为儿童参加丰富多彩的校外教育活动提供便利。特别是在寒暑假期，社区更应该发挥其特有的功能，共同为儿童的成长创造良好的环境。另一方面，社区要组织家长、居民积极参与学校的管理和决策，增进全社会的教育意识和参与意识，起到社会应有的监督作用，使学校教育向更有利于儿童利益的方向发展。另外，居民委员会和村民委员会还要协助政府做好工作，督促适龄儿童、少年入学。

三、建立儿童受教育权利的预防和救助系统

仅有社区与家庭、学校的整合是不够的，每个社区必须建立和完善教育法律咨询机构，建立儿童受教育权利的预防和救助系统。教育法律咨询机构，要面向儿童、家长、教师及社区居民。一方面，为父母、学校、教师提供帮助，围绕儿童的受教育协调各种关系，如改进家庭的亲子关系，协调家长与教师的关系等；另一方面，要接受来自儿童的各种咨询，包括心理健康、申诉权的行使以及教育诉讼等各个方面，帮助儿童提高自身的权利意识，学会主动拿起法律武器维护自身的合法权益。既要做到预防儿童的受教育权利免于家长、学校、教师及居民的不法侵害，又要在儿童权益受到侵害的情况下，积极提供救助，真正从儿童的最大利益出发，为儿童的健康成长提供各种有利条件。

四、加强有关社区的教育立法工作

为有效地发挥社区在儿童受教育权利中的作用，一方面，需要政府的大力投入，加强和完善社区的发展与建设；另一方面，还必须加强有关社区的教育立法工作，将社区的有关教育工作纳入法制的轨道，依法保障社区发挥更大的教育作用。

第七章 儿童受教育权利法律救济的若干问题

宪法的美德不在于它的庄严，而在于它的被适用。

——汉密尔顿

第一节 儿童受教育权利的法律救济：现状与问题

一、案例与问题

［案例1］陈海云状告北京外交学院侵犯其受教育权利案（以下简称“陈海云案”）[141]1996年，江苏盐城考生陈某不服录取结果，以侵犯其受教育权和平等权为由，向北京市西城区人民法院递交了民事诉状，起诉北京外交学院录取不当，要求被告停止侵害，赔礼道歉，赔偿经济损失及精神损失共计3万元。但此案被西城区人民法院民事庭以“学生参加高考，录取与否，由学校有关政策决定，原被告之间不构成民事赔偿的权利义务关系”为由，驳回起诉，不予受理。原告再向北京市第一中级人民法院上诉，仍被维持原判。

［案例2］六岁半儿童状告历下区教委侵犯其按时入学权案①（以下简称“王晓光案”）1997年，济南市一名六岁半儿童王晓光（真名隐去），因年龄未达到济南市历下区教委文件规定的6岁零10个月的标准而被某小学拒绝接受入学，原告以“该文件与义务教育法的规定不符、历下区教委行政不作为”为由，向法院提起行政诉讼。法院经审理作出“自本判决之日起7日内，被告对原告的入学问题依据《中华人民共和国义务教育法》的规定作出书面处理决定”的判决。被告不服提起上诉。中级人民法院认为：“受教育权是公民的社会文化经济权利，不属于人身权、财产权，且单项法律法规没有规定当事人可以提起行政诉讼”。遂于1998年2月以“受教育权利不属于行政诉讼法的受案范围”为由，裁定：撤销一审判决，驳回原告的起诉。致使原告被侵害的按时入学接受教育的权利没有得到应有的救济。

［案例3］四川江津市3名小学生诉江津市教委侵犯其公正评价权案②（以下简称“‘自作自受’案”）1995年，江津市某小学自行组织的毕业考试语文试卷中，有一题是要求选择“自作自受”中的“作”字的正确读音。校方根据《现代汉语词典》的标注读音，确定“作”的标准答案为“一”声，其中3名小学生因选择“四”声分别被扣去1分。而恰巧这3名学生离四川省重点的江津中学只差1分，不得不交纳6000元捐资助学金才能就读。原告代理人认为，根据1985年由国家语言文字工作委员会、国家教委、广播电影电视部（简称“两委一部”）审定公布的《普通话异读词审音表》中的规定，“作”字应读“四”声。3位家长多方申诉未果，遂向法院提起行政诉讼。法院作出判决：一、撤销被告作出的“自作自受”中的“作”字应为“一”声的答复；二、驳回3位原告要求被告补发江津中学录取通知书和要求被告赔偿经济损失的诉讼请求。

［案例4］残疾中学生状告报考学校侵犯其受教育权案[142]原告王伟中

---

① 参考原告的一审、二审行政判决书、行政裁定书以及申诉状等一手资料。另外，参见：“六岁半儿童能否上学?”［N］. 齐鲁晚报，1997-11-07（1）.

② 参见：王学辉. 西南政法大学精品课程——行政法与行政诉讼法学［M/OL］. 行政法与行政诉讼案例分析题集，http://course.swupl.edu.cn/view.asp?did=7&cid=77798686003，西南政法大学网站.（2010-10-09访问）

考时报考了平顶山财贸学校，成绩合格。但因其体检表中记录有“小儿麻痹后遗症跛行”，未被学校录取。王多方求助未果，遂向法院提起诉讼，请求法院责令被告按照1997年新生录取标准招收其入学。法院行政庭受理了此案。在法院通知原、被告双方开庭审理之前，被告接受了原告“当即补录”的条件之后，王同意撤诉。随后法院下达了行政裁定书，准许原告撤回起诉。

［案例5］田永诉北京科技大学拒绝颁发毕业证、学位证行政诉讼案[143]1998年，田永认为自己符合大学毕业生的法定条件，被告北京科技大学拒绝给他颁发毕业证、学位证是违法的，遂向北京市海淀区人民法院提起行政诉讼，法院作出原告胜诉的判决。

上述有关受教育权利被侵害的案件有的被受理，并最终为自己讨回公道，有的却不被受理；有的由民事庭受理，而有的由行政庭受理。同样由行政庭受理的，有的依法给予公正的审判，有的却被驳回……这不仅让我们产生疑问：受教育权利受到侵害时，到底应该通过什么样的途径寻求救济？由于实体法所规定的受教育权利，并不必然转化成儿童实际享有的权利。实践中，不可避免地会出现义务一方没有履行义务，或者权力一方滥用权力，导致儿童受教育权利缺损的情况发生。加之，我国在某种程度上存在着“重实体，轻程序”的倾向，“从我国现行宪法条文上看，需要改进之处的确不在少数，但关于公民基本权利的原则性宣言倒未见得与西方的章句相去多远。问题是，这些权利义务根据什么标准和由谁来确定、对于侵权行为在什么场合以及按照什么方式进行追究等程序性前提的规定却一直残缺不全”。[101]因而，如何在宣示权利的同时，配置救济的各种程序，使儿童受损的权利及时得到补偿和救济？如何提高儿童及其父母的权利意识，依法维护自身的受教育权利免受不法侵害？如何回应社会现实，建立义务教育公益诉讼制度，保障作为公共利益的儿童受教育权利的充分实现？面对义务教育领域的立法不作为，从应然的角度如何寻求救济？这些都是值得我们探讨的重要问题。否则，写在宪法中的受教育权利无异于一纸空文。

二、教育法律救济及其作用

在我国的教育实践中，有关教育纠纷的解决，通常是当事人一方先找有关单位领导反映情况，力争通过“无诉”、“无讼”的和解方式加以解决。在“实在没有办法”的情况下，才会考虑对簿公堂，通过司法途径加以解决，而这或多或少又助长了儿童受教育权侵害现象的发生和蔓延。近年来，随着学生、家长以及社会整体权利意识的觉醒，围绕着儿童受教育权利侵害问题，把学校、教师、地方教委甚至国家教育部推上被告席，或者是学校、地方人民政府把儿童父母告到法院的案件屡见不鲜，这是为保护儿童的合法权益免受不法侵害、积极寻求法律救济而迈出的极为关键的一步。

（一）教育法律救济的基本含义

法律救济，简言之，就是依据法律对权利冲突的解决。它在本质上是一种权利，即当实体权利受到侵害时从法律上获得自行解决或请求司法机关及其他机关给予解决的权利。这种权利的产生必须以原有的实体权利受到侵害为基础，即原权利（或称第一性权利）没有纠纷或冲突就不会产生救济。从结果上看，救济是冲突或纠纷的解决，即通过救济的程序使原权利得以恢复或实现。可见，救济具有双重特性：在本质上，它是权利主体所取得的一种基本权利，一个人若被剥夺了救济权，也就意味着他已丧失了“第一性权利”；在功能方面，它是“第一权利”实现的保障，通过冲突的解决，为权利提供一种程序化的机制。[11]358 教育法律救济是指依据法律，对因破坏教育法律关系、侵害教育法律所规定的合法权益而导致的纠纷给予解决，并对受损害的一方进行补偿。它是以宪法为基础，以一系列教育法律法规为保障的，是维护公民合法受教育权利的重要手段。“没有救济就没有权利”，这句古老而经久不衰的英国法谚早已道出了法律救济对儿童受教育权利实现的重要意义。

儿童的受教育权利受到侵害时，了解以何种渠道和方式请求法律救济也是非常重要的。它有助于儿童及其监护人更好地利用各种救济方式，以便使受损的权利及时得到补偿和救济。一般的教育法律救济的途径大致分为三种：第一种途径是诉讼。从我国现有的法律制度来看，凡是侵犯了教育的合法权益，并符合民事诉讼法、行政诉讼法和刑事诉讼法受案范围的，都可以通过诉讼途径加以解决；第二种途径是仲裁。解决教育领域纠纷的仲裁一般包括人事争议仲裁和劳动争议仲裁，通常适用于学校与其工作人员之间因辞职、辞退及履行聘用合同（或劳动合同）所发生的争议；第三种是非诉讼途径，包括行政途径及其他途径。其中，行政途径又包括行政复议和行政申诉。行政申诉包括教育行政人员的一般申诉、教师申诉和学生申诉。其他途径主要指信访或借助媒体力量解决受损权益的办法。

（二）司法救济之于教育的意义

权利救济由私力救济向公力救济转变的标志就是诉讼的出现，“诉讼的出现既表明了社会的进步，同时也表明了权利现实化的有序性特征”。在现代社会，“救济（无论作为手段还是权利本身）不仅是‘当实体权利发生纠葛时’为实体权利提供解决纠纷或冲突的途径，而且，由于实体权利的‘可诉性’的存在使实体权利的合法实现或使实体义务的普遍履行成为可能”。[11]366,369 表现在教育领域，其意义可归纳为以下几方面。

第一，从其作为重要的教育法现象，或者说作为教育科学研究对象之一的意义上说，教育诉讼的产生“是使教育问题转化为法律问题的契机，也是依据教育自身的内在逻辑和法则构成的、作为社会关系的教育关系转化为法律关系的表征”。[144] 我们以“自作自受”一案为例加以说明。考试试卷的阅卷工作原本属于教育中固有的学生学业成绩的评价问题，只不过是学习过程中的重要一环而已。但因“标准答案有异”导致的学生起诉教育行政机关的行为，便不仅仅是教育关系中固有问题的处理与解决，而涉及“教育”以外的诸多问题。主要包括：评价标准的确定，即原国家教委等审定公布的《普通话异读词审音表》与权威性工具书《现代汉语词典》何者可以作为标准、且谁有判定何者是标准的资格；还包括招生录取权由教委下放给学校后，其权力性质以及教委与学校之间在招生录取中的权力分配与责任承担问题；甚至还涉及“考试公正”之“公正”的价值判断等问题的论争。这些论争会因法院裁决而使单纯的教育关系向非常现实的以教育权利义务关系为特征的教育法律关系转换，这种“转换”

可以使我们的教育法律关系主体形成一定的教育法律意识，并力求将其与教育法律规范、法律制度结合起来，从而对教育行为的考察也在原有的合情合理层面之外，又增加了合法性方面的审查，以真正实现“依法治教”。

第二，有关受教育权被侵害的教育纠纷，相对于权利被侵害的权利方来说，在胜诉的情况下，可以使受侵害的权利得以补偿和救济，即使在没有胜诉的情况下，通过“教育纠纷→提起诉讼→法院审理→判决→……”这样的过程，能够提高当事人及其他普通民众和教育行政机关工作人员的法律意识和权利意识。因为，在公民的权利意识和司法裁判之间，后者是以前者为前提的，没有任何权利意识的人是不会向法院提起有关权利被侵害、要求救济的诉讼的。由于法院是遵循“不告不理”的原则，因而，不主动提起诉讼，被侵害的权利就不可能得到补偿。反过来，后者也必然给前者以很大的影响，能够使公民的权利意识更加明确化。[145]尤其在教育法律关系主体的积极参与和新闻媒体的报道与宣传，即诉讼途径与某些非诉讼途径相结合，形成某种可称作“权利要求运动”的前提下，受教育权利就不仅仅是写在宪法条文中的法定权利了，更为其转化为一种现实权利提供了可能。可以说这是在我国公民权利意识相对淡薄的特定背景下，“走向权利时代”最为关键的一环。如［案例2］中，济南市市区属于山东省的经济发达地区，最起码不属于《义务教育法》中规定的“条件不具备地区”①，《1997年历下区中小学招生工作方案》（以下简称《方案》）中规定的该小学的新生入学年龄为6周岁零10个月的内容本身是与《义务教育法》的规定相抵触的，故《方案》是违法的。为什么这样一个明显违法的《方案》却一直沿用达10多年之久？为什么政府没有对《方案》的合法性进行验证，及时加以废除？这里的原因要么是政府的教育行政人员不懂法律，要么是为了某些利益而知法违法。更为遗憾的是，

① 1986年《义务教育法》第五条规定：“凡年满六周岁的儿童，不分性别、民族、种族，应当入学接受规定年限的义务教育。条件不具备的地区，可以推迟到七周岁入学。”2006年的新《义务教育法》第十一条规定：“凡年满六周岁的儿童，其父母或者其他法定监护人应当送其入学接受并完成义务教育；条件不具备的地区的儿童，可以推迟到七周岁。”虽有“条件不具备的地区”的表述，但至今尚未对哪些地区属于“条件不具备的地区”作出明确说明。

在此之前，几乎所有类似情况的儿童，其监护人都没有诉诸法律对《方案》本身的合法性提出质疑。尽管因为各种原因，王晓光未能按时入学，但这一案件使历下区教委以及整个济南市教委认识到问题的严重，并已于1999年废除了《方案》。这起案件对教育行政机关的人员来说无疑是一次生动的普法课，产生了一定的社会效果，而这得益于公民权利意识的觉醒。公民的受教育权利保障也因此而受益，形成良性循环。

第三，有效的、或者说“好”的教育判例可以为以后类似教育纠纷的解决提供有益的、可资借鉴的司法经验，甚至也可作为重要的司法原则加以确认。与司法裁判可以创造法律和权利的英美法系不同，在像我国这样以成文法为主的国家，当公民诉诸法律保护自己受到侵害的受教育权利时，如果法官仅限于从现有的法律中寻找判案依据，而现有的法律又没有明确提供这种依据的时候，该怎么办？法官是以“不在受案范围”为由无视权利被侵害的事实，等到相应的法律颁布以后再去处理，还是从公平正义和保护权利的宪法理念出发，尽可能从现有的法律条文中寻找依据，甚至创造有效的司法原则以使受损害的权利得到救济，这既涉及法官的自由裁量权问题，也反映了法官的宪法权利意识——更具体地说是教育权利意识问题以及对相关法律的解释与有效适用问题。[案例4]首开由法院的行政庭受理受教育权利侵害的司法先例，且不论它所反映的法官权利与教育意识如何，最起码它所确立的司法判例为以后的受教育权利侵害事件的司法保护提供了有益的经验。田永案更是如此。特别是在我国受教育权利的司法保护体系尚不完备的情况下，更需要通过“好”的教育判例，来保障儿童受教育权利的最终实现。

第四，着眼于教育案件的审理、判决“过程”本身来看，运用作为司法判决的科学分析方法之一的“过程分析的方法”[146]，对其展开过程加以分析，不仅可以将原本存在的教育法理念或被教育历史与现实掩盖的法律权利明确化，而且某一教育案件从其立案到侵权事实的认定、适用法律的解释、原被告双方的辩护以及法官的判决等全过程来看，能够发现许多有关教育法律与教育政策本身的不足、教育行政权力的不当行使以及教育教学实践中存在的大量问题，使教育和教育法“问题”显性化。如陈海云一案，当受教育权利被侵害的事实，却被法院以“不在民事案件受案范围”为由驳回时，我们不禁会思考作为宪法权利的受教育权被侵害时，应该向谁起诉、由谁受理等一些基本问题。这一案件也使我们切实感到：我国现有的诉讼法尤其是行政诉讼法没有把受教育权利侵害案件纳入其受案范围，而且宪法也没有明定宪法基本权利具有直接司法效力，由此给公民受宪法保护的受教育权利之法律救济带来了现实困境，公民受教育权受侵害后得不到应有救济的情况便成为自然之事。这样一来，促使我们超越对现有法律法规的批判性分析与建设性意见等具体操作层面，从更高的“人”、“人权”的价值与理念上思考：宪法是什么、宪法权利到底是什么、如何使宪法权利转化为现实权利等深层次上的诸多问题。而且，这些问题已不仅仅是理论研究者关注的问题域，更需要立法和司法机关加以反思并解决。总之，遵循“教育实践中的纠纷→司法判决→教育权利意识的觉醒→教育权利运动→教育政策·教育行政的改进→教育实践→……”这样的程序或逻辑，足见诉讼对被侵害的受教育权利以及整个教育的作用。

从我国公开审理的有关受教育权利侵害的法律案件的处理情况来看，还存在着包括立法不足、救济不明、法理解释匮乏以及法官教育法意识薄弱等诸多方面的问题。这些问题的解决与否，关涉儿童受教育权利司法救济的可能性和实效性。

三、受教育权利法律救济的现状与问题

（一）学生申诉制度有待具体化

学生申诉制度是《教育法》确立的保障学生合法权益的一项重要救济制度。《教育法》第四十二条第一款第四项明确规定：受教育者享有“对学校给予的处分不服向有关部门提出申诉，对学校、教师侵犯其人身权、财产权等合法权益，提出申诉或者依法提起诉讼”的权利，这其中的“合法权益”是包含受教育权利的。可见，儿童受教育权利受到侵害时，可采取两种救济途径：一是申诉；二是依法向人民法院提起诉讼。

学生申诉制度由于其规定的原则性和模糊性，使得学生所享有的申诉权一直被虚置。如，《教育法》第四十二条的“有关部门”是指什么部门？“有关部门”必须在多长时间内作出处理？学生对申诉处理的结果不服怎么办？这些有关申诉的专门机构、申诉时效以及申诉后的救济渠道等

实质问题都没有加以具体规定。直到 2005 年 3 月，教育部出台了《普通高等学校学生管理规定》（以下简称新《规定》）对普通高等学校学生的申诉权作了较为具体的规定。首先，明确了“学校应当成立学生申诉处理委员会，受理学生对取消入学资格、退学处理或者违规、违纪处分的申诉”。这就使得《教育法》中的“有关部门”在高校里有了具体的指称，也将改变高校学生在校内“欲诉无门”的现状；其次，新《规定》明确了学生申诉的程序和时限，这在一定意义上保障学生的申诉不被推诿和拖延；最后，明确了学生校外的申诉渠道。尽管高校学生申诉制度仍然存在很多问题，诸如“学生申诉处理委员会”机构本身存在着身份不明、受理范围过窄、无权变更学校处分等，但毕竟有了很大的进步，具有一定的可操作性。但具体到中小学生，原有的申诉中的盲目性和不明确性依然没有得到解决，尚需有明确的法规或规章对中小学生申诉的具体问题予以规定。

（二）教育行政复议开辟了受教育权利程序法保护的新路径

1999 年 10 月 1 日起施行的《中华人民共和国行政复议法》（以下简称《行政复议法》）明确将公民的受教育权利列入行政复议范围。《行政复议法》的第六条规定：“有下列情形之一的，公民、法人或者其他组织可以依照本法申请行政复议：……（九）申请行政机关履行保护人身权利、财产权利、受教育权利的法定职责，行政机关没有依法履行的。”这意味着当公民认为行政机关的具体行政行为侵犯其受教育权利时，有权向行政机关提出行政复议申请，寻求救济和补偿。有必要指出，1990 年 12 月国务院发布的《行政复议条例》，行政复议的受案范围中只列举了人身权利和财产权利，并没有把受教育权利列入其中。这说明，到 1999 年 10 月为止，公民的受教育权利受到行政机关等具体行政行为的侵害时，不能通过行政复议的途径寻求救济。《行政复议法》实施的同时废止了《行政复议条例》，可以说《行政复议法》的颁布与实施对公民受教育权利的实现具有非常重要的意义。遗憾的是，“王晓光案”发生在 1997 年，若是发生在《行政复议法》颁布之后，或者再发生类似的纠纷，公民可先采取行政复议的方式，如果对复议决定不服，再提起行政诉讼为自己讨回公道。

为什么“王晓光案”发生在1999年《行政复议法》颁布实施之后，就可以通过行政复议的途径加以解决？换言之，行政复议在保障受教育权利方面的优势何在，我们结合［案例2］作具体分析。

第一，行政复议参加人均适格。历下区教委属于行政机关，由于历下区教委未作“书面处理意见”，原告认为历下区教委对其申诉未作处理，属于具体的行政行为，如果原告根据《行政复议法》第十二条的规定，以历下区教委为对象可以向历下区教委的本级人民政府——历下区人民政府，或其上一级主管部门——济南市教委申请复议，作为复议被申请人的历下区教委是适格的。另外，原告是无民事行为能力人，由其法定代理人以按时入学的受教育权利受到侵害为由提出申诉，由于历下区教委没有作出处理，因而对其具体行政行为不服提出复议申请的话，不仅申请复议的内容属于行政复议法的受案范围，而且复议申请人也是适格的。

第二，原告可以一并向行政复议机关提出对历下区教委（1997）第15号文件的合法性加以审查的请求。《行政复议法》的第七条明确规定：“公民、法人或者其他组织认为行政机关的具体行政行为所依据的下列规定不合法，在对具体行政行为申请行政复议时，可以一并向行政复议机关提出对该规定的审查申请：（一）国务院部门的规定；（二）县级以上地方各级人民政府及其工作部门的规定；（三）乡、镇人民政府的规定。”历下区教委认为学校的做法正确，并口头告知了原告的监护人，而没有积极地作为，就是根据历下区教委（1997）第15号文件的规定作出上述决定的。如果该文件规定的内容是不合法的，则学校及历下区教委的做法便因失去法律依据不能成立。而“文件”本身因不属于具体行政行为，所以对其合法性的审查，是不能独立提起行政诉讼的。但根据上述规定，申请行政复议时，可以一并对历下区教委（1997）第15号文件规定的合法性加以审查。由于历下区教委制定的《方案》中规定该小学的新生入学年龄与旧《义务教育法》第五条关于入学年龄的规定相抵触，通过审查可以判定该《方案》是违法的。因而，该小学作出的拒绝原告入学的决定，已侵害了其接受义务教育的合法权益。

第三，申请行政复议程序简便，处理及时，遵循“有错必纠”等原则。与行政诉讼相比，由于行政复议是由上一级行政机关对下一级行政机关的具体行政行为进行审查和监督，其整个过程都在行政系统内部进行，具有形式意义上的行政行为的特征，在审理程序上基本实行一级复议制度，以书面复议为原则。而行政诉讼则是独立于行政机关以外的人民法院对行政机关的具体行政行为实施的司法监督，属于司法行为，在审理程序上实行两审终审制。从这点来看，行政复议较之行政诉讼，程序简便、灵活。《行政复议法》第三十一条规定："行政复议机关应当自受理申请之日起 60 日内作出行政复议决定。"在本案中，由于涉及入学学习的问题，采取司法的方式，很有可能因诉讼时间过长，错过了正常入学的时间，或因课业耽误过多，而影响其接受应该接受的教育。如果采取行政复议的途径，有可能及时解决问题，即使稍微推迟一段时间后，也可能跟班学习。另外，行政复议机关不仅审查被申请复议的具体行政行为是否合法，而且还要审查其是否适当，其复议的范围不局限于申请人的申请，只要是有错误一概予以纠正，即坚持"有错必纠"的原则。当然，有错必纠原则的确立与真正实施，要求行政复议机关秉公执法，通过行政复议对下级或其所属的行政机关的行政执法活动实施全面有效的监督，以事实为根据，以法律为准绳。因而，我们相信，如果再有类似这样的案件，若申请行政复议的话，结果也许就会有所不同。

第四，诉讼终局原则为被侵害了的受教育权利在司法上的公正解决提供了最后的屏障。由于行政复议只是基于行政活动的需要而建立的一项制度，原则上只能是行政诉讼的前置，而不能是终局裁决（法律规定的行政复议决定为终局决定的除外）。《行政复议法》第十四条规定："对国务院部门或者省、自治区、直辖市人民政府的具体行政行为不服的，向作出该具体行政行为的国务院部门或者省、自治区、直辖市人民政府申请行政复议。对行政复议决定不服的，可以向人民法院提起行政诉讼；也可以向国务院申请裁决，国务院依照本法的规定作出最终裁决。"这意味着当行政复议当事人对行政复议机关的复议决定不服时，可以在法定期限内向人民法院提起行政诉讼，人民法院经审理后作出的终审决定才是发生法律效力的终局决定。因为行政复议毕竟是行政系统内部的监督，本身就有"作自己案件的法官"之嫌，所以在强调复议机构应具有相对独立性，尽量保证行政复议的公正性外，坚持诉讼终局的原则为受教育权利司法上的公正解决提供了最后的屏障。

（三）宪法司法化①：一盏明灯？抑或一个神话？

［案例6］齐玉苓诉陈晓琪等以侵犯姓名权的手段侵犯宪法保护的公民受教育的基本权利纠纷案[147]（以下简称“齐玉苓案”）1999年，齐玉苓以侵害其姓名权和受教育权为由，将11年前冒名顶替其入学的陈晓琪等告上法庭，请求法院责令被告停止侵害并赔偿各项经济损失。一审法院经审理认为陈构成了对齐姓名的盗用和假冒，但对齐主张的受教育权未予支持。齐不服，认为原审判决否认其受教育权被侵犯是错误的，遂向山东省高级人民法院提起上诉。山东省高院认为此案存在着适用法律方面的疑难，报请最高人民法院进行解释。最高人民法院通过了法释［2001］25号《关于以侵犯姓名权的手段侵犯宪法保护的公民受教育的基本权利是否应承担民事责任的批复》（以下简称《批复》）②，指出：“根据本案事实，陈晓琪等以侵犯姓名权的手段，侵犯了齐玉苓依据宪法规定所享有的受教育的基本权利，并造成了具体的损害后果，应承担相应的民事责任。”据此，山东省高院对此案作出终审判决：陈停止对齐姓名权的侵

---

① 关于“宪法司法化”的称谓，学者们也存在不同意见。有些学者避开这一称谓，而是采用“宪法司法适用”的提法。温辉在其《受教育权利入宪》一书中对二者作了清理。另外，胡锦光和张德瑞在其《关于齐玉苓案件的法理学思考》一文中指出：“宪法在司法过程中的适用性只是宪法保障中的一个环节。在一国，宪法保障制度包括宪法的政治保障、经济保障、文化保障、法律保障等诸多方面。即使在宪法制度和法律制度上保障宪法实施的措施和方法也是多种多样的，包括宪法中规定宪法的根本法地位、立法机关制定法律将宪法规定具体化、法律的有效实施、违宪审查制度等。而‘宪法司法化’这一概念容易误以为宪法只有通过司法制度才能得以保障实施，而忽视保障宪法实施的其他制度。”实际上，在很多学者那里，宪法司法适用从内容上看，就是法学界所说的“宪法司法化”，二者在内涵、实质上并无二致。我们对“宪法司法化”、“宪法司法适用”、“宪法的司法适用性”等提法不作严格区分。参见：温辉．受教育权入宪研究［M］．北京：北京大学出版社，2003：163－164．/胡锦光，张德瑞．关于齐玉苓案件的法理学思考［J］．河南省政法管理干部学院学报，2002（6）：13－23．/童之伟．宪法司法适用研究中的几个问题［J］．法学，2001（11）：3－8，51．/徐秀义，韩大元．现代宪法学基本原理［M］．北京：中国人民公安大学出版社，2001．/许崇德，郑贤君．“宪法司法化”是宪法学的理论误区［J］．法学家，2001（6）60－65．/胡锦光．中国宪法的司法适用性探讨［J］．中国人民大学学报，1997（5）：58－64．/肖蔚云．宪法是审判工作的根本法律依据［J］．法学杂志，2002（3）：3－4．

② 2008年12月18日，最高人民法院发布了《关于废止2007年底以前发布的有关司法解释（第七批）的决定》，从2008年12月24日起，已废止了该《批复》，废止理由是“已停止适用”。

害，并赔偿齐因受教育权利被侵犯造成的各项损失9.8万余元等。

“齐玉苓案”被学术界称为“中国宪政史上的第一案”（或被称为“中国宪法司法化第一案”），是中国法治建设史上的一个里程碑。学界谈受教育权利的法律救济、谈宪法实施、谈中国宪政发展，都绕不开“齐玉苓案”，可谓言必谈齐玉苓。尽管对于这个案件，褒贬不一，但肯定者居多。特别是司法界和学术界的许多学者对此案给予了高度的评价，如黄松有在接受媒体采访时说道：“我国公民依照宪法规定享有的基本权利，有相当一部分在司法实践中长期处于‘睡眠’或‘半睡眠’状态，公民的受教育权利就是这样一种在宪法上有明确规定而又没有具体化为普通法律规范上的权利。最高人民法院的‘批复’第一次打破了法院对此问题的‘沉默’，旗帜鲜明地指出，公民在宪法上所享有的基本权利，即使没有转化为普通法律规范上的权利，在受到侵害时也应当得到保护。”[148]黄松有同时指出，该司法解释以宪法名义保护公民所享有的受教育基本权利，此举堪称开创了宪法司法化的先例。

而反对者，以童之伟为代表。他在《宪法司法适用研究中的几个问题》一文中指出：与“齐玉苓案”相关的最高法院《批复》纯属多余，谈不上有什么“宪法司法化第一案”。“司法抢滩”的空间很小，不可能有很明显的成效。法学家和法官不应试图以突破现行宪法架构的方法来保障现行宪法规定的公民基本权利。“宪法司法化之利弊是非”问题纯粹是误解宪法地位的产物，是假问题。解决宪法适用不充分问题须立足现实，适应中国基本情况，应以促进宪政立法取代酝酿中的最高法院造法，并促成宪法监督机构的专门化。并且指出，上述黄松有关于“齐玉苓案”发表的、令我们鼓舞的媒体讲话是“民庭法官将视野局限于《民法通则》等民事法律而忽视了《教育法》的明证”。[149]

关于“齐玉苓案”引发的宪法是否调整司法关系、法院有无权力适用宪法、法院如何适用宪法、法院是适用《教育法》还是《民法通则》抑或是《宪法》、最高人民法院是否解释了宪法、法院的受案范围到底有多大，以及个人能否成为违宪责任主体并承担违宪责任等重大问题，王磊于2003年在《中国社会科学》杂志上发表了《宪法实施的新探索——齐玉苓案的几个宪法问题》[150]一文，对其中涉及的诸多问题进行了深刻的学术清理。其中有两个重要的观点，也是我们讨论受教育权利保障时始终主张和坚持的两个观点。观点之一：现行的行政诉讼法和民法通则所规定的受案范围限制了司法对公民基本权利保护的种类，使原本比人身权和财产权更重要的其他宪法性权利停留在纸面上。法院现有的受案范围还停留在较低层次的规定上。而且由于行政和民事法律主要保护公民人身权和财产权，就剪裁了公民基本权利的种类，其后果之一是造成除人身权和财产权之外的其他基本权利几近形同虚设。在这个意义上讲，"齐玉苓案"可谓一次宪法权利的启蒙。观点之二：关于法院受案范围问题。从宪法角度来说，法院的受案范围到底有多大？其根本依据是宪法，具体的标准之一就是司法权的界限。只要属于司法权的范围，它就应当受理。第二个标准就是公民的宪法性权利，只要起诉所主张的是公民的宪法性权利，法院就责无旁贷应予受理。法院受案范围的标准就在宪法之中。

宪法司法化已经成为世界各国司法实践的普遍做法，很多国家都建立了宪法诉讼的机构和程序。从总体上看，各国的宪法司法化主要有两大模式：一种是普通法院模式，以美国为代表，对涉及宪法争议的案件由普通法院来审理。受教育权属于普通法上的权利，当公民认为自己的权利受到侵害时，即可向普通法院提起诉讼，由司法机关对之进行裁决和补救；另一种是特别法院模式，以德国和奥地利等国家为代表，对涉及宪法争议的案件由专门设立的宪法法院来审理。在德国，根据其《行政法院法》及《联邦行政程序法》，公民的受教育权利受到侵害时，可以寻求的救济途径包括：(1) 行政复议——向行政机关提出复议请求，由其对行政行为进行合法性与合理性双重审查；(2) 行政诉讼——当公民申请行政复议之后，对复议决定不服的，可以向行政法院起诉；(3) 宪法诉愿——如果公民依照上面所述的各种法律途径，直至完全用尽所有的法律救济途径仍无结果时，因为受教育权利是其《联邦基本法》赋予公民的一项基本人权，属于宪法诉愿保障的对象，故公民还可依照《联邦宪法法院法》，提起宪法诉愿。[151]

在我国的司法实践中，并没有将宪法作为直接的法律依据在法律文书中援引，这使宪法在我国法律适用过程中面临尴尬处境：一方面，它在我国法律体系中居于根本大法地位，具有最高的法律效力；另一方面，它的很大一部分内容在司法实践中被长期"虚置"，没有产生实际的法律效力。如果宪法规定的内容不能在司法领域得到贯彻落实，就不能保障公民宪法权利的实现，“依法治国”也将大打折扣。我们说，“齐玉苓案”虽是一个普通的个案，但法官和学界对它给予的关注绝不是什么情绪化的宪法情结。我们期待这一个案不再是孤案，而是一把号角，尽管声音微弱，但我们期待它能打破沉睡已久的被动诉讼的局面，发出“难道立法不作为，司法就可以跟着不作为吗”的呐喊；它不是虚构的神话，而是一盏明灯，必将照亮宪法司法适用的前程。

（四）小结：受教育权法律救济面临的问题

公民受教育权利的司法保障所遭遇的困境可谓有目共睹，近十多年来，发生的若干起案例充分暴露出这一问题。从逻辑上讲，既然规定了受教育权属于公民的宪法权利，同时，具体到教育法中，又规定学生有权对受教育权利侵害依法向法院提起诉讼，则理应规定受理受教育权利侵害案件的具体法院及其具体程序。而事实上，诸多原因导致受教育权的可诉性举步维艰，主要包括下列几个方面。（1）公民受教育权利作为一项宪法权利，现行宪法并没有明确规定宪法基本权利具有直接司法效力，人民法院不受理违宪案件。（2）受教育权利属于社会经济和文化权利，不属于人身权和财产权等民事权利，故不属于民事诉讼受案范围。（3）1989 年颁布实施的《中华人民共和国行政诉讼法》（以下简称《行政诉讼法》）没有明确把受教育权列入行政诉讼的受案范围，有些法院僵化地理解《行政诉讼法》的法律条文，以法律没有明确规定为由拒绝受理受教育权侵害案件。（4）围绕着儿童受教育权利引起的纠纷一般又达不到向刑事审判庭起诉的程度。因而，很多受教育权利受侵害事件，只能以受教育权利受到侵害致使财产受到损失为由，转化为民事索赔案，最终成为民事案件。如“陈海云案”等便属于此类。最终使儿童受教育权利侵害案件往往既不符合行政诉讼要求，又与民事诉讼存在着一定的距离，很容易被法院以“不在受案范围”为由驳回起诉，结果得不到应有的补偿和救济。

尽管法律尚未对受教育权利侵害案件的诉讼程序作出明确规定，也不乏以“不在受案范围”为由驳回起诉的案例，但随着公民权利意识的觉醒，受教育权利诉讼案件的不断增加，受教育权利被侵害的案件及其处理已引起社会各界的广泛关注。加之部分法官教育人权意识的提高，以田永案为先导，受教育权利被侵害案件由法院的行政庭受理已成为现实。即使没有获得适当救济，通过法院的受理、审理、判决的“过程”，可以扩大社会影响，促使相关各方采取措施，尽快解决立法不足、救济不明等问题。

第二节 教育公益诉讼[①]：受教育权司法保障新进展

近年来，有关公益诉讼的新闻报道不断涌现，义务教育领域也不例外。而在学术界，公益诉讼已然成为学界关注的热点问题。我们以“公益诉讼”为关键词，通过CNKI数据库检索，在中国期刊全文数据库、中国优秀硕士学位论文全文数据库、中国优秀博士学位论文全文数据库和中国重要会议论文全文数据库进行了检索（匹配：精确），自检索到第一篇文章[②]的1998年到2008年，短短11年间，检索结果共显示记录1681条（检索时间是2008年10月27日9时30分），足见学界对公益诉讼的关注程度。大量的文章集中在2003年以后，我们以同样的方式检索，2003—2008年共有1585篇文章。到底什么是公益诉讼？义务教育为什么适用公益诉讼？公益诉讼对保障儿童受教育权利之独特优势何在？这是我们当前讨论受教育权利救济时不能回避的现实问题。

---

① “教育公益诉讼”准确地说，应是“教育领域中的公益诉讼”。教育公益诉讼并不是一种独立的、与行政公益诉讼和民事公益诉讼具有同等地位的诉讼形式，只是为了行文方便而采用的一种简约化表达。如同我们教育法学上经常使用的教育行政法律关系和教育民事法律关系的表述一样，准确的表达应是教育中的行政法律关系和教育中的民事法律关系。由此，教育领域中的公益诉讼包括了教育中的行政公益诉讼和教育中的民事公益诉讼，简称教育行政公益诉讼和教育民事公益诉讼。

② 福建龙岩的邱建东，因龙岩市和北京街头的公用电话亭未执行邮电部关于夜间、节假日半价收费的规定，分别于1996年和1997年向法院提起诉讼，要求加倍返还因此多收的0.55元，加倍索赔计1.10元，故北京报界又称“一块一官司”。《北京青年报》称其打响了服务领域反对欺诈的第一枪，《经济日报》将其誉为公益诉讼的创始人。因为本案一开始就具有公益诉讼的色彩。一个公民挑战垄断经营部门的服务质量，实际上是代表了不特定多数全体的利益。为了索赔一两块钱，花去7000元飞机票，恐怕也是诉讼成本极为昂贵、投入与产出极不经济的罕见案例，但受益的却是大众，可谓之公益诉讼。参见：邱建东．“一块一官司”，打响服务领域反欺诈第一枪［J］．中国律师，1998（6）：37－39.

一、诉讼原告适格理论遭遇的现实困境

［案例7］学校诉5名辍学学生家长侵犯子女受教育权案[152]1997年5月，四川省泸县得胜镇初级中学将5名辍学学生家长告到法院，请求法院判令5名家长送子女到学校上学。法院对其中拒不送子女入学的3名家长作出罚款并责令其将孩子送回学校读书的判决。在有关本案的报道中，有这样一段话值得我们关注：得胜初中状告辍学学生家长违反义务教育法获胜后，在当地引起强烈反响。泸县县政府教育督导室主任黄安蓉说："今天，法院代表国家保护了少年儿童受教育的权利。这次胜诉，在农村学校流失生日趋严重的今天，有着极其重要的意义与影响。"泸县其他"追流"工作艰难的乡村中学闻讯，纷纷效仿得胜初中，为孩子的明天起诉。

［案例8］学校状告辍学学生父母侵犯子女接受义务教育权利案[153]湖北省团林镇陈家坪小学两名学生（姐弟）因种种原因辍学回家，因多次劝说家长未果，学校便以朱氏夫妇侵犯子女接受义务教育的权利为由，向法院提起诉讼，要求被告将子女送往学校。法庭依法作出"被告将其子女二人送入陈家坪小学接受法定年限的义务教育"的判决。在法院判决生效而被告拒不执行的情况下，法庭对其作出"司法拘留15天"的决定。

［案例9］乡政府状告29名辍学学生家长侵犯子女受教育权案[24]2007年6月，新疆阿克苏地区柯坪县的玉尔其乡、阿恰勒乡人民政府，将29名辍学学生家长告上法庭，要求法院责令家长把孩子送回学校读书。法院作出了对29名家长进行罚款并责令其将孩子送回学校读书的判决。判决书下达后，部分家长知道不让孩子上学的行为是违法后就主动交了罚款，并让孩子重返课堂。对于不执行判决结果的家长，法院已强制执行，保证所有辍学学生都回学校学习。而且县政府下定决心：出现一个让孩子辍学的家长，政府就告一个，要靠法律来解决学生辍学问题。

类似上述的案例，在当今辍学率居高不下的今天可谓屡见不鲜。社会各界对此类判决通常都予以正面评价。如［案例8］中，学校胜诉后，"荆楚之地的老百姓们已经醒悟到，不送子女上学竟然也会坐牢，也会受到法律的制裁，一些村镇的家长已开始主动送辍学已久的儿女重返校园"。关于这类案件的出发点，借用一位教师的话说，"开庭并不是为了

审判，而是要让每个家长都知道他们身上还肩负着国家九年义务教育的责任”。[154]法院判决的客观效果均是让失学的儿童重返校园，使他们的受教育权获得法律救济。从最终使孩子能够上学这一结果来看，政府和学校主动担当原告，法院创造性受理和裁判，社会积极响应看似合乎常理，但也有学者对学校起诉学生家长的合法性提出了质疑，如褚宏启认为，旧《义务教育法》第十五条规定：“除因疾病或者特殊情况，经当地人民政府批准的以外，由当地人民政府对他的父母或者其他监护人批评教育，并采取有效措施责令送子女或者被监护人入学”。由此可知，“义务教育的实施是教育行政管理问题，学校与学生家长是平权型的法律关系，学校没有因家长不送子女上学而起诉家长的义务，法院也不应该受理起诉”。[115]54以此观点类推，在新《义务教育法》的框架下，乡政府是否有资格作为原告，把辍学学生家长告到法院呢？新《义务教育法》第十三条规定：“县级人民政府教育行政部门和乡镇人民政府组织和督促适龄儿童、少年入学，帮助解决适龄儿童、少年接受义务教育的困难，采取措施防止适龄儿童、少年辍学。”这里的“措施”是否还有“到法院提起诉讼”呢？我们结合第五十八条①和五十九条②的规定来看，很显然是不包括诉讼这项措施的。

另外，根据《民事诉讼法》和《行政诉讼法》中关于起诉条件的规定③，提起诉讼的原告必须是同被诉侵权行为有直接利害关系的公民、法人或其他组织。乡政府和学校虽有义务采取措施防止学生失学、辍

① 第五十八条：“适龄儿童、少年的父母或者其他法定监护人无正当理由未依照本法规定送适龄儿童、少年入学接受义务教育的，由当地乡镇人民政府或者县级人民政府教育行政部门给予批评教育，责令限期改正。”

② 第五十九条：“有下列情形之一的，依照有关法律、行政法规的规定予以处罚：（一）胁迫或者诱骗应当接受义务教育的适龄儿童、少年失学、辍学的；（二）非法招用应当接受义务教育的适龄儿童、少年的；（三）出版未经依法审定的教科书的。”

③ 《民事诉讼法》第一百零八条：“起诉必须符合下列条件：（一）原告是与本案有直接利害关系的公民、法人和其他组织；（二）有明确的被告；（三）有具体的诉讼请求和事实、理由；（四）属于人民法院受理民事诉讼的范围和受诉人民法院管辖。”《行政诉讼法》第四十一条：“提起诉讼应当符合下列条件：（一）原告是认为具体行政行为侵犯其合法权益的公民、法人或者其他组织；（二）有明确的被告；（三）有具体的诉讼请求和事实根据；（四）属于人民法院受案范围和受诉人民法院管辖。”

学，但导致学生辍学，进而侵害学生受教育权利的是学生家长。若要到法院提起诉讼以停止不法侵害，也只能由与儿童有直接利害关系的人担当原告，即儿童本人或其他监护人。从传统的原告适格理论来看，学校和乡政府并不属于有直接利害关系者，故没有资格做原告。可见，因学校和乡政府与儿童受教育权利被侵害之间并没有直接的利害关系，加上新旧《义务教育法》均未特别赋予学校和乡政府可以到法院提起诉讼的资格和权能，因而，在现行法律规定的框架内，由于学校和乡政府没有资格作为原告，法院判决的合法性自然受到质疑。更严格地讲，法院的确不该受理。

我们不难发现，这里面存在一个悖论：导致学生辍学的是其父母，父母既然侵犯了子女的受教育权，他就不可能到法院去要求停止侵害。而对于儿童来说，特别是无民事行为能力人，常常又不能、不敢或不知道怎么去提起诉讼。这样一来，如果没有直接利害关系之外的第三人追究父母的违法行为，是否就该放任这种侵权行为发生，置儿童的受教育权于不顾呢？既然法院受理此类案件的合法性受到质疑，为什么法院依旧故我，是法院“知法违法”，还是这类案件不适用《民事诉讼法》和《行政诉讼法》的规定？哪一类诉讼可以不遵循严格的原告适格要求，由没有直接利害关系的公民、法人或其他组织提起诉讼？当法律规定遭遇现实的困境，原告适格之规定缺乏解释力时，我们不得不把目光转向公益诉讼，以回应现实需要。

二、教育公益诉讼：行走在理想与现实之间

（一）何谓公益诉讼

公益诉讼是相对于私益诉讼而言的。传统的诉讼形式通常表现为私益诉讼，即公民、法人或其他组织基于个人权益受侵害而提起的诉讼，其目的是为私利，且仅特定的、与案件有直接利害关系的人才有资格提起。公益诉讼虽然早在罗马法时期就已经出现，但在我国，公益诉讼尚处于萌芽之中。作为一种新型的诉讼形式，公益诉讼通常是指公民、法人或其他组织对危害社会公共利益的行为提起的诉讼，其最终目的是让人们能通过诉讼来维护社会公共利益。我国的刑事诉讼是典型的公益诉讼。由于犯罪行为侵害的不仅是私人利益，更是对公共安全、公共秩序的一种威胁，因

而，即便受害人放弃追究犯罪嫌疑人的刑事责任，如发生在校园中强奸学生案件，受害人家长出于各种考虑不提起诉讼，也要由国家公诉机关（检察院）以公诉人的身份代表国家向法院提起公诉，以惩治犯罪保护公益。[155] 民事诉讼和行政诉讼则不然，只有自身权利遭受侵害者，才有资格获得司法救济。这意味着某人要想成为行政诉讼或民事诉讼的原告，首先必须证明他本身享有某种权利，且认为这种权利已经受到侵害。由此观之，我国传统的行政诉讼实际上是行政私益诉讼，同理，民事诉讼就是民事私益诉讼。

关于公益诉讼，依据被诉对象的不同可分为民事公益诉讼和行政公益诉讼两大类。① 前者主要是指在产品质量侵权、环境公害等情形下，由非法律上的直接利害关系人提起的诉讼，在诉讼过程中适用民事诉讼法的相关规定，如被称为"贵州省环境污染公益诉讼第一案"的贵阳市"两湖一库"管理局状告贵州天峰化工有限责任公司堆放的磷石膏废渣污染了红枫湖水质一案。② 行政公益诉讼主要是针对国家机关的作为或不作为而提起的诉讼，在诉讼过程中适用行政诉讼法的相关规定，如被称为"中国乙肝维权第一案"的张先著诉芜湖市人事局招录公务员时存在对乙肝病毒携带者的歧视案和 2001 年青岛 3 名考生状告国家教育部作出的全国普通高校招生计划的行政行为侵犯了其平等受教育权案。③ 由于公共权力部门本身就承担着维护公共利益的职能，因其作为或不作为，发生侵害公共利益的可能性更大。反过来说，其他社会组织或个人危害社会公共利益

---

① 也有学者认为经济公益诉讼是随着经济法的产生而产生的，具有与民事公益诉讼不同的诉讼形式，故将公益诉讼分为民事公益诉讼、经济公益诉讼和行政公益诉讼三种类型。参见：孙梅娟．经济公益诉讼研究［D］．济南：山东大学，2006.

② 参见：贵州省环境污染公益诉讼第一案开审．http：//www. cnr. cn/guizhou/xw/gdxw/200712/t20071228_504666112. html，中国广播网，2010－10－09 访问。

③ 青岛 3 名考生诉教育部侵犯其平等受教育权案的基本案情是：2001 年 8 月，山东青岛 3 名考生向最高人民法院起诉教育部。他们称教育部 2001 年作出的《全国普通高校高等教育招生计划》的行政行为侵犯了其平等受教育权，因为该计划对不同的省份限定不同的招生人数，使得不同省份的考生之间录取分数标准线差异巨大，从而直接侵犯了包括原告在内的广大考生的平等受教育权。最终，他们的案件材料被最高人民法院以不属管辖范围为由退回。当年 9 月 8 日，3 位当事人通过律师宣布诉讼目的已达到，终止诉讼。参见：常光玮．公益诉讼在路上——近年来我国公益诉讼研究状况综述［J］．法律文献信息与研究，2007（1）：1－4.

的行为，在一定意义上也可以说是因为公共权力部门疏于管理或管理不力造成的（如［案例9］），因此，行政公益诉讼较之于民事公益诉讼或者经济公益诉讼来说意义更加重大[156]，也备受学界的关注。

（二）教育领域中的公益诉讼

1. 教育领域中的行政公益诉讼与民事公益诉讼

如同我们把教育中的法律关系通常分为教育行政法律关系和教育民事法律关系一样，我们也把教育领域中的公益诉讼按照救济途径的不同，分为教育行政公益诉讼和教育民事公益诉讼。① 仅就实践中已经发生的案例来看，青岛3名考生状告国家教育部这一案件是典型的教育领域中的行政公益诉讼。因为他们是就国家教育部这一行政机关所制订的招生计划这一抽象行政行为而提起的诉讼，而且其目的远远超过了3名考生自身的利益，其诉讼结果会给不特定的多数考生之利益带来影响，完全超出了私益范畴。而［案例9］，我们认为，属于教育民事公益诉讼。理由是：其一，虽然原告一方是乡政府（即行政机关），但被告失学儿童家长不是行政主体；其二，根据《民法通则》第十八条第三款的规定，“监护人不履行监护职责或者侵害被监护人的合法权益的，应当承担责任”，以及《义务教育法》第五条、《未成年人保护法》第十三条的规定，父母或其他监护人应当承担的首要责任就是停止侵害，让儿童继续入学接受并完成义务教育；其三，乡政府状告学生家长，也不是追究家长的刑事责任[157]；其四，乡政府告家长，并不是因为自己的权益受到侵害，而是“为孩子的明天起诉”，更准确地讲，是“为了社会的明天”、“中国的明天”乃至“全人类的明天起诉”，其目的同样远远超出了乡政府自身的私益。尽管这里不乏乡政府为了“普九”的政绩之“私利”的考虑，就算有，这一己之私利相对于失学儿童复学所产生的公益来说也是微不足道的。鉴于此，乡政府为了公共利益而提起的状告辍学学生家长的诉讼属于民事公益诉讼，在法理上是说得通的。关于政府状告辍学学生家长的行为，网友评

① “教育行政公益诉讼”准确的表述应该是“教育领域中的行政公益诉讼”。教育行政公益诉讼并不是一种独立的公益诉讼形式，只是为表述方便而采用的一种简约化表达。文中的“教育民事公益诉讼”亦然。

论褒贬不一。但有位网友的观点在一定意义上指出了这一诉讼的公益特性：

“从教育意义上看，这是一个具有标本意义的起诉行为。因为一个地区的发展、一个家庭的未来，从根本上来说取决于人，尤其是孩子。剥夺孩子上学的机会，无疑会葬送地区及家庭未来的希望。对于儿童失学，政府理应有为，理应通过积极的干预让孩子回到学校，这是政府的职责，也是对一地未来发展应尽的法律义务。”①

2. 教育领域中的公益诉讼与私益诉讼

与一般意义上的公益诉讼与私益诉讼的区别一致，教育领域中的公益诉讼和私益诉讼最本质的不同就在于诉讼的目的是为了私益还是公益。我们以前文的案例为例说明。其中“齐玉苓案”和“陈海云案”，均是通过民事诉讼的途径，要求法院依法保护她们的受教育权，其诉讼请求与公益无涉，故属于民事私益诉讼。而乡政府状告辍学学生家长案、学校状告失学学生家长案则属于民事公益诉讼。“‘自作自受’案”和“田永案”是通过行政诉讼的途径，请求法院依法保护他们的受教育权，同样与公益无涉，属于行政私益诉讼。[案例 2] 属于公益诉讼还是私益诉讼，值得深入讨论。有学者认为，“如果法院作为行政案件受理，它就是一个典型的救济原告私益的案件。因为原告状告历下区教委对附属小学拒收其入学不做出处理，请求法院依法保护他的受教育权，他的诉讼请求与公益无涉”。[158] 从表面上看，的确不属于公益诉讼。但细细分析，值得商榷。原因在于三个方面。第一，正如前文所述，导致王晓光受教育权侵害的是教委的行政“不作为”和教委的“作为”。其中，“不作为”既有对王晓光的入学问题未予处理，还有未根据《义务教育法》的规定修改《方案》(属于行政立法不作为)，“作为”主要是与学校共同取得年龄未满《方案》规定之儿童所缴纳的费用。我们从当事人处了解到，区教委和学校不是不懂法，而是知法犯法，因为背后有巨大的利益——这个利益是纯粹的私利。第二，王晓光的父亲是山东师范大学的一名教师，正如他自己所说的，他不是不懂人情世故，作为同一学校系统，他完全可以向此前的所

① 参见：新疆 29 名学生忙农活辍学，乡政府状告学生家长 . http：//www.jyb.com.cn/fz/fzsx/t20070625_93361.htm，中国教育新闻网，2008－06－09 访问。

有家长一样，找找关系，少交点钱让孩子上学。但他说，他不想忍气吞声，不能容忍一个违法的文件畅行。王晓光的父亲很清楚，他把教委告到法院，和教委对簿公堂的后果对他个人和孩子都是弊大于利，但他觉得还是有必要这样做。可见，这位父亲与那位为了1.10元的赔偿，而花去近万元的邱建东有着相同的心路历程和诉讼历程。所以，这个案子从主观上来讲，在很大意义上含有公共利益的成分，不啻一个见义勇为之壮举。第三，从客观效果来看，虽然王晓光的按时入学问题没有解决，但由此案例引发的包括历下区在内的济南市所有区县与《义务教育法》中6岁入学之规定相违背的《方案》全部被废止，即自1999年起，济南市所有儿童依据《义务教育法》的规定，凡年满6周岁的均可入学，不再有其他限制条件。这就产生了相当大的社会效益，使不特定的儿童获益。所以，类似诉讼既满足了当事人的愿望，也实现了公共利益，而且对以后类似的不合法行为还有一定的预防和威慑作用。综合以上三个方面，该案件若法院作为行政案件受理，也可以看成是行政公益诉讼案件。

私益和公益在很多时候并不矛盾，甚至存在高度的一致性。关于诉讼目的是公益还是私益，要综合动机、目的以及结果等主客观多种因素考虑。“王晓光案”作为教育领域的行政公益诉讼，揭示了要建立行政公益诉讼制度时必须解决的问题，即面对教育行政机关的侵犯公共利益的行为(包括作为和不作为)，特别是若提起行政诉讼需要付出昂贵的代价，对原告十分不经济，而公众又普遍存在“搭便车”的心理时，由谁来提起诉讼以及如何解决原告的诉讼费用等难题。

（三）义务教育的公益性：公益诉讼适用之基础

公益诉讼是否适用于义务教育中的受教育权利纠纷？这是我们基于现实和理想必须回答的问题。义务教育的公益性决定了公益诉讼在义务教育阶段儿童受教育权纠纷中是适用的。因为教育既是个体有尊严地生存的必要条件，也是人类社会赖以生存和发展的重要基础，具有促进个体身心发展和社会进步两大功能，这已是教育学之定论。而义务教育更是如此。教育经济学的研究表明，义务教育最大的受益主体是国家，是社会，由此才有了“教育优先发展”和“科教兴国战略”之说，以及“义务教育是国家必须保障的公益性事业”之规定，这是无须赘述的。正因为包括义务教育在内的现代教育是涉及每一个社会成员的公益性事业，关系到每一位公民的利益和自我价值的实现，因而，当国家、政府、社会组织或者公民个人侵害了这一公共利益，使儿童依法本应享有的充分的受教育权利无法得到实现，或者给儿童受教育权利的充分实现带来不利影响时，理应获得救济，更何况侵犯儿童受教育权的同时就连带侵害了国家和社会的公共利益。问题是如果按照现行的适格原告理论，则无法找到一个适格的原告就那些损害公益的受教育权利案件向法院提起诉讼，从而形成公益诉讼案件审理的“盲区”[159]，致使国家利益和社会公共利益受到损失。

特别是教育领域的一些行政行为，当公众已经预见会发生危害国家和社会公共利益，但按照现行法律，《刑法》又不能适用时，只能转而诉诸行政和民事公益诉讼，比如政府及其教育行政机关或者学校明知校舍危险不采取措施的行为，按照《刑法》第一百三十八条的规定：“明知校舍或者教育教学设施有危险，而不采取措施或者不及时报告，致使发生重大伤亡事故的，对直接责任人员，处三年以下有期徒刑或者拘役；后果特别严重的，处三年以上七年以下有期徒刑。”根据罪刑法定原则，只有发生“重大伤亡事故”的，才能追究直接责任人员的刑事责任，以维护公共利益，否则不能追究责任人员的责任。与刑法不同，《行政诉讼法》规定：“公民、法人或者其他组织认为行政机关和行政机关工作人员的具体行政行为侵犯其合法权益，有权依照本法向人民法院提起诉讼”，其中“认为”二字意味着行政诉讼并不以损害事实的发生为必要条件，只要公民“认为”发生了就可以提起诉讼，至于损害事实到底发生了没有，需要法院来判决。这一点对于教育中的公益诉讼尤为重要。因为儿童是成长中的人，教育又是具有潜在性和长效性的事业，学校危房问题、教师师德和经济贫弱问题、划分重点校重点班问题等，一旦造成现实损害，其损失是不可估量的，也是不可逆转的。所以只要公民、法人和其他社会组织“认为”政府及其教育行政机关有违反法律的情况，就可以提起行政公益诉讼，由此可见，公益诉讼在义务教育纠纷中不仅适用，而且十分必要。更何况，教育中的公益诉讼已经成为了现实。

（四）教育公益诉讼：行走在理想与现实之间

教育实践中，政府和学校状告学生家长侵犯儿童受教育权的案件，最终都以原告胜诉结案，达到了让儿童上学的目的，并起到普法宣传的多方面作用。但这些案例都属于民事公益诉讼，而行政公益诉讼案则不尽如人意，如青岛3名考生状告国家教育部案，因各种原因最终以原告撤诉结案，“王晓光案”最终结果是驳回原告的起诉。这说明教育民事公益诉讼已成为现实，有大量成功的判例，而教育行政公益诉讼却未见曙光。相对于公民个人和社会组织侵犯儿童受教育权利造成的后果来说，国家、各级人民政府及其教育行政机关因其不当行使公共权力，侵害教育公共利益的可能性更大，且危害也更为严重。因此，为从根本上保障儿童的受教育权利，巩固义务教育的成果，维护教育公共利益，较之于民事公益诉讼来说，启动行政公益诉讼具有更大的意义。

教育领域的民事公益诉讼已在路上，这是现实。而应现实的需求，遵循“从判例到立法的上升路径”[160]，通过修改《民事诉讼法》等方式，明确公益诉讼的原告资格，完善民事公益诉讼制度，这是我们的理想。对于教育行政公益诉讼，随着我国法制化的不断进步，《行政复议法》审查范围的拓宽，即把其他抽象行政行为纳入附带审查的范围，这给我们带来了希望。我们有理由相信，伴随着市民社会的不断生成，公民维权意识的不断觉醒，加之民事公益诉讼（包括环境、经济公益诉讼等）的逐步确立，教育行政公益诉讼这扇大门也一定能打开。建立教育中的行政公益诉讼和民事公益诉讼是我们的理想，我们正行走在理想与现实之间。

三、教育公益诉讼制度之构建

（一）关于提起教育公益诉讼的主体资格

教育中的公益诉讼首先遭遇了诉讼主体资格的现实困境，原有的原告适格理论显然需要让位。基于义务教育之特殊性，完善行政公益诉讼制度显得尤为重要。从世界范围来看，行政诉讼原告资格大都是不断变动的，变化的总体趋势是：过去通行的严格原告资格的观念让位了，原告资格的限制愈来愈少，甚至接近要完全取消原告资格限制的程度。[161]607学界有一个基本一致的观点，就是为了更充分地保障国家利益和社会公共利益，有必要把公益诉讼的原告资格赋予检察机关，由检察院代表国家将侵害公共利益的行为诉诸法院以进行司法审查。具体到行政公益诉讼，其意义在于：“从程序来看，赋予人民检察院原告资格，一方面可以确保公正，另一方面也比较经济实惠，尤其是在我国公众的法律意识还不够强的情况下，确立检察院对公共利益具有原告资格，并能代表国家、公众进行行政诉讼，于国于民均有益处。”[161]634

由于义务教育涉及学校、父母及其他监护人、社会组织和公民个人等方方面面，因而，在明确赋予检察机关诉讼原告资格外，还应明确学校、公民个人和社会组织（包括乡政府）代表国家，以自己的名义提起诉讼，即由“私人检察官”提起诉讼。[162]这样设计义务教育中公益诉讼的原告资格也与《义务教育法》中的规定相一致。《义务教育法》第九条规定：“任何社会组织或者个人有权对违反本法的行为向有关国家机关提出检举或者控告。”我们认为，这里的“任何社会组织或者个人”是包括国家机关在内的最为广泛的范围。若使这一规定真正落实，最根本的出路就是修改诉讼法。只有这样，社会监督机制才能发挥其应有的效力。

（二）诉讼请求中具有明确的保护国家、社会公共利益的内容

公益诉讼被定义为“为了公共利益或者全体利益的实施而在法院提起法律诉讼，这种利益是社会公众或者某个阶层金钱上的利益，或者对其法律权利或义务具有影响的某种利益”[163]，因而，诉讼请求中具有明确的保护国家、社会公共利益，而非纯粹的私益，这是不言自明的。通常，教育公共利益与个人利益的关系是辩证统一的，有利害关系的当事人通过公益诉讼主张公共利益的同时，也间接地保护了其中的个人利益。另外，鉴于教育公益违法行为的损害具有长期性与潜伏性，且危害结果一旦发生往往不可逆转，教育公益诉讼成立的前提既可以是违法行为已造成了现实的损害，也可以是未造成现实的损害，但存在损害发生的可能性。[158]

传统的诉讼只有自身权利遭受侵害者，才有资格获得司法救济，主要源于这样一种假定：权利与救济密不可分，只有权利才能获得救济。[164]但随着原告资格的设定从个人权利扩展到个人利益，进而向公共利益拓展，意味着不光是“我”的利益受到侵害，集体的、社会的和国家的利益受到侵害也可以提起诉讼。由此我们想到，应该在那句古老的“没有救济就没有权利”之谚语的后面再加上一句：“没有救济就没有利益。”

（三）教育公益诉讼的范围

1. 属于教育领域的行政公益诉讼受案范围的行为

依据《教育法》、《义务教育法》和《未成年人保护法》等规定，因国家、政府及其教育行政机关等的行政作为导致儿童受教育权利直接或间接受侵害，进而使教育公共利益遭受损害的，就可以提起行政公益诉讼。教育行政公益诉讼只能以对公益造成影响的行政行为（作为或不作为）作为诉讼标的，救济方法也只能是行政诉讼的救济方法。[158]

因国家或者政府及其教育行政部门的不作为或不完全作为，可以提起行政公益诉讼的主要有下列行为。第一，国家财政性教育经费支出和各级人民政府教育财政拨款没有达到《教育法》和《义务教育法》规定的教育投入“三个增长”要求的行为，特别是对那些连续几年都没有达到《教育法》规定要求的政府行为。第二，教师的平均工资水平低于国家公务员的平均工资水平，或者正常的晋级增薪没有兑现，或者拖欠教师工资的行为。第三，县级以上地方人民政府未按照国家有关规定制定、调整学校的设置规划的行为，或者县级人民政府未根据需要设置寄宿制学校，导致居住分散的适龄儿童、少年入学困难甚至辍学的行为。第四，学校建设不符合国家规定的办学标准、选址要求和建设标准的校舍的行为。第五，县级以上人民政府及其教育行政部门未采取措施促进学校均衡发展，均衡配置本行政区域内学校师资力量，缩小学校之间办学条件差距的行为。第六，县级以上地方人民政府未依照《义务教育法》的规定均衡安排义务教育经费的行为。第七，县级以上人民政府及其教育行政部门未采取措施，鼓励和支持中小学校在节假日期间将文化体育设施对未成年人免费或者优惠开放的行为（这是建设学习型社会所必须采取的应对措施）。第八，流入地人民政府未对进城务工人员随迁子女提供平等接受义务教育的条件的行为。第九，县级人民政府教育行政部门或者乡镇人民政府未采取措施组织适龄儿童、少年入学或者防止辍学的行为等。

国家和政府应该履行的法定职责，却不作为或不完全作为，必然会给儿童受教育权利的实现带来直接或间接的影响，如教育经费划拨不到位影响学校正常办学，或多或少会给学生的受教育权带来负面影响；学校选址不当、家庭经济困难学生未享受到“两免一补”，会给儿童的受教育权带来直接的影响；关于教师的待遇和福利，如果不能严格按照法律切实保障教师的合法权益，给教育事业带来的负面影响不是对某一个孩子的伤害、某一所学校学生的伤害，而是对整个民族利益的影响。国家和政府没有依法切实保障教师的合法权益，由此给教育事业、给学生包括受教育权在内的其他权益造成的伤害，因其关涉整个国家和民族的利益，应该纳入到行政公益诉讼范围之内。杨东平曾在《我看"教师暴力"现象》一文中对教师的长期贫弱地位给教育带来的伤害有深刻的阐述。

"仅仅凭经验就知道，被报纸揭露曝光的'教师暴力'不过是冰山之角。……对此，人们很容易想到，是长期的经济困窘造成了教师的心理异常和失态。对个别案例，这或许是一个具体原因。但就整体而言，长期贫弱地位对教育的伤害要深远复杂得多。比较明显的，是它造成了对教师队伍的'逆向淘汰'：最好的学生不愿报师范，师范院校的好学生不愿到学校，学校里的好教师尽可能地跳出学校，由于经济地位低下而造成教师素质的整体下降，从而降低、损害了教师的职业声望，更加难以吸引优秀人才，构成恶性循环。"[82]31-32

除了国家和政府及其教育行政部门等不作为和不完全作为之外，政府滥用教育行政职权的行为也应该成为行政公益诉讼受案范围，主要有下列行为。第一，县级以上人民政府及其教育行政部门将学校分为重点学校和非重点学校的行为。第二，县级以上人民政府及其教育行政部门改变或者变相改变公办学校性质的行为。第三，学校分设重点班和非重点班的行为。第四，借布局调整之名，不合理地撤并、合并学校的行为等。

政府上述的行政行为给学生受教育权带来了直接的影响，如把义务教育中的学校、班级划分为重点校、重点班而导致择校、分流、分班等侵犯了学生平等受教育权；不合理的撤并学校导致学生辍学的情况。面对这些违反教育法律的行政行为，该怎么办？正如非常多的网友和老百姓针对政府状告辍学学生案件提出的质疑："在《义务教育法》实施的过程中，为什么总是政府在起诉家长，而很少见家长起诉政府？义务教育，究竟谁是义务的主体？"① 行政公益诉讼制度的建立，必将给家长、社会公众起诉政府打开方便之门。

---

① 参见：新疆29名学生忙农活辍学，乡政府状告学生家长．http：//www. jyb. com. cn/fz/fzsx/t20070625_93361. htm，中国教育新闻网，2008-06-09访问。

2. 属于教育领域的民事公益诉讼受案范围的行为

与行政公益诉讼不同，教育领域中的民事公益诉讼的标的可以是对公益造成影响的行政行为以外的其他带有民事特性的行为，侵权主体通常是学校、公民个人、法人或其他社会组织（不包括国家机关），救济方法只能是民事诉讼的方法。学校、公民个人、法人或其他社会组织违反教育法律法规，侵犯儿童、教师以及学校的合法权益，特别是给学生的受教育权带来直接或间接的损害，进而侵害了公共利益的行为，主要有以下五个方面。第一，学校违反国家规定收取费用，以向学生推销或者变相推销商品、服务等方式谋取利益的行为。第二，学校未对学生进行安全教育，或者在危及未成年人人身安全、健康的校舍和其他设施、场所中进行教育教学活动的行为。第三，父母或者其他监护人没有正当理由未送适龄儿童入学，或者使接受义务教育的儿童辍学的行为。第四，承担社会公共利益的公益性组织没有依法对儿童的受教育提供必要条件的行为，如爱国主义教育基地、图书馆、青少年宫、儿童活动中心未对未成年人免费开放，博物馆、纪念馆、科技馆、展览馆、美术馆等场所未按有关规定对教师、学生实行优待，为受教育者接受教育提供便利。第五，广播电台、电视台（站）开设的节目、播放的影像广告等，不利于未成年人身心发展的行为等。

（四）教育中的公益诉讼之保障

教育中的公益诉讼根据损害救济途径的不同，可分为行政公益诉讼和民事公益诉讼。借鉴当前学界关于构建公益行政诉讼制度的设想，教育中的公益诉讼同样可以从设立前置程序、防止滥用诉权、放宽原告起诉条件的审查标准、将公益行政诉讼纳入法律援助范围等方面着力。[165] 其中，关于设立前置程序，若提起的是公益行政诉讼，为了给行政系统内部自我纠错的机会，充分发挥行政内部救济快捷、高效的优势，建议检察机关、社会团体和公民个人在提起公益行政诉讼时，应先向拟起诉的行政机关提出书面建议，要求行政机关修正损害国家、社会公共利益的行政行为，并要求行政机关在法律规定或限定的合理期限内予以答复或处理。当行政机关在规定或限定期限内不予答复，或认为处理不当时，便可以向法院提起诉讼。而公益民事诉讼，若侵权主体是学校、公民个人或其他社会组织，可以根据具体情况先向侵权主体提出停止侵害、排除妨碍、消除危险等请求。若在合理的期限内拒绝正当请求，若是学校，可以向其主管的教育行政机关举报；若是非学校的其他个人或组织，可以先向检察机关举报。若举报后教育行政机关不作为，或者检察机关不立案或立案后决定不起诉的，则公民个人和社会组织方可向法院提起诉讼。我国《教育法》中确立的学生申诉制度、《教师法》第三十九条确立的教师申诉制度以及教育信访制度、教育行政复议制度等都可以作为诉讼前置的程序。总之，设立诉讼前置程序的基本要求就是要先穷尽行政救济或其他合法的救济途径，避免滥用诉权。减少司法资源的浪费，这本身也是符合公共利益的行为。

第三节　完善受教育权利保障体系

一、完善受教育权法律救济体系之构想

鉴于当前儿童受教育权法律救济现状，如何提高受教育权的可诉性，我们从应然的角度，借鉴国外的有关经验，提出一些原则性的构想。由于其中的很多观点在前文中都有所涉及，在此只作总结性的陈述。

第一，修改《行政诉讼法》，将受教育权纳入到行政诉讼法的受案范围。同时，充分适用1999年最高人民法院关于执行《中华人民共和国行政诉讼法》若干问题的解释中第一条，以概括式和明确排除相结合的方法，尽可能地拓宽行政诉讼的受案范围，将抽象行政行为所导致的受教育侵权案件也纳入到行政诉讼之中。

第二，若在短期内，《行政诉讼法》难以作上述修改，则最高人民法院2004年起草的《关于审理教育行政诉讼的若干问题规定（征求意见稿）》应尽快获得通过[①]，以保障学生的受教育权。

① 《征求意见稿》第一条规定："学生或者其他受教育者不服教育行政机关、经国家批准设立或者认可的学校、科学研究机构及其他教育机构行使下列教育公共管理行为的，可以依法向人民法院提起行政诉讼：1. 招收学生或者其他教育工作者的；2. 责令退回招收人员的；3. 取消学籍等处分的；4. 不予颁发、补办学历证书或者其他学业证书的；5. 取消申请学位资格，不授予、撤销学位的；6. 宣布考试、颁发学位证书、学历证书或者其他学业证书无效的；7. 责令收回、没收学位证书的、学历证书或者其他学业证书的；8. 其他可以依法提起行政诉讼的。"

第三，行政立法是《义务教育法》赋予政府必须履行的积极义务。义务教育领域存在大量的“以法行政”事项，当政府在合理的期限内不立法而导致儿童受教育权缺损时，可提起行政立法不作为诉讼，并可请求国家赔偿。

第四，完善教育中的公益诉讼制度，并与上述救济途径相衔接。

第五，完善教育行政复议制度，保证行政复议与行政诉讼制度的衔接。

第六，当穷尽所有的救济手段，依然不能保障公民的受教育权利时，我们还是寄希望于宪法的司法适用，这不仅是大陆法系国家的成熟经验，也是我国人权保障之必需。

第七，学校内部的、不涉及学生身份改变等根本利益的管理行为，可通过完善学生申诉制度加以解决。

虽然受教育权利的救济渠道是多元的，但司法救济应该是最根本的、最权威的救济途径。如果我们对“难道立法不作为，司法就可以跟着不作为吗”的质疑予以否定的回答，如果我们想尽早结束受教育权利侵权案件因“不在受案范围”而被驳回的历史，更重要的是，如果我们还承认受教育权利是公民的一项宪法权利，那么司法机关就责无旁贷地要予以保护。否则，受教育权利的保护无异于画中之饼，科教兴国的“战略地位”也只是“略占地位”而已。

二、提高儿童及公众的权利意识，完善社会监督机制

（一）加强公民教育，提高儿童的权利意识

儿童作为相对弱势的个体，要求其权利相对方自觉尊重、保护儿童的包括受教育权利在内的各项人权固然重要，但更重要的是如何使儿童超越这种被动的受保护状态，通过积极主动的作为使自己的权利免受侵害，或者受到侵害后，知道如何寻求帮助和救济。我们应如何告诉儿童自决？不言而喻，学校教育应担此重任。在中小学的课程中开设公民教育、法制教育等相关课程，结合儿童生活中的实际例子，以简洁易懂的语言使学生切实了解自己享有的权利以及维权之路是非常重要的。可喜的是，我国当前的基础教育课程改革已经充分关注到这一问题。相对于1997年国家教委编订的《九年义务教育小学思想品德课和初中思想政治课课程标准》（以

下简称旧《课程标准》)，2003 年教育部印发的《全日制义务教育〈思想品德课程标准（实验稿）〉》（以下简称新《课程标准》）发生了非常大的变化。

在旧《课程标准》四年级的《社会》科目中有一节关于“宪法”的内容，但非常笼统，只说明了宪法是国家的根本大法，它规定了公民享有的权利和应履行的义务等，而没有作更详细的解释。初中二年级主要进行法律常识的教学。关于初中二年级学习法律常识的目的，旧《课程标准》指出：“对学生进行法律常识的教育，使他们了解法律在治理国家中的重要作用，知道宪法是国家的根本大法，懂得法律与公民生活的密切联系；逐步培养学生运用法律武器维护国家、社会利益和公民合法权益，依法同违法犯罪作斗争的能力；帮助学生初步形成适应现代社会生活所必需的法律意识，自觉遵守宪法和法律，依法规范自己的行为。”[166]从上述目的表述来看，可以发现编订者存在非常明显的“重管理轻权利”倾向，即让学生了解和学习法律旨在维护国家和他人的利益，旨在规范自己的行为。这一目的只阐明了一个方面，忽视了更重要的内容，那就是让学生了解作为一个公民具有的权利，提高自身运用法律维护自己的合法权益免受不法侵害的能力。如果遵循这样的思维，即使开设了宪法和法律常识课，也很难帮助学生形成权利意识。

新《课程标准》在这方面有很大突破。表现在以下几个方面。第一，课程“总目标”明确提出要“为使学生成为有理想、有道德、有文化、有纪律的好公民奠定基础”，含有“公民教育”的意味。第二，在“分类目标”——“能力”部分强调：“能够理解法律的规定及其意义，理解社会生活中的必要规则，能遵纪守法，增强寻求法律保护的能力”。第三，在“内容标准”中，有具体而明确的“学法用法”和“权利与义务”两大块。第四，在“活动建议”中，一改单纯知识传授与灌输的做法，采用典型案例等多种方式，主题探究、参与讨论，“感受法律给予未成年人特殊保护的意义，讨论维护受教育权利的途径”。第五，具体到教材内容，我们以课程教材研究所和思想品德课程教材研究开发中心编著、人民教育出版社 2004 年 10 出版的《义务教育课程标准实验教科书·思想品德》（八年级下册）为例，全书共分四个单元：第一单元：权利义务伴我行；第二单元：我们的人身权利；第三单元：我们的文化、经济权利；第四单元：我们崇尚公平和正义。

在“第六课：终身受益的权利”开篇，书中这样写道：

“在滚滚奔流的历史长河中，教育是一首永远没有休止符的进行曲。教育既赋予人类智慧与美德，又赋予社会进步的力量，无论是个人的成长还是国家的昌盛，都离不开教育。

受教育与我们每个人息息相关，它不仅是我们应该享有的重要权利，而且是我们必须履行的法定义务。对于正在接受九年义务教育的中学生来说，正确认识自己的受教育权，了解我国法律对公民受教育权的保障作用，有助于提高我们依法维护自己受教育权的能力，有助于增强我们履行受教育义务的自觉性。”[167]

书中有案例，有《世界人权宣言》和《义务教育法》相关链接，有材料阅读与分析，还有名人名言，可谓生动、丰富而深刻全面。有了这么好的《课程标准》和教科书，最终能否实现课程目标还取决于学校是否教和教师怎么教两个问题。

关于第一个问题，有些学校一味追求升学率，不开设或减少与升学考试无关课程的课时，“初中思想政治课”或多或少会受到波及。第二个问题，与其说是侧重教师如何“教”的教学方法问题，不如说是教师的宪法理念、人权保障、学生观等深层次的、支配其教学行动和方法的问题。我们基于这样的假设：如果教师本身具有宪法理念和人权保障意识，也真正把学生当“人”看，具有尊重学生权益的观念，则其教育教学行为也是会采取尊重学生人权的行为，进而使教师所教内容与教师言行相一致，成为尊重权利的典范。

但在我国教育实践中存在的“罚学生吃塑料片”、“罚学生喝尿水”等体罚和变相体罚的侵犯学生的生命健康权[115]122－123、擅自隐匿和拆毁学生信件等侵犯学生通信自由权，以及前文谈到的侵害学生的受教育权等，不仅说明这些教师缺乏教师应有的基本素养，缺乏基本的做人资格，更是对教材内容的践踏。我们试想，一个自身都不具备人权观念，不知学生的基本权利为何物的教师还能够培养出尊重他人人权的学生吗？而不具备基本的权利意识和法律常识的学生又怎么能成为新世纪的现代公民呢？由此，不能不说加强教师的宪法教育和公民教育，提高教师的权利意识可能是更为重要的，也是刻不容缓的。

（二）确立动态的观念，扩大民众对教育诉讼过程的参与

儿童及公众权利意识的提高，单纯依靠学校教育是不够的。倘若没有社会各界的支持与配合，再好的课程也无异于形同虚设。我们寄希望于社会大环境的改善，通过整个国民素质的提高和维权意识的不断增强，来提高儿童及公众的权利保障能力。司法界和学术界的广泛参与对国家依法治国的整体水平提高具有重要的推动作用。

诉讼救济有个不可替代的独特性：不管侵权者是拥有国家权力的教育行政当局还是学校教师、普通民众，都是在公开的场合（法庭）、以对等的形式为自己辩护，法院是、也应该是儿童受教育权利得以恢复的重要场所。从上文所分析的若干有关受教育权纠纷的案例来看，为了使诉讼更有助于使受损的受教育权利得以救济，除了需要完善有关的法律以外，从诉讼过程本身来说，有关事实认定、法律解释、原被告的价值观、教育观以及法官的宪法理念、教育法律意识和教育价值观等问题都是需要加以关注的。我们说“好”的判例无论对以后的教育判决还是对公民的权利意识和行动都会产生积极的影响，而“好”的教育判例的形成与传承除了依靠司法本身的作用外，在很大意义上还取决于司法界、学术界和一般市民的参与。为了使相关各界对教育诉讼过程的积极参与和支持，必须确立动态的观念，通过动态的展开过程不仅力争使案件中被侵害的受教育权利得以补偿和救济，更重要的是通过对过程的参与能够提高公民自身的受教育权利保护意识，使广大民众主动、积极地关注教育法律案件，致力于儿童及所有公民受教育权利的保护与实现。

具体说，通过公开审理，使一些民众能够有机会采取有组织的、自愿的方式参与有关受教育权利纠纷的审理、判决过程，扩大司法救济的影响力，提高民众的权利保护意识。有关受教育权利的相对方——政府、学校教师、父母以及社会组织和公民个人在行使权力过程中存在的大量侵权现象，说明了在我国当前的教育实践领域存在着教育权力过剩、教育人权相对薄弱的现状，反映了包括一部分教育行政人员和教师在内的民众之权利意识淡薄的事实。因此，以某一典型的受教育权侵害案件的审理、判决为突破口，通过组织类似某种支持该案件的“后援会”或者“声援会”之类的团体，并广泛利用新闻媒体的宣传，扩大民众对该案件的事实关系、原被告的争执点等问题的了解和参与，相应形成某种权利运动，在参与中

形成权利意识是非常重要的。上述教育公益诉讼中涉及的三个案例，在一定意义上体现了这种动态的或者说是运动的思想，只不过这三个案例带有明显的政府让老百姓履行义务，不履行就要坐牢的“杀鸡给猴看”的味道。履行义务固然重要，但由于行政权力或者说国家权力对于儿童受教育权利的侵害范围更大，后果更为严重，因而，有识之士若通过像［案例1］、［案例2］、［案例5］和［案例6］这些典型案例能够发起某种“声援会”，使一般民众真正体会到“让权力在阳光下运行”① 的真正含义，无论对案件当事人还是整个社会进步都有积极作用。尽管民众的广泛参与，对案件判决的结果也许起不到决定性的作用，但可以产生一定的影响力，甚至起到某种监督的作用，使司法机关着重从法理、从权利保障等高度真正确立公正执法的观念，发挥司法应有的维护公平和社会正义的功能。在受教育权诉讼中，“田永案”和“齐玉苓案”等在当时已引起了学术界和公众的关注。近十年来，随着网络的迅速普及和发展，网络所起的作用不可估量。例如2007年下半年至2008年上半年，被全国公众——包括最高人民法院在内的司法界、法学界、律师界、金融界、新闻界和普通民众所热议的“许霆‘恶意’取款案”②，尽管没有民间的“后援会”，但网络激辩等结果必将对案件的公正审判、当事人各方的权利保障起到应有的作用。

在我国，市民社会、民间力量尚处于起步阶段，还没有形成有组织的声援诉讼运动，我们以日本的教科书裁判运动为例加以简单的说明。在日本，最为典型的涉及教育权的案例莫过于长达32年的家永三郎教科书诉讼案。历经32个春秋，家永三郎教科书案之所以能取得某种程度上的胜利，与日本民间成立的支援其诉讼的“支援教科书检定诉讼的全国联络

① 党的十七大报告指出：“完善制约和监督机制，保证人民赋予的权力始终用来为人民谋利益。确保权力正确行使，必须让权力在阳光下运行。要坚持用制度管权、管事、管人，建立健全决策权、执行权、监督权既相互制约又相互协调的权力结构和运行机制。健全组织法制和程序规则，保证国家机关按照法定权限和程序行使权力、履行职责。”

② 2006年4月21日，许霆利用ATM机故障漏洞取款取出17.5万元后，潜逃一年落网，2007年12月一审被广州市中级人民法院以盗窃罪判处无期徒刑，剥夺政治权利终身并处没收个人全部财产。许霆不服，提起上诉。2008年3月，广州市中级人民法院再审仍认定许霆犯盗窃罪，但改判有期徒刑5年并处罚金2万元，许霆再次上诉。同年5月，广东省高级人民法院二审维持了原判。同年8月，最高人民法院核准广东省高级人民法院二审裁定。

会”（简称“全国连”）所开展的各种活动是分不开的。家永教科书第一次诉讼是在1965年6月，而“全国连”总会在同年的10月便得以创立，由全国各地的教育学者、历史学者、法学者、国会议员、劳动工会、民主团体的代表以及律师、出版行业的相关者、教师、演艺界人士、一般市民等各阶层80余人组成，并选出若干负责人和常任委员负责“全国连”的日常运营和执行工作。“全国连”的目的在于：“支援追究教科书检定违宪违法的诉讼活动，广泛地向国民各界呼吁，唤起民众的注意，以为民主的教科书制度的确立作出贡献”。为达成这一目的，该会主要致力于如下四个方面的活动：（1）支援教科书检定诉讼的同时，全国性地控诉教科书检定之违宪违法；（2）全国各支援组织的联络、协作；（3）新闻及其他印刷物的发行，开展各种集会；（4）关于教科书检定的学习和研究。另外，为了在全国范围内积极地开展支援活动，支持长期化的诉讼，财政也是重要的问题。支撑“全国连”活动的资金是以会费和学者、文化界人士等募捐为主要来源。如成立第一年的年收入为190万日元，到1979年达到3000万日元。每个人的会费以及各种募捐活动募集的资金使各种支援运动成为可能。[168]我们是否可以说，正是通过这样由广泛阶层参加的声援运动，才使教科书检定诉讼最终获得一定程度的胜利。而且，通过声援运动，使司法裁判所确立的儿童学习权、教师教育权、教师教育自由、教育行政的不当支配等理念也坚实地扎根于社会之中，公民的教育权利意识得以广泛提高。

（三）充分发挥公共知识分子和学术共同体在促进受教育权保障中的作用

在新中国人权发展史上，有一个具有标本性意义的事件，那就是2003年发生在广州的孙志刚事件。因为在这个事件中，我们看到了以《南方都市报》为先导的媒体的积极作用；听到了中华人民共和国3名公民向全国人大发出的“对《城市流浪乞讨人员收容遣送办法》进行‘违宪审查’建议”的最强音；见识了有法学者、律师、国务院法制办、中评网、中央电视台等中央级记者、一般公众参加的各种不同层次、不同角度的研讨会的声援。尽管这一事件并没有达到我们希望的“启动和建立违宪审查机制”，但学者们的积极参与让我们看到了中国的知识分子和学术共同体在中国人权事业发展中所彰显的积极作用。

1987 年，美国哲学家雅各比在《最后的知识分子》一书中最早提出“公共知识分子”概念。认为真正的知识分子应当立足专业，放眼天下，用自己的言行和创作参与社会运转，并呼吁富有社会责任感、勇于充当引路人的公共知识分子出现。中国学者许纪霖说，现代意义的知识分子也就是指那些以独立的身份，借助知识和精神的力量，对社会表现出强烈的公共关怀，体现出一种公共良知、有社会参与意识的一群文化人。[169] 肖川指出，知识分子是这样一类人：他除了能够用自己的专业知识服务于社会之外，还能够对超越个人和个人所归属的小团体的私利的公共事务予以真诚的关注。知识分子既不是传统意义上的士大夫，也不是一般意义上的读书人；既不是“一言可以兴邦”的谋士，也不是百无一用的书生。他们是关照着脚下的路并时常仰望天空的人，是可以运用自己的智识和良知增进社会整体福利的人。[170] 可见，“知识分子”在今天这样一个生成中的市民社会里，他不仅仅埋头专业，还应当以专业为基础做公共利益的守护人、发言人，即要“铁肩担道义”。知识及其功能发挥不属于知识分子个人，而是属于公共利益，故谓之“公共”知识分子。尽管有学者发出“警惕公共知识分子”的声音[171]，但我们相信真理必将越辩越明，正义终究会战胜邪恶。

相对于公共知识分子单枪匹马式的拼杀，由公共知识分子结成的学术共同体的集团作战具有更大的威力。值得庆贺的是，作为中国教育学会下设的专业学术委员会——全国教育政策与法律研究专业委员会已于 2000 年成立（每两年召开一次年会，至今已召开了五届年会），并公开出版发行专门的教育法学研究刊物——《中国教育法制评论》，且有团体会员和个人会员若干。我国教育法学发展至今，相对于国外教育法学的发展虽然起步晚，但在短时间内，已形成了有组织的学术研究共同体，有自己独立的学术发表园地，可谓搭建了很好的学术研究平台，结束了教育法学研究的零散、无对话状态。尽管在《中国教育学会教育政策与法律研究专业委员会章程》之“宗旨”中，没有像日本教育法学会那样，明确阐明本学会的目的“旨在为保障国民的‘受教育权利’

作出贡献”①，而是侧重于服务国家教育决策和教育立法，但在每届年会和会刊中，公民受教育权都是关注的热点问题。有不足没关系，因为我们已经起步了，哪怕只是一小步也是好事。随着教育法学的不断发展，法学界、教育学界、律师界和学生及其父母等社会各界对教育法学相关问题的关注，这一学术阵地一定会成为公民受教育权保障领域的一座重镇。

义务教育阶段儿童的受教育权状况不仅关系到每个儿童的尊严，关系到千家万户的切身利益，关系到我们国家和民族的未来，也是我国人权保障的重要指标，是我国每年都要向世界人权组织呈交的一份答卷。这份答卷的书写，单靠国家和政府的力量是不够的，还有赖于全体公民的广泛参与，有赖于社会监督机制的不断完善。我们相信，有儿童及其父母的积极维权，有为儿童利益而呼吁和呐喊的公共知识分子，有为受教育权发展进行研究和行动的组织和团体，有表达民意的渠道，有网络和媒体的监督与推进，儿童的受教育权状况一定会越来越好。当然，我们也必须承认：儿童的受教育权利问题不仅仅是一个教育、法律问题。因为，“权利的实现在很大程度上是一个经济和文化问题，或多或少的也是一个政治问题”。[11]373我们需要公众自下而上的参与，更需要国家层面自上而下的促进和保障。

---

① 日本教育法学会成立于1970年8月。在学会会则的第3条明确规定：“本学会的目的旨在推进有关教育法的研究，并依此为保障国民的‘受教育权利’作出贡献，同时，促进教育学界与法学界之间的相互协作。”《中国教育学会教育政策与法律研究专业委员会章程》中指出本会的宗旨是：“1. 本专业委员会以马克思主义、毛泽东思想和邓小平理论为指导思想；本专业委员会的活动遵守宪法、法律和国家政策，遵守社会道德风尚。2. 研究和宣传党和国家有关教育政策和法律，积极推进我国教育政策和法律研究的学术活动和教学活动，推进我国的教育政策与法制建设。3. 积极促进我国教育政策和法律研究的学科建设，促进有关教育机构教育政策与法律教学研究和教学质量的提高。4. 组织和协调国内同行积极开展前瞻性的教育政策与法律研究，为政府决策和教育立法提供建设性意见。5. 加强教育政策和法律研究领域的专业研究人员、教学人员、教育管理人员、教育决策人员和立法、司法界人员等方面的联系，促进教育政策和法律研究与教育决策和教育立法、司法等不同领域的交流。6. 加强和推进国内外教育政策与法律研究领域的学术交流。”

参考文献

[1] 夏勇．人权概念起源［M］．北京：中国政法大学出版社，1992.

[2] 张文显．法学基本范畴研究［M］．北京：中国政法大学出版社，1993：74.

[3] 北岳．法律权利的定义［J］．法学研究，1995（3）：42－48.

[4] 欧贤才，王凯．自愿性辍学：新时期农村初中教育的一个新问题［J］．中国青年研究，2007（5）：60－63.

[5] 陈守一，张宏生．法学基础理论［M］．北京：北京大学出版社，1981：350.

[6] 中共中央马克思恩格斯列宁斯大林著作编译局．马克思恩格斯选集：第四卷［M］．北京：人民出版社，1972：155.

[7] 中共中央马克思恩格斯列宁斯大林著作编译局．马克思恩格斯全集：第二十三卷［M］．北京：人民出版社，1972：102.

[8] 中共中央马克思恩格斯列宁斯大林著作编译局．马克思恩格斯选集：第三卷［M］．北京：人民出版社，1972：12.

[9] 中共中央马克思恩格斯列宁斯大林著作编译局．马克思恩格斯选集：第二卷［M］．北京：人民出版社，1972.

[10] 张文显．法哲学范畴研究（修订版）［M］．北京：中国政法大学出版社，2001：311－312.

[11] 程燎原，王人博．赢得神圣——权利及其救济通论［M］．济南：山东人民出版社，1993.

[12] 沈宗灵．对霍菲尔德法律概念学说的比较研究［J］．中国社会科学，1990（1）：67－77.

[13] 赵中建．教育的使命——面向二十一世纪的教育宣言和行动纲领［M］．北京：教育科学出版社，1996.

[14] 莫纪宏．宪政、普遍主义与民主［J］．外国法译评，2000（1）：81－91.

[15] 劳凯声．变革社会中的教育权与受教育权：教育法学基本问题研究［M］．北

京：教育科学出版社，2003.
[16] [日] 永井憲一. 教育法学 [M]. 日本：エイデル研究所，1993：302.
[17] 秦惠民. 现代社会的基本教育权型态分析 [J]. 中国人民大学学报，1998 (5)：82－87.
[18] [英]鲍桑葵. 关于国家的哲学理论[M]. 汪淑钧，译. 北京：商务印书馆，1995：205.
[19] 温辉. 受教育权入宪研究 [M]. 北京：北京大学出版社，2003.
[20] 杨成铭. 国际人权法中受教育权的性质：权利或义务？[J]. 法学评论，2004 (6)：67－72.
[21] 郑贤君. 公民受教育义务之宪法属性 [J]. 华东政法学院学报，2006 (2)：123－127.
[22] 赵正群. 劳动与受教育是公民不可放弃的权利 [J]. 辽宁大学学报，1991 (3)：108－110.
[23] 龚向和. 受教育权论 [M]. 北京：中国人民公安大学出版社，2004：6－14.
[24] 石鑫，吕保平，刘冰. "不让一个家长非法剥夺孩子受教育的权利"——新疆两乡政府将 29 名学生家长告上法庭 [N]. 中国青年报，2007－06－25 (2).
[25] [日] 堀尾辉久. 当代日本教育思想（中文版）[M]. 太原：山西教育出版社，1994.
[26] 龚向和.《经济、社会和文化权利国际公约》中受教育权在中国的实现——兼论中国公民受教育权的立法保障 [J]. 湖南大学学报：社会科学版，2005 (4)：108－112.
[27] 龚向和. 社会权与自由权区别主流理论之批判 [J]. 法律科学，2005 (5)：21－27.
[28] 龚向和. 社会权的概念 [J]. 河北法学，2007 (9)：49－52.
[29] 劳凯声. 教育法论 [M]. 南京：江苏教育出版社，1993.
[30] 但昭伟. 儿童受教权与强迫教育 [J]. 初等教育学刊，1992 (1)：199－214.
[31] 张翔. 基本权利的受益权功能与国家的给付义务——从基本权利分析框架的革新开始 [J]. 中国法学，2006 (1)：21－36.
[32] 尚晓援. "社会福利"与"社会保障"再认识 [J]. 中国社会科学，2001 (3)：113－121.
[33] 顾明远，石中英. 学习型社会：以学习求发展 [J]. 北京师范大学学报：社会科学版，2006 (1)：5－14.
[34]《荀子·劝学》
[35] 王蒙. 王蒙自述：我的人生哲学 [M]. 北京：人民文学出版社，2003：19.

[36] 联合国教科文组织国际教育发展委员会．学会生存——教育世界的今天和明天［M］．北京：教育科学出版社，1996.
[37] 石中英．知识转型与教育改革［M］．北京：教育科学出版社，2001：79.
[38]［挪威］A. 艾德．人权对社会和经济发展的要求［J］．刘俊海，徐海燕，译．外国法译评，1997（4）：7－19.
[39]［日］内野正幸．教育の権利と自由［M］．日本：有斐閣，1994.
[40] 许崇德，张正钊．人权思想与人权立法［M］．北京：中国人民大学出版社，1992：272.
[41] 尹力．致力于更加公平的教育：义务教育政策三十年——基于改革开放30年义务教育政策与法制建设的思考［J］．清华大学教育研究，2008（6）：43－49，73.
[42] 中共中央马克思恩格斯列宁斯大林著作编译局．马克思恩格斯全集：第十九卷［M］．北京：人民出版社，1963：406.
[43] 袁贵仁．价值学引论［M］．北京：北京师范大学出版社，1991：353－354.
[44] 许建山，唐国安．公平与效率——关于基础教育改革与发展的讨论［J］．上海教育科研，1997（1）：1－9.
[45] 周浩波．试论素质教育中的公平［N］．中国教育报，1997－04－19（3）.
[46] 王星．义务教育中的社会公正［J］．教育评论，1996（1）：3－6.
[47] 杨东平．教育公平是一个独立的发展目标——辨析教育的公平与效率［J］．教育研究，2004（7）：26－31.
[48] 杨东平．“公平的发展”：一种新的教育发展观［J］．江苏高教，2007（1）：1－5.
[49] 胡婷．中国教育的公平与效率问题初探［J］．教育理论与实践，1997（3）：16－20.
[50] 洪光磊．“平等”与“高质量”能否兼得？——与米瑞尔博士的对话［J］．外国教育资料，1996（2）：1－6.
[51] 辛忠孝，刘水林．公平分配问题的法与经济伦理学的思考［J］．法律科学，1997（4）：16－22.
[52]［英］哈特．法律的概念［M］．张文显，等，译．北京：中国大百科全书出版社，1996.
[53] 陶万辉．公平观与公平的概念界定［J］．哲学研究，1996（4）：24－31.
[54] 高兆明．从价值论看效率与公平［J］．哲学研究，1996（10）：33－38.
[55] 盛庆俫．功利主义新论——统合效用主义理论及其在公平分配上的应用［M］．顾建光，译．上海：上海交通大学出版社，1996：392.

[56]［美］汤姆·L. 彼彻姆．哲学的伦理学［M］．雷克勤，等，译．北京：中国社会科学出版社，1990.
[57] 郁建兴．公平原则：一个历史的考察［J］．浙江大学学报，1995（3）：1－11.
[58]［美］约翰·罗尔斯．正义论［M］．何怀宏，等，译．北京：中国社会科学出版社，1988：292.
[59] 王天一，等．外国教育史（下册）［M］．北京：北京师范大学出版社，1985：101.
[60] 林喆．权利补偿：现代法治社会的基本要求［J］．中国法学，1997（2）：51－60.
[61]［澳］罗伯特·W. 康奈尔．教育、社会公正与知识［J］．华东师范大学学报：教育科学版，1997（2）：62－71.
[62] 滕星．问题与困境——西部偏远贫困地区的少数民族基础教育［J］．中国教师，2003（5）：53－54.
[63] 杨东平．农村教育和"为农村的教育"［J］．中国教师，2003（6）：12－13.
[64] 孙云晓，卜卫．培养独生子女的健康人格［M］．天津：天津教育出版社，1998：58.
[65] 张人杰．国外教育社会学基本文选［M］．上海：华东师范大学出版社，1989：214.
[66] 陆有铨．躁动的百年——20 世纪的教育历程［M］．济南：山东教育出版社，1997：168－169.
[67] 郑新蓉．我国公共教育制度与教育均衡化发展［J］．北京教育学院学报，2002（2）：1－6.
[68] 栗玉香．建立义务教育财政"低保"制度的思路［J］．北京科技大学学报：社会科学版，2006（1）：148－153.
[69] 王浦劬．政治学基础［M］．北京：北京大学出版社，1995：239.
[70] 夏勇．走向权利的时代［M］．北京：中国政法大学出版社，1995：6.
[71]［美］伊恩·罗伯逊．社会学（下册）［M］．黄育馥，译．北京：商务印书馆，1991：636.
[72] 中央教育科学研究所比较教育研究室．政治学辞典［M］．成都：四川人民出版社，1986：105.
[73] 成有信，等．教育政治学［M］．南京：江苏教育出版社，1993：141－145.
[74]［日］吉本二郎，熱海則夫．学校と教育行政［M］．日本：ぎょうせい株式会社，1980：38－39.
[75] 曾天山．义务教育体制改革的回顾与思考［J］．教育研究，1998（2）：22－27.
[76] 中国教育与人力资源问题报告课题组．从人口大国迈向人力资源强国［M］．北

京：高等教育出版社，2003：307－308.

［77］劳凯声，郑新蓉，等．规矩方圆——教育管理与法律［M］．北京：中国铁道出版社，1997.

［78］吴敬琏．呼唤法治的市场经济［M］．北京：生活·读书·新知三联书店，2007.

［79］刘厚金．我国行政问责制的多维困境及其路径选择［J］．学术论坛，2005（11）：40－44.

［80］［挪威］A. 埃德．人权对社会和经济发展的要求［M］//刘海年．经济、社会和文化权利国际公约研究．北京：中国法制出版社，2000：15－16. 转引自龚向和．社会权与自由权区别主流理论之批判［J］．法律科学，2005（5）：21－27.

［81］郑金洲．略析我国当前的教育目的［J］．教育理论与实践，1997（5）：6－10.

［82］杨东平．教育需要一场革命［M］．上海：上海人民出版社，2007.

［83］陈致嘉．父母教育子女之权限及其法律基础［J］．教育资料文摘，1994（9）：159－164.

［84］张步峰，蒋卫君．现代私塾“孟母堂”能否见容于法治［J］．法学，2006（9）：6－11.

［85］简明国际教育百科全书·教育管理［M］．北京：教育科学出版社，1992.

［86］李伟言．美国“家庭学校教育”的复兴、现状及其启示［J］．外国教育研究，2007（4）：39－43.

［87］谢静，肖俊峰．从教育法判例看美国政府对家庭学校的管理［J］．湖南教育，2005（12）：40－41.

［88］姜珊珊．美国家庭学校教育研究［D］．长春：东北师范大学，2006：26.

［89］汪利兵，邝伟乐．英国义务教育学龄儿童“在家上学”现象述评［J］．比较教育研究，2003（4）：63－67.

［90］肖甦．在家上学，到校考试——俄罗斯普教新形式［J］．俄罗斯文艺，2000（3）：78－80.

［91］柳国辉．欧美国家“家庭学校”立法研究［J］．基础教育参考，2005（4）：19－22.

［92］胥茜．蓉榕在家会写书了［N］．中国教育报，2002－12－29（4）.

［93］杨元禄．李铁军铁心在家教女儿［N］．华西都市报，2005－05－31（12）.

［94］陈志科．在家上学的合法性探讨［J］．天津市教科院学报，2007（5）：19－22.

［95］周浩波．学校是什么？［J］．沈阳师范学院学报：社科版，1995（1）：6－13.

［96］［日］吉本二郎．学校［M］．日本：第一法规出版，1988：28.

[97]［日］堀尾輝久，浦野東洋一．組織としての学校［M］．日本：柏書房，1996.
[98]［日］結城忠．学校教育における親の権利［M］．日本：海鳴社，1994.
[99]［日］兼子仁．教育法（新版）［M］．日本：有斐閣，1978.
[100] 张声源．有感于5000万差生［J］．江西教育科研，2001（10）：46.
[101] 季卫东．程序比较论［J］．比较法研究，1993（1）：1－46.
[102]［日］永井憲一．憲法と教育基本権（新版）［M］．日本：勁草書房，1985：34.
[103]［法］孟德斯鸠．论法的精神：上册［M］．张雁深，译．北京：商务印书馆，1959：184.
[104] 戴耀廷．建立尊重人权的学校制度［J］．教育资料文摘，1996（3）：3－9.
[105] 马国圣，梁海涛，许海涛．180条校规教出什么样的学生？［N］．中国青年报，2000－08－03（5）.
[106]［日］平原春好．学校参加と権利保障——アメリカの教育行財政［M］．日本：北樹出版，1994.
[107] 刘复兴．教育改革的制度伦理：教育公平与政府责任［J］．人民教育，2007（11）：2－5.
[108]［日］奥平康弘．教育を受ける権利［C］//芦部信喜．憲法Ⅲ人権（2）．日本：有斐閣，1981.
[109]［日］兼子仁，市川須美子．日本の自由教育法学［M］．日本：学陽書房，1998：33.
[110] 张瑞芳．义务教育阶段，教师应成为政府雇员［J］．中国教师，2007（9）：12－15.
[111] 王辉．论教师的惩戒权［J］．教育研究与实验，2001（2）：35－39.
[112]［日］浦部法穂．憲法学教室Ⅰ［M］．日本：日本評論社，1988：236－237.
[113] 万明春．失学问题诊断与对策［M］．成都：四川教育出版社，1996：59.
[114] 陈向明．王小刚为什么不上学了——一位辍学生的个案调查［J］．教育研究与实验，1996（1）：35－45.
[115] 褚宏启．学校法律问题分析［M］．北京：法律出版社，1998.
[116]［日］兼子仁，永井憲一，平原春好．教育行政と教育法の理論［M］．日本：東京大学出版会，1974：96.
[117]［日］筑波大学教育学研究会．现代教育学基础［M］．钟启泉，译．上海：上海教育出版社，1986：238.
[118] 联合国教科文组织国际21世纪教育委员会．教育——财富蕴藏其中［M］．北京：教育科学出版社，1996：139.

[119] [日] 窪田真二. 父母の教育権研究——イギリスの父母の学校選択と学校参加 [M]. 日本：亜紀書房，1993.
[120] [罗马] 查士丁尼. 法学总论——法学阶梯 [M]. 张企泰，译. 北京：商务印书馆，1989：19.
[121] [日] 今橋盛勝. 教育法と法社会学 [M]. 日本：三省堂，1983：167.
[122] [日] 堀尾輝久. 現代教育の思想と構造 [M]. 日本：岩波書店，1995.
[123] [日] 坂本秀夫. PTAの研究 [M]. 日本：三一書房，1994：45.
[124] 张天麟. 试论双亲的教育权利与义务 [J]. 教育研究，1983 (10)：60-65.
[125] [日] 下村哲夫. 現代教育の論点 [M]. 日本：学陽書房，1997：21.
[126] 王定华. 走进美国教育 [M]. 北京：人民教育出版社，2004：18.
[127] 李金艳. 家长该不该炒教师? [J]. 教育文汇，2003 (9)：8-10.
[128] 国家教委师范教育司. 教育法导读 [M]. 北京：北京师范大学出版社，1996：154.
[129] 邓正来. 国家与社会——中国市民社会研究 [M]. 成都：四川人民出版社，1997.
[130] 刘复兴. 论我国教育政策范式的转变 [J]. 北京师范大学学报：社会科学版，2004 (3)：15-19.
[131] 北京海淀区教育委员会. 让进城务工人员子女“有学上”、“上好学” [J]. 中小学管理，2006 (11)：23-24.
[132] 王云建. 北京全面整顿打工子弟学校 [J]. 教育，2006 (9)：19-22.
[133] 王寻，段海燕. “摆不平”的打工子弟学校 [J]. 中国新闻周刊，2006 (33)：38-39.
[134] 张宗堂. “打工学校”聊胜于无，不能简单“一关了之” [N]. 新华每日电讯，2006-08-16 (7).
[135] 赵秀红，等. 打工子弟学校“开”“停”背后的思考 [N]. 中国教育报，2006-09-03 (3).
[136] 沈跃东. 关于“关闭打工子弟学校”的宪法学思考 [J]. 江汉大学学报：社会科学版，2007 (3)：73-75.
[137] 徐友渔. 1992——市民社会理论研究 [J]. 社会科学论坛，2005 (2)：142-144.
[138] 康晓光. 创造希望——中国青少年发展基金会研究 [M]. 桂林：漓江出版社·广西师范大学出版社，1997.
[139] 丁志铭. 农村社区空间变迁研究 [J]. 南京师范大学学报：社科版，1996 (4)：23-28.

［140］厉以贤．社区教育的理念［J］．教育研究，1999（3）：20－24.
［141］珊珍．全国首例高校招生纠纷案［J］．法律与生活，1997（1）：10－13.
［142］张文奎．全国首例残疾中学生状告报考学校侵犯受教育权案始末［J］．法律与生活，1998（2）：34－35.
［143］田永诉北京科技大学拒绝颁发毕业证、学位证行政诉讼案［Z］．中华人民共和国最高人民法院公报，1999（4）：139－143.
［144］［日］川口彰義，本山政雄．教育政策と教育裁判［J］．日本教育法学会年報，第1号（1972）：178－183.
［145］［日］本山政雄，等．教育裁判の教育学的研究（1）［J］．名古屋大学教育学部研究纪要，第15卷（1968）：29－63.
［146］［日］浪本勝年．学テ・教科書裁判の過程的分析［J］．日本教育法学会年報，第2号（1973）：168－180.
［147］齐玉玲诉陈晓琪等以侵犯姓名权的手段侵犯宪法保护的公民受教育的基本权利纠纷案［Z］．中华人民共和国最高人民法院公报，2001（5）：158－161.
［148］黄松有．宪法司法化及其意义［N］．人民法院报・法治时代周刊，2001－08－13（B1－B2）.
［149］童之伟．宪法司法适用研究中的几个问题［J］．法学，2001（11）：3－8，51.
［150］王磊．宪法实施的新探索——齐玉苓案的几个宪法问题［J］．中国社会科学，2003（2）：29－35.
［151］申素平．中国公立高等学校法律地位研究［D］．北京：北京师范大学，2001：112.
［152］赵晓梦．为孩子的明天起诉［J］．法律与生活，1997（11）：8－11.
［153］为了上学的权利——全国首例义务教育强制执行案纪实［N］．北京青年报，1998－06－19（9）.
［154］开庭不是为了审判［N］．北京青年报，1998－06－19（9）.
［155］张晓玲．行政公益诉讼原告资格探讨［J］．法学评论，2005（6）：134－141.
［156］王太高．论行政公益诉讼［J］．法学研究，2002（5）：42－53.
［157］王旭宽．失学儿童的法律救济［J］．党政干部学刊，2004（3）：43.
［158］汤尧．论教育公益诉讼的提起条件［J］．教育科学，2006（6）：16－18.
［159］陈丽玲，诸葛旸．检察机关提起行政公益诉讼之探讨——从现实和法理的角度考察［J］．行政法学研究，2005（3）：88－94.
［160］黄锡生，林玉成．构建环境公益行政诉讼制度的设想［J］．行政法学研究，2005（3）：95－97.
［161］胡锦光，王丛虎．论行政诉讼原告资格［M］//诉讼法论丛：第4卷．北京：

法律出版社，2000.
[162] 韩志红．公益诉讼制度：公民参加国家事务管理的新途径——从重庆綦江“彩虹桥”倒塌案说开去［J］．中国律师，1999（11）：60-62.
[163]［南非］温诺德·杰昌德．促进国内人权法发展的公益诉讼策略［J］．冉井富，译．环球法律评论，2006（3）：378-384.
[164] 殷明胜．行政公益诉讼原告资格的理论基础［J］．甘肃政法学院学报，2007（11）：102-108.
[165] 王彦，廖斌．论公益行政诉讼制度的构建［J］．现代法学，2002（6）：85-89.
[166] 中华人民共和国国家教育委员会．九年义务教育·小学思想品德课和初中思想政治课课程标准（试行）［M］．北京：人民教育出版社，1997：50.
[167] 课程教材研究所和思想品德课程教材研究开发中心．义务教育课程标准实验教科书·思想品德（八年级下册）［M］．北京：人民教育出版社，2004：57.
[168]［日］兼子仁，吉川基道．教育裁判［M］．日本：学陽書房，1982：158-161.
[169] 赵建国．“公共知识分子”与媒介知识分子［J］．新闻界，2007（1）：28，45-46.
[170] 肖川．成为知识分子［J］．中国教师，2008（1）：24.
[171] 广东省邓小平理论和“三个代表”重要思想研究中心．警惕“公共知识分子”思潮［N］．光明日报，2004-12-14（B2）.

后 记

本书是在我博士学位论文《义务教育阶段儿童受教育权利研究》基础上修改而成的。博士学位论文完成至今已有十年时间了。这期间，虽有出版的机会，但因总是觉得不满意，一直搁置着。记得几年前，劳老师问起博士论文出版一事，我说不敢拿出来出版，没有底气，怕丢脸。但老师很平实地说："研究总是有不满意的地方，姑且作为一个阶段的研究成果，还是拿出来和同行交流一下，哪怕接受大家的批评，也未尝不是一件好事。"我时常想起老师的这番鼓励，也的确是抱着"接受大家批评"的心态，申请到教育科学出版社"教育博士文库"资助，付梓出版。

"没有底气"，源于本书的不足，且不足是显而易见的：一是对社会弱势群体受教育权利的现状、问题及解决对策探讨得不够深入。家庭经济困难儿童、残疾儿童、偏远地区少数民族家庭儿童和进城务工人员随迁子女等每一类社会弱势群体，甚至具体到某一类群体的某一个儿童身上，导致其权利缺损的原因也不尽相同，特别是兼有两种或几种不利因素的情况下，其解决路径也不同。如何在一本书中都有所涉及，真的很难，最终本书只作了一些原则性的阐述。仅就农民工随迁子女平等的受教育权利之保障而言，我曾在2007年参与了由郑新蓉老师主持的教育部基础教育司与世界银行合作研究的"农民工子女义务教育研究合作项目"，该项目以北京海淀区和武汉汉阳区等为试点，将农民工子女分为"随迁子女"和

"留守儿童"两大类，对农民工随迁子女的"入学、就读和融合"等方方面面问题进行了深入的研究。在研究中，切身感受到如何使农民工随迁子女享受到与户籍所在地城市儿童同等的受教育机会，不是简单地制定一个法律或出台相关政策就能解决的，它涉及各种利益相关主体力量的博弈。无论中央政府还是输入地和输出地地方政府在各项相关法律政策的制定与实施，以及公共服务能力的提升等方面都有很多事情要做，可谓任重而道远。二是对一些基本理论问题的分析论述不够深入，如第六章有关市民社会理论及其在保障儿童受教育权方面的独特性部分，相关论述浅尝辄止，草草收场。特别是随着我国社区的不断建设和发展，如何发挥社区的独特功能，还有很多路径值得深入探索。三是本书在相关资料的掌握和运用方面存在很大的缺陷，由于语言的限制，文中的外文文献仅限于日文文献，对有大量参考价值的英文文献没有涉猎。此外，书中所引用的文献均经过仔细核对，个别之处由于原报刊并无标署作者，故本书未能列出作者。

记得在2000年5月，博士论文定稿之际，在"要不要写后记、怎么写"一事上，想了很久。因为有太多要感谢的人，太多该记录的事，而有些要感谢的人和事用文字是无法表达到位的，这就意味着一写出来不是错，就是弱。最后我和同时答辩的江源师弟商量，干脆不写了，都在心里珍藏着，所以当时的博士论文就没有后记。而今，已过不惑之年，对诸多老师、同事和朋友，还有学生和家人的感激之情与日俱增，可谓情满自溢，不吐不快。首先，要感谢的是我的博士生导师劳凯声教授。自1996年至今，老师就如同塞林格所描写的"麦田里的守望者"，任由我们自由地在麦田里奔跑，我们不怕有悬崖，因为有老师在悬崖边守望。跑慢了或者跌倒了，老师会伸手把你扶起并推你一把；跑快了，老师会鼓励你继续加油并不忘记告诉你要注意脚下的路……老师的气度和学识以及对我们无私的爱有如阳光般一直滋润着我们，让我们无论在何时何地，都感觉到力量和温暖。我还要特别提及参加我博士学位论文开题、答辩和写评议意见的老师们，他们是：黄济先生、王策三先生、靳希斌教授、裴娣娜教授、郑新蓉教授、史静寰教授（清华大学教育研究院）、王震宇教授（中国社会科学院社会学研究所）、谢维和教授（清华大学）、韩民教授（教育部教育发展研究中心）、秦惠民教授（中国人民大学公共管理学院）、腾星教授（中央民族大学教育学院）、湛中乐教授（北京大学法学院）和张维平教授（沈阳师范大学教育科学学院）等。各位教授提出的意见和建议弥足珍贵，而有的建议至今尚未最终落实，汗颜之余，不敢懈怠。另外，1996 年入北京师范大学教育系求学以来，所就学和供职的单位虽历经教育系、教育学院、教育学部的变迁，但老师和同事们所给予我的滋养与帮助有如导师般，难以忘怀。

感谢原沈阳师范学院教育系（现已更名为沈阳师范大学教育科学学院）的诸多老师们。如果说，我今日的研究还称得上有点学术味道的话，是与沈师诸多老师的全心指导分不开的，换言之，沈师的七年学习经历是我学术生涯的奠基和起步阶段。老师们对不懂事和不够聪明的我不离不弃，时至今日，依然从各个方面给予我无私的关怀和帮助。他们是：李放教授、刘云祥教授、丁之奇教授、李玉梅教授、刘兆伟教授、李铁君教授、张君教授、郭瞻予教授、李玲教授、周蕊教授、张德祥教授（大连理工大学党委书记）、乔冰教授（国家行政学院出版社总编）、周浩波教授（辽宁省教育厅副厅长）、邓晓春教授（辽宁教育研究院）、施晓光教授（北京大学教育学院）、康丽颖教授（首都师范大学教育科学学院）和刘绍春教授（辽宁石油化工大学马克思主义学院）等，还有很多老师不再一一列举了。而能够上沈师，得益于 20 世纪 80 年代中期，面向中等师范学校学生的保送政策。1985—1989 年，在辽宁省大连市瓦房店师范学校学习的四年，是我一生中度过的非常愉快的并常常怀念的时光之一。我们当下全面实施素质教育，但社会各界人士对教育实践领域的素质教育做法存有不同的见解，而在我看来，中师四年的学习生活较好地践行了素质教育的理念。非常感激中师的徐信昌老师、郭士堂老师等诸多老师的谆谆教诲。

感谢日本东京学艺大学的原聪介教授和桥本美保教授，以及日本野外文化教育研究所的森田勇造先生等诸多日本老师和日暮友子等诸多朋友。我能获得日本文部省奖学金的资助，得以在东京学艺大学学习（1998 年 10 月至 2000 年 3 月），得益于原先生的无私帮助。原先生严谨的治学态度和敬业精神以及和蔼可亲的雍容气度让我感佩不已。时至今日，一位古稀老先生，每周两三次，手提装满讲义的文件包，搭乘地铁等公共交通工具，单程耗时两个半小时左右，在大学讲堂给学生们讲授教育学，这是真正的“师者”，是对“学而不厌、诲人不倦”的最好注解！此等精神，值得我们每一个人学习。桥本美保先生更是令我敬佩的学者，是家庭事业两不误的典范。桥本先生深厚的学术功底和优雅的气质令我折服，用我们时下的流行话语来表达，则是：女人和女人的差别怎么会那么大呢?！刚回国时，还常常跟先生们联系，现在虽身懒手不勤，不怎么跟先生们联系，但先生们的精神和鼓励常驻心间，无时不在提醒自己不要放慢前行的脚步。

我还要对远在天国的唐仁洪教授和王炳照教授表达我最由衷的谢意和最深切的怀念。唐仁洪教授是我的硕士生导师。唐老师为人正直、善良而宽容，对学生的请求有求必应，而他对学生却从来没有要求，给予我最大的信任和自由。学业上的指导自不待言，生活上的关心也可谓无微不至。跟随唐老师三年，我可谓率性而为，至今想起来，常常为自己的不懂事而内疚。有时候，我在想，他是怎么修炼的，怎么会那么宽容；而我自己，常常会为学生学业上的小问题而大动肝火，想来羞愧难当。自2005年7月30日见到恩师的最后一面至今，几次在梦中相见，朦胧中，恩师和蔼而慈祥，真的很令人怀念。王炳照教授虽不是我的导师，但胜似导师。1998年能到日本留学，也得益于王老师的倾力相助。王老师还是我博士学位论文答辩委员会的主席。毕业留校后，王老师在工作和生活的各个方面都给了我莫大的帮助。我常常不事先打电话预约，只要有什么事，就直接去敲英东楼417房间，跟王老师聊过之后，所有的不解和烦闷都会在他的谈笑中湮灭。2009年10月5日至今，时常不能接受王老师已经离我们而去的事实，甚至有时会幻想在校园里，能与骑着吱吱嘎嘎的自行车、满面笑容的王老师不期而遇……我英东楼三层的信箱和王老师的信箱挨着，每次开信箱我都会不由自主地跟王老师打个招呼，问一声好，依旧感到亲切而温暖。唐老师和王老师虽远在天国，却近在我心；因缘福报，精神永驻！

最后，我还要特别感谢教育科学出版社教育博士文库的资助，感谢教育博士文库评审委员会的专家所提出的宝贵意见，能获得资助是我的荣幸；感谢李芳女士对文中多处认真而精准的修改；还要感谢劳老师不嫌学生观点的浅薄和表达的粗疏与蹩足，年底百忙之中为本书作序（何止“百忙”，而是“焦头烂额”）；感谢胡佳怡硕士、杜亮博士和罗爽博士对本书英文摘要的精心翻译；我的闺中密友祝珣博士更是忍受重感冒之痛，对英文摘要润色、把关。没有老师和朋友们的倾力相助，也不会有本书。

写到这里，想到了远在家乡的父亲和母亲。两周前，已是耄耋之年的父亲，不慎摔倒，行动不便，而我却心有余而力不足，不能照顾他老人家，心急如焚。父母生养了我们，在那个匮乏的年代，“就是砸锅卖铁也要供我们上学”，没有他们对教育的最朴素的理解，对我们受教育权利的自然保护，也不会有我的今天。而今对他们来说，百无一用的恰恰就是我！父亲17岁参军，随东北第四野战军第40军，从辽沈战役一直南下解放海南岛，而后北上渡过鸭绿江，赴朝鲜抗美援朝，出生入死，一身伤病。虽一生与伤病相伴，但他的坚强、对生活的热爱以及作为一个“父亲”的担当精神一直激励着我们。母亲吕桂英女士，一个养育了我们七个儿女的最为普通的农村妇女，一个对什么叫无私、什么叫善良、什么叫坚强、什么叫豁达、什么叫勤劳、什么叫“母亲”进行了最好诠释的伟大女性，把人世间所有的溢美之词都献给她，她都当之无愧。谨把这本书献给我挚爱的父亲和母亲，聊解内心之愧疚，并祝福天下所有尽职尽责的父亲和母亲。

尹　力

2011年1月

出 版 人　所广一
责任编辑　李　芳
版式设计　孙欢欢
责任校对　曲凤玲
责任印制　曲凤玲

图书在版编目（CIP）数据

儿童受教育权：性质、内容与路径／尹力著．—北京：教育科学出版社，2011.5
（教育博士文库）
ISBN 978－7－5041－5609－9

Ⅰ．①儿…　Ⅱ．①尹…　Ⅲ．①儿童教育－公民权－研究－中国　Ⅳ．①D921.04

中国版本图书馆 CIP 数据核字（2011）第 004818 号

教育博士文库
儿童受教育权：性质、内容与路径
ERTONG SHOUJIAOYUQUAN：XINGZHI、NEIRONG YU LUJING

出版发行	教育科学出版社		
社　　址	北京·朝阳区安慧北里安园甲 9 号	**市场部电话**	010－64989009
邮　　编	100101	**编辑部电话**	010－64989235
传　　真	010－64891796	**网　　址**	http://www.esph.com.cn
经　　销	各地新华书店		
制　　作	国民灰色图文中心		
印　　刷	保定市中画美凯印刷有限公司	**版　　次**	2011 年 5 月第 1 版
开　　本	169 毫米×239 毫米　16 开	**印　　次**	2011 年 5 月第 1 次印刷
印　　张	19.5	**印　　数**	1－3000 册
字　　数	290 千	**定　　价**	40.00 元